大学生创新创业案例丛书○○○总主编：王成慧

大学生创新创业

案例

（第四辑）

郭 斌 李 凡◎主编

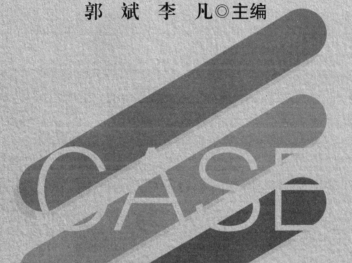

北京市自科基金项目"京津冀科技园区环链布局与演化机制研究：基于跨区模块化协同创新视角"（9192007）；北京市教委科研计划重点项目"非首都功能疏解下中关村科技跨区环链模块化创新布局与演化研究"（17GLB079）；2019年北京市教委高校青年拔尖人才项目、北京第二外国语学院教务处2018年校级"互联网+"国际化双创实践基地项目和市场营销思政化教师团队项目，以及研究生院"课程思政"改革课程项目"产业经济学"（2018GS13001）

The Case Set of College Students' Innovation and Entrepreneurship
(Part IV)

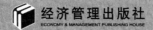

经济管理出版社
ECONOMY & MANAGEMENT PUBLISHING HOUSE

图书在版编目（CIP）数据

大学生创新创业案例（第四辑）/郭斌，李凡主编 . —北京：经济管理出版社，2019.6
ISBN 978-7-5096-6841-2

Ⅰ . ①大… Ⅱ . ①郭… ②李… Ⅲ . ①大学生—创业—案例 Ⅳ . ①G647.38

中国版本图书馆 CIP 数据核字（2019）第 171645 号

组稿编辑：王光艳
责任编辑：李红贤
责任印制：黄章平
责任校对：赵天宇

出版发行：经济管理出版社
　　　　　（北京市海淀区北蜂窝 8 号中雅大厦 A 座 11 层　　100038）
网　　　址：www. E-mp. com. cn
电　　话：（010）51915602
印　　刷：北京晨旭印刷厂
经　　销：新华书店
开　　本：720mm×1000mm/16
印　　张：17.75
字　　数：337 千字
版　　次：2020 年 8 月第 1 版　　　2020 年 8 月第 1 次印刷
书　　号：ISBN 978-7-5096-6841-2
定　　价：68.00 元

总　序

　　大学生是我国经济社会建设的重要力量与后备人才。在新的形势下加强大学生创新精神和创业能力的培养是高校人才培养的战略性问题，关系高等教育培养的人才是否具有创新创业能力、是否适应经济社会发展、是否能够承担起振兴民族大业，从而实现中华民族伟大复兴的中国梦的重要课题。全面开展切实有效的创新创业教育，使更多的大学生把创新创业作为实现人生价值的优先选择，进一步加强对学生创新精神与实践能力的培养，以主动适应复杂多变的周边环境，积极应对未来世界的严峻调整，越来越成为我国高等教育改革发展面临的重要任务。

　　2011 年 10 月，教育部启动了全国大学生创新创业训练计划，目标是通过实施大学生创新创业训练计划，促进高等学校转变教育思想观念，改革人才培养模式，强化创新创业能力训练，提升大学生的综合素质，增强大学生的创新能力和在创新基础上的创业能力，培养适应创新型国家建设需要、适应各行各业发展需要的高素质人才。

　　2013 年 5 月 4 日，习近平总书记在《在同各界优秀青年代表座谈时的讲话》中更是强调指出，"创新是民族进步的灵魂，是一个国家兴旺发达的不竭源泉，也是中华民族最深沉的民族禀赋"，明确要求"广大青年一定要勇于创新创造……要有敢为人先的锐气，勇于解放思想、与时俱进，敢于上下求索、开拓进取"。

　　进入 21 世纪以来，北京第二外国语学院围绕建设"国际化、有特色、高满意度"大学的战略目标，以及"国际化、复合型、高层次、应用性"的人才培养定位，积极探索外语院校大学生创新能力和创业素质的培养途径和方法，将大学生创新创业教育作为一项重要内容纳入学校的人才培养环节中，通过校外名师教学计划、大学生科研计划、大学生学科竞赛、大学生创新创业计划、大学生校内实践基地计划、校外人才实践培养基地计划等一系列举措，努力营造浓厚的创新创业氛围，开拓大学生的视野，支持学生积极实践、接触新事物、接受更多良好教育，提高大学生创新创业兴趣，激发大学生创新创业热情，培养大学生勇于开拓和敢于创新精神，为我校创新创业教育搭建一个高水平的舞台。经过十多年的实践，取得了积极成效，形成了一套具有外语院校特色的大学生创新创业培养模式。我校营销专业探索出的以"国际化+服务化+北京化"为特色，以外语知识和专业知识掌握为基础，以创新创业综合素质培养为导向，以提高学生创新创业能力为目标，以参与式体验式教学为方法的"三大特色"+"四位一体"的"实践型创新创业教育模式"是其中的典型代表。我认为，该模式很好地解决了外语院校经管专业人才培养中的四个矛盾问题。

一是经济全球化与学生国际视野狭窄的矛盾。面对全球化背景下日益激烈的国际人才竞争，高校探索人才培养模式的改革，不能闭门造车，也不可能自说自话，必须有国际视野。在学校确立的"国际化、有特色、高满意度"战略目标指引下，该培养模式充分借助北京第二外国语学院的外语院校优势（拥有包括英语、日语、俄语、德语、法语、意大利语系、西班牙语、葡萄牙语、阿拉伯语系、朝鲜语10个外语本科专业和经常性的教学科研对外交流活动），积极推进国际化进程，在国际高等教育发展的平台上思考高层次创新人才培养目标、课程体系、培养模式、教学方法。PELM模式通过强化学生外语交流能力，引导学生积极学习"阿拉伯文化""德国文化"等外国经济社会文化类课程，定期邀请乔治·华盛顿大学、普渡大学、康奈尔大学、昆士兰大学等国际知名高校教师，举办国际名师大讲堂，带领学生参加相关经营管理类的国际论坛、参加国际创新创业大赛等活动，培养了学生国际化创业视野。

二是"90后"大学生创新意识强与创新实践培养模式单一的矛盾。通过举办各种创新创业大讲堂、创新创业大赛、参与实习基地实习、参与机关企事业单位的规划项目、国际交流等活动，为大学生营造了一个开放的环境、提供了一种学科交叉知识复合的实践平台、开辟了一条人际交流和团队协作的途径、创建了一个各自发挥优势的创新创业的舞台，极大地激发了学生团队学习的主动性、积极性和开拓创新性，实现了大学生创新实践从"要我做"到"我要做"的转变，实现了大学生学习和实践的"自我管理"。与时俱进的创新竞赛机制培养出了学生在复杂环境下的开拓能力并培养了良好的创业心理品质与创新精神。

三是外语优势与专业优势彼此分离、无法互补的矛盾。21世纪经济全球化方兴未艾，我国的国际交流和贸易日益频繁，社会急需一大批具有国际理念的复合型外语人才和经济管理人才。这一培养目标要求我们转变人才培养模式，改变过去那种无法适应市场需要的单一外语专业和单一专业技能的人才培养方向，使21世纪外语专业和经管文史专业大学生在社会上能有更强的竞争力和适应能力，必须要推进"外语加专业知识、外语加专业方向、外语加专业、外语加外语、专业加外语"多种培养模式改革。该培养模式通过"道德人文素养+国际交流素质+创新创业素质"培养内容，"创业竞赛+基地实习+创业实践"实践路径，"校内创业基地+国内实习基地+国外培养基地"创新平台，促进学生间团队式学习与交流，增强了学生的团队合作精神，推动了外语专业大学生与经管文史专业彼此合作，有效实现了北京二外10个语种的外语教学优势和经贸、管理、法学、文史等特色专业的优势互补。

四是复合化创新人才需求与职能化模块化教育体系的矛盾。传统经济管理类教育过分强调分职能模块化教育，无法培养具有整合性知识和综合性管理能力的创业人才。该培养模式发挥了外语院校外语学科齐全优势、国际交流频繁优势以及管理学院创业教育师资雄厚的优势，通过构建跨学科的教师队伍以及综合性的创业知识集成式实践教学体系，使知识转化为异质性能力的效率大大提高。模式通过系统性的案例教学、模拟教学以及创业导师引领的情景实习，极大地改善了大学教育与社会需求相脱节的现状，缓解了学生在创业实操方面中资源整合能力不足的矛盾，满足了部分学生毕业后自主创业与创新实现的需求。

为了总结这几年我校营销专业在创新创业教育实践中的经验，我校市场营销系的老师们主编了这套大学生创新创业案例集系列，主要目的是让所有关心大学生创新创业的人们，尤其是怀有创新创业梦想的同学，从我校部分大学生创新方案的构思和创新作品的撰写中，感受他们的创新创业精神和创意思路，让大学生接受大学不断发展的创新创业文化的熏陶，让创新创业的精神在大学校园里得以广泛传播弘扬。我也希望通过这套案例丛书的出版，能与教育界同人共同探索新时代大学生创新创业教育的方法和创新型人才的培养模式，为中国大学教育事业贡献绵薄之力。

王成慧

2018 年 6 月于北京第二外国语学院

前　言

深化创新创业教育改革、加快创新创业人才培养是北京高等教育综合改革的重要内容，对于推动北京市属高校服务国家创新驱动发展战略、服务首都科技创新中心建设，培养"大众创业、万众创新"生力军，提高对北京经济社会发展的服务能力具有重要意义。组织本科学生撰写创新创业方案、参加各种创业方案和营销策划大赛，最初是源于北京第二外国语学院国际商学院市场营销系的各位同事对于"如何改进本科市场营销专业教学，以适应当前国际发展新形势和国内经济新常态，推进营销专业人才创新创业教育"的一些思考与探索。

如今，围绕建设国际化、有特色、高满意度大学战略目标，以及"国际化、复合型、高层次、应用性"的人才培养定位，北京第二外国语学院市场营销专业在多年创新创业教育改革和实践基础上，通过实施复合型营销人才"国际化培养工程""创新创业能力工程""职业人文素养工程"，探索出了适合"北京女孩"生源特点的具有外语院校特色的营销专业复合型人才培养模式。

一、创建"六层面三合一"培养体系

通过实施"国际化培养工程""创新创业能力工程""职业人文素养工程"，探索出"六层面三合一"立体培养体系："创新视野全球化+创新知识应用化+创新素质综合化"培养理念、"国际合作能力+实践创业能力+社会服务能力"培养目标、"外语沟通素质+创新创业素质+职业道德素养"培养内容、"国际交流项目+创新创业竞赛+企业基地实习"实践路径、"国外培养院所+校内创业学院+国内实习基地"创新平台和"国际培训导师+校内学术导师+国内产业导师"师资队伍，通过设计"国际视野、双创能力、职业素养"系列培养举措，建立了完整的、立体的复合型营销人才培养体系。

二、创建"闭环式"教学流程

依据"围绕教学主题，从教学目标到教学程序、教学手段和教学评估"的"闭环式"教学科学流程，设计和准备复合型营销人才培养的教育过程和内容，形成了"构建国际化课程体系+培养学生创新创业思维+提升学生知识综合应用能力"的教学目标，"国际化教学+双创技能教学+职业知识教学"的教学程序，"国际化教学机制+赛教融合机制+职业支撑平台机制"的教学手段，以及"国际化评估+双创技能评估+职业知识评估"的教学评估。

三、创建"一核心三平台"教学结构

"一核心三平台"复合型营销人才教学结构，具体可细分为：把控核心（综合素质能力提升、社会认可评价满意）、基座平台（国际课程、双创实训、企业实习）、支撑平台（国际视野支柱、双创意识支柱、职业素养支柱）、封顶平台（出国升学就业咨询、双创成果孵化转化、国内考研就业辅导）。"一核心三平台"教学结构清晰地解释了当前以"北京女孩"为学生主体的外语院校市场营销专业本科教育应该解决的突出问题，符合当今营销理论及营销专业教育规律，如图1所示。

本书中所选编的大学生创新创业方案内容，都是北京第二外国语学院国际商学院市场营销专业和财务管理专业大二、大三年级学生的获奖作品。这些创新创业方案经过老师们多次辅导，但总体上看还显得非常稚嫩，无论是市场定位、产品设计、盈利模式、推广方案，还是财务预算，都存在不少欠缺，甚至某些方面还有硬伤。然而，可能也正是因为这种稚嫩，反而使学生在创意思路、产品服务设想等方面摆脱了已有惯性思维的桎梏，他们的创业方案更为新颖和大胆。少年比尔·盖茨的创业方案在当年世人看来不也是异想天开、不着边际吗？正是基于这种考虑，对这些创业方案和策划书，我们只是在文字和用词上稍微做了调整与

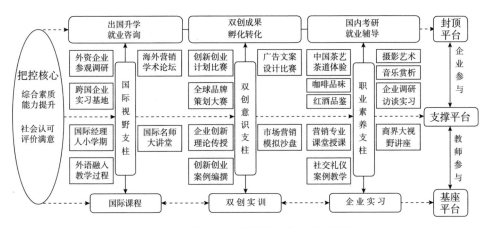

图1 "三合一"复合型营销人才教育模式

修正，对于整个文案的结构和内容不作任何删改，以保持学生作品的原汁原味。从这些原创作品中，我们既可以领略青年学子的活跃思维和大胆创意，也可以发现其中存在的问题和缺陷。这样更有利于我们找出创新创业教育过程中存在的不足，特别是便于发现创业知识传授方面的缺项在哪里，为今后的教育实践提供借鉴。

王成慧　郭　斌

2018 年 11 月 30 日于北京第二外国语学院知行楼

目 录

第一章
"本事文具"策划案

本策划项目获得 2017 年（新加坡）国际品牌策划大赛中国大陆地区选拔赛一等奖，2017 年第三届中国"互联网+"大学生创新创业大赛（校内选拔赛）三等奖。

方案策划撰写者：史明慧、符艺缤、叶家秀、杨菁菁

方案指导教师：王成慧、郭斌

第一节 简要描述

"本事文具"成立于 2014 年，作为国内创意文具品牌，为提升书写品质和乐趣而诞生。在多年的经营过程中，"本事文具"始终不忘"认真为更好的书写体验去创造"这一核心理念，专注洞察那些影响书写感受的细节。为满足消费的不同需求体验，"本事文具"共设计生产了 30 款创意功能性的本册文具，以及 46 款独特新颖的本册文具衍生品。产品在保持高质量的同时，以较低的价格出售，让更多人能够感受优质的书写体验，去更好地记录生活中的点点滴滴。在经营的 4 年中，凭借优质的产品及温暖的服务，"本事文具"在国内创意文具产业有了一定的知名度与口碑，收获了许多忠诚顾客。然而，随着越来越多的竞争者的进入，国内的创意文具市场逐渐红海化，海淘的兴起也让不少消费者倾向购买国外知名创意文具品牌。在机遇与挑战并存的环境中，"本事文具"品牌需通过加强营销与推广，建立消费者认知，塑造品牌形象，传递品牌价值与情感。如图 1-1 所示，本组将在以下的品牌策划中，协助"本事文具"品牌加强微博粉丝互动频率，帮助扩大品牌网络曝光度，给广大消费者更多实际体验产品的机会渠道。同时，推出相关合作款式及周边产品，吸引更多的消费者关注到"本事文具"，使消费者对品牌有一定的了解，在优质书写体验中记录生活的美好。

本组将对市场现状及市场趋势等各方面进行详细分析，并利用品牌管理等专业知识，对品牌进行创意设计，为"本事文具"的品牌发展献上一份助力。根据本组的了解，"本事文具"现在已拥有一定的基础忠诚客户群，且网络推广状态良好。但是，在线上互动、平台维护方面仍有待提高。我们将设计方案帮助"本事文具"留住老客户群体，不断增强企业与消费者间的沟通交流互动，维护品牌形象。我们拟建立固定推广栏目、在官方网页建立粉丝交流新模块，加强微博粉丝互动频率，并在微博上举办手帐分享会活动，拍摄制作手帐教程视频发布到各大视频平台，设计并发布品牌角色微信表情包，帮助扩大"本事文具"的网络曝光度，使其线上平台粉丝数增加20%、官网点击量增加30%左右。并且，计划采用创意式互动营销模式和开设快闪店的形式，给广大消费者更多实际体验产品的机会渠道，扩大所占市场份额。以此，提升"本事文具"在市场中的知名度。同时，采用产业联盟的方式，促进本事文具与其他品牌合作，推出相关合作款式文具及周边产品，吸引更多的消费者关注"本事文具"品牌。

图1-1 "本事文具"策划书封面

第二节 目标与品牌

"本事文具"作为国内创意文具品牌，自2014年创立起就一直秉持着"认真为更好的书写体验去创造"的信念。在国内创意文具品牌层出不穷、国外创意文具品牌已有口碑的情况下，本组希望借此策划方案，通过对"本事文具"这一品牌进行策划，来提升其知名度，让更多的文具使用者知晓并了解品牌，吸引文具使用者通过"本事文具"的产品感受优质的书写体验。同时，让更多的国内创意文具爱好者认同本国的文创品牌，并支持国内文创及其相关产业的发展。

一、企划溯源

在开始做自己的本子品牌之前，创始人一直以动画导演的身份活跃在荧幕后，早年的动画作品也曾热播于各大卫视。2013 年 9 月，这位童心未泯的"前"动画导演开始捣鼓起了自己的本子品牌。创始人将自己喜爱的文具与"日本文化"相结合，"本事文具"就此诞生。在品牌成立之初，创始人并没有刻意划分消费者市场，在他看来，本子应该是"老少皆宜""不分性别"的商品，因此，在产品设计上除了注重简单风格外，几乎未曾加入任何偏向性的设计。但很快他就发现了这块市场具有明显的"性别属性"。接连推出几款产品却发现消费者都以女性居多，这让创始人开始怀疑自己最初的设想是否正确——虽然本子品牌的创立很大一部分来自于自己的兴趣，但最终要交由市场去做生存或者灭亡的选择。这时的创始人第一次察觉到创业的不易。但即使是最初具有明显倾向的市场，也抵挡不了人们对于"手帐"（见图 1-2）的热爱。创始人越来越多地将自己对于生活的感悟融入自己的原创产品中，自己也慢慢地发现，人们对于"手帐"的定义不仅仅是一种记事工具，更是对于生活的感悟。她（他）们在手帐中记下的不仅仅是生活中的事迹，更是岁月带给自己的痕迹。人们对于"手帐"的认知不仅仅是"本子"，更是一种生活的仪式感，并在其中注入了属于自己的小情怀。

图 1-2 手帐图片

一本简单的手帐，可以记录下沉淀的友情。当闺蜜之间翻开这本属于她们自己的"友情痕迹"，一幕幕温情的画面仿佛就展现在她们眼前。第一页记录着她们第一次相见的场景，那么青涩，却又好似熟悉；第二页记录着她们第一次一起吃饭的画面，其间她们第一次对彼此诉说了真心话……；第十二页记录着她们的第一次吵架，那时她们吵得面红耳赤，但谁也不让谁……；第二十一页记录着她们第一次彼此分别，离别的泪水潸然落下……

一本简单的手帐，也可以记录下与父母之间的亲情：将自己从小到大的照片剪贴下来，配以文字写在手帐上，看看自己幼稚的脸庞，再看看父母年轻的模样……第一次离家在外那么长时间，第一次看见父母不舍的泪水……

一本简单的手帐，也可以记录下男女朋友之间的爱情：第一次牵手，第一次告白，第一次看电影，第一次吵架，第一次和好……

一本简单的手帐，也可以记录一位准妈妈对于生命的祝福。

一本简单的手帐，也可以记录自己对于梦想的追逐。

一本简单的手帐，也可以记录自己痛苦的迷茫……

岁月流逝，有许多事情可能随着我们的成长淡出了记忆，但我们可以用自己的方式，抓住属于自己的最美好的回忆，或青春，或幼稚，或温情。当我们再追寻往事时，愿有岁月可回首，愿有时光共白头。

和"手帐"这一概念一同传入中国的还有为记事本子上拼贴图画以装饰记录生活的这种崭新的生活方式。然而，现在中国市面上的品牌手帐本册文具价格高昂，且购买渠道有限，这对于一些想要尝试进入手帐圈的新手来说，只能望而却步。但是，现今由于"本事文具"价格平民化，已使很多人的第一本入门级手帐本出自"本事文具"。"本事文具"在让书写人记录生活情感的同时，也最大化地做到了人性化。在纸张选择方面，创始人对比了多家内页纸供应商，采取国内外多种材料的纸张，确保了顾客的书写流畅度，让其能够舒适、愉悦地记录自己的生活。相比较国内一些知名品牌的手帐和国外的手帐专营店，"本事文具"一直秉承着"低价、实用、简约"的理念。创始人这样说道，"我们的初衷就是为了让大家能够记录自己生活中感动的瞬间，那些太贵的、花里胡哨的手帐不实用，顾客也不会去选择它们"。对此，"本事文具"在之后推出了一系列的手帐周边，简单且实用，避免了"华而不实"的乱象。在原创手帐的基础上，"本事文具"又给顾客最大限度的自主发挥空间，充分保证了顾客对于自己情怀的展现和自己个性的展示。"本事文具"线上店铺从 2014 年开店至今，已经成为一家拥有粉丝数 37.1 万的金冠店铺，官方微博也有 3 万粉丝及 2 万的关注度。2016 年，"本事文具"为了能够给消费者提供一个可以相互交流沟通的平台，"本事文具"线下体验店也在北京朝阳商业区开业。

二、品牌形象

1. 企业资料

"本事文具"（企业简介见表 1-1）一直认真为更好的书写体验去创造。同时，"本事文具"一直秉承着实用、简洁的一贯风格。"本事文具"通过关注并洞察影响书写感受的细节来进行产品设计。在本子便携、功能方面都做出了很大的努力。同时，"本事文具"整体采用简约式风格，给本子使用者更大的使用空间，并以此突出本子的工具用途。"本事文具"为每一款产品提供多种配件，不仅可以满足更多的功能需求，同时也可以展示出独一无二的个性。在文具质量参差不齐的国内市场，"本事文具"还致力在保证文具价格较低的前提下，坚持采用进口原材料，以保证产品质量。

表 1-1 "本事文具"企业信息

公司名称	北京森浦文化传播有限公司
品牌名称	本事文具
成立时间	2014 年 7 月 29 日
负责人	创始人
公司地址	北京市朝阳区双桥路金隅可乐 A-616
品牌主页	http://www.benzishiduo.com
微博主页	http://weibo.com/benzstore
线上店铺	https://shop106220765.taobao.com
实体文具店地址	北京市朝阳区三间房金地名京商业街 1A220 号
主要产品	原创设计本册文具、定页本封套、定页本、活页本以及本册衍生品等

2. 企业愿景

在竞争激烈的本册文具行业中,创始人坚信"创新"与"坚持走自己的路"是"本事文具"最大的竞争力。创始人表示,希望自己的企业能够走出一条属于自己的路,不会盲目跟风市场上的其他文具品牌。"本事文具"的企业发展愿景(见图 1-3)为以下三点内容:

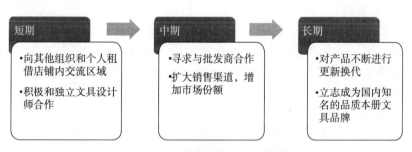

图 1-3 "本事文具"企业愿景

(1)短期。积极和独立文具设计师合作,为他们提供销售平台,同时向其他组织和个人租借店铺内交流区域增加店铺吸引力及客流量,为品牌传播打下更加坚实的基础。

(2)中期。在具有一定品牌认知度后,寻求与批发商合作来扩大销售渠道,增加市场份额。

(3)长期。由于文具产品生命周期较短的特点,不同的市场环境将会对文具产品的市场接受度产生一定的影响。因此,需要不断地通过仔细研究产品接受度较低的原因，对产品进行更新换代，才能够长久地吸引消费者的青睐。同时，创始人表示，企业的发展需要一步一个脚印，脚踏实地地站在消费者的立场上思考，并且立志成为国内知名的高品质文具品牌。

第三节 现状分析

文具行业的形成时间大概始于 20 世纪 80 年代，是在计划经济向市场经济转型的过程中，从百货业中分化出来的一个行业。文具行业起初在中国企业家看来似乎并不是什么举足轻重的行业，但如今文具行业却成了中国众多轻工产业中发展最迅速、最完善的一个行业。就目前来看，中国文具及办公用品市场的年销售额超过 1000 亿元。

一、文具行业概况

文具行业发展初期，国内生产厂家较少，产品较多依赖进口，且需求不断增大。随着国民经济的发展，文具行业从过去的简单消费转变成当前全方位消费，企业、个人对文化用品的需求也越来越成熟。目前，文具行业主要分为三大类。

1. 学生文具

学生文具是文具用品一个最重要的分支，主要使用群体是学生。由于文具使用对象的不同，针对不同年龄段的学生，学生文具风格也有很大的不同。例如，小学生文具多是卡通文具系列，而中学生、大学生的文具多以实用为主，已经偏向办公类文具系列。

2. 办公文具

顾名思义，办公文具就是办公用的文具。广义的办公文具指的是所有办公用品，同文具一个概念。狭义的办公文具，指的是企业办公用的文具，以满足办公环境和办公效率为第一要义，具有非常现代化和商业化的气息，其特点就在于不求流行花样，但讲究实用耐用。办公文具的主要消费群体有企业、事业单位、工厂、政府机关等。

3. 创意文具

严格来说，创意文具并不能直接分为一个大类。随着消费者生活水平、教育水平的不断提高和消费者生活条件的改善，他们开始为自己选择更高质量的文具。创意文具就是消费者对高水平、高质量文具产生诉求的体现。个性化、时尚化、创意化的创新文具，已经成为文化消费的一个方向，深受来自不同年龄层的广大消费者的喜爱。对于创意文具，消费者追求的不仅是质量，更要求这些文具内在的品质、灵魂，甚至是匠心。

二、文具行业发展趋势

随着我国居民可支配收入的提高、生活水平的上涨等因素，居民对文具消费出现了以下一些新的诉求。

1. 文具消费趋于品牌化、个性化

笔类书写工具在日常学习、工作中使用频繁，随着居民收入水平的提高和消费观念的提升，消费者更倾向于选购产品质量、设计水平、终端形象、用户美誉度等各方面表现优秀的品牌产品。品牌是企业产品质量、特征、性能、用途等级的概括，凝聚了企业的风格、精神和信誉，会广泛地影响消费者的购买行为。

2. 文具销售终端趋于连锁化

随着文具消费品牌化趋势的加强，品牌文具商不断推广连锁经营的模式，普通文具店也呈现出积极参与连锁加盟的趋势。普通文具店曾是文具销售的主流渠道，但由于进入门槛低、价格竞争激烈，很多普通文具店因管理不善、资金不足等原因造成盈利能力较弱、经营不稳定，甚至被淘汰。加盟品牌文具连锁经营，有利于改善门店形象，提升销售产品的品质定位，在一定程度上增强抗风险能力。因此，近年来，文具销售终端连锁化趋势显著。

3. 文具消费注重个性化、高端化

目前学生、年轻上班族更青睐于创意化、个性化、时尚化的文具，这类文具往往具备独特的创意化的设计，外观新颖时尚、色彩艳丽，能满足其基本使用的功能性需求，也大大提升消费者的用户体验。同时，在绘图、财务、设计及礼品等领域，专业的高端文具消费群体在不断增加，专业性强、品质佳、价值较高的高端文具逐渐成为推动文具消费的新亮点。

三、其他国家文具行业发展现状

在这里，我们主要对文具市场较为成熟的日本进行考察。日本是世界第二大文具、办公用品及礼品市场。日本的文具市场有着成熟的市场体系、市场消费能力强、产品质量高、合作稳定等特点。目前，日本文具在全球都享有一定的美誉，较为知名的文具品牌如派通、百乐、三菱、斑马等均是出自日本制造商之手。日本文具行业的成功可归结于以下几个原因。

1. 高规格、个性化的设计

日本文具一直非常重视自身的设计，日本厂商对文具产品设计的完善达到非常精细的地步，因此，它们推出的产品不仅美观，且其设计也使文具更加符合人

体力学设计，极大程度上满足了消费者的需求。例如，日本知名文具品牌三菱的一支荧光笔，通过更改荧光笔的笔尖材质，成功解决了普通荧光笔因为笔头过于粗大而不好画直线的问题。即使是一根细细的荧光笔，也要做到尽善尽美，可谓是体现出一种匠心。

2. 文具厂商的专业性

日本的文具厂商将消费者市场进行了细致的划分，并挑选出自己的优势市场，针对其来进行设计以及生产。例如，三菱、Sailor 就是主要生产笔具及小型文具的企业，国誉、内天央行等则是以办公用品为主要开发对象的企业。除此之外，还有以手工道具、纸制品、包装纸为主要市场的企业。

3. 国家以及地方的支持

每年日本都会举办本国文具大赏，对每年的新文具产品进行测评，并挑选出优秀文具进行推荐。此举不仅有益于文具行业的发展，而且也为消费者的选择提供了一定的指导意义。除此之外，日本各个都道府县也会不定期地进行文具展会，来促进本地文具企业的发展。

四、PEST 分析

1. 政治（Politics）

在中国，文化及其创意产业作为后工业时代的支柱产业，一直被给予越来越高的重视。2009 年，国务院审议通过《文化产业振兴规划》，标志着文化产业已经升为国家战略性产业，其主要任务是提高文化用品等产业集中度，并提出"着力培育一批有竞争力、拥有自主知识产权、产品质量水平高的骨干文化企业"。2015 年 6 月 24 日，国务院发布《"互联网+"行动指导意见》，"互联网+"的提出将助力传统文具行业再次升级。"互联网+"作为新时代下经济发展的新形态，通过互联网信息通信技术与传统产业的深度融合，创造出新的发展生态，这是传统文具产业的一次机遇与挑战。对于以线上销售为主、线下体验为辅的"本事文具"来说，"互联网+"的指导理念无疑为其创造了更大的机遇。2016 年《中华人民共和国国民经济和社会发展第十三个五年规划纲要》的提出，推动文化产业成为国民经济支柱性产业，文化及相关产业已成为全面建成小康社会决胜阶段中必不可少的重要支柱。同时，"支持'专、精、特、新'小微文化企业发展"作为"十三五"期间文化产业发展要落实的 9 项重点任务之一，为"本事文具"的发展提供了有利的政策条件。

2. 经济（Economy）

2016 年，我国国内生产总值仍在平稳上升，经济社会保持平稳健康发展，而且社会预期良好，我国居民人均可支配收入仍将处于增长阶段（见图 1-4）。

2016年我国经济也在平稳发展。我国居民人均可支配支出增加，说明居民生活水平上升。

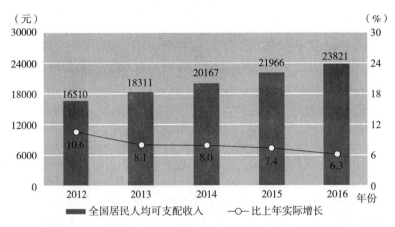

图1-4 全国居民2012~2016年人均可支配收入及其增长速度

2016年全国居民人均消费支出及居民八大类消费（见图1-5）全面增长，生活用品及服务性消费增长6.1%，主要表现为教育文化娱乐、交通、医疗等类别的服务消费较快增长。由此可知，文化办公用品类的零售消费额继续增长，显示出居民对文化办公用品类的商品需求有所增加。

同时，2016年北京市人均可支配收入为52530元，同比增长8.4%（见图1-6）。2016年，北京市居民人均消费支出为35416元，同比增长4.8%，增速比2015年下降3.9个百分点。但是，北京市居民服务性消

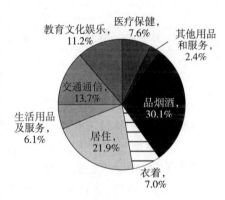

图1-5 2016年全国居民人均消费支出及其构成

2016年

北京居民人均可支配收入52530元，同比增长8.4%

按常住地划分

 57275元 增8.4%　　 22310元 增8.5%

图1-6 2016年北京市人均可支配收入

费继续扩张，2016 年人均服务性消费支出为 17817 元，同比增长 8.9%，占消费支出的比重为 50.3%，比 2015 年提高 1.9 个百分点。

因此，我们可以看出，2016 年的市场环境给创意文具企业提供了发展的优渥土壤。

3. 社会（Society）

根据国家统计局最新发布的 2016 年国民经济和调查公布数据（见表 1-2），我国国民受教育程度增加，人文素养也随之提高。

表 1-2　2011~2015 年全国高等教育人数

指标 \ 年份	2011	2012	2013	2014	2015
研究生在校学生数（万人）	164.5845	171.9818	179.3953	184.7689	191.1406
博士在校学生数（万人）	27.1261	23.3810	29.8283	31.2676	32.6687
硕士在校学生数（万人）	137.4584	143.6008	149.5670	153.5013	158.4719
普通本专科在校学生数（万人）	2308.5100	2391.3200	2468.0726	2547.6999	2625.2968
普通本科在校学生数（万人）	1349.6577	1427.0888	1494.4353	1541.0653	1576.6848
普通专科在校学生数（万人）	958.8501	964.2267	973.6373	1006.6346	1048.6120

近些年来，我国社会人文环境发生了质的飞跃，人们的生活方式也随之改变，人们越来越渴望从目前竞争白热化，每日高速度、快节奏奔波劳碌的城市生活中跳出来。"慢生活"这种新型的生活态度、健康的积极奋斗心态成为人们所追捧的新型生活方式，提倡人们在生活中找到平衡，张弛有度、劳逸结合，提高生活质量，提升幸福感。并且，随着国家经济的发展，人们对物质的需求也相应提高，人们对社交、自尊、求知、审美的需求变得更加强烈。因此，消费趋势也有所改变，现今已渐渐进入消费个性化时代，人们开始追求富有个性的产品，希望可以彰显自己的个性，消费者更加关注自己的真实感受、爱好，关注产品服务。在不知不觉中，人们的消费观念已经发展到个性消费、快乐消费、体验消费、享受消费。这些社会人文现象中蕴含着对于一些与文化产业结合的文具企业的绝好机会。

4. 科技（Technology）

（1）线上、线下结合。"本事文具"采用了线上、线下店铺相结合的方式，充分抓住了大量消费者资源。在线上的店铺销量和好评率更是惊人，"本事文具"充分锁定了目标消费者的消费方式，并利用"互联网+"的充分优势，做到品牌推广。公司现在淘宝店有 20 多万会员和顾客，在微博上有 2 万多粉丝。充分利用网络的信息传播率和宣传能力，在一定程度上节约了宣传成本并扩大了品牌知名度。在美国，作为办公用品电商，史泰博已成为仅次于亚马逊的第二大B2C电商。而且，在全美十大电商中，曾经一度有三家都是文具类电商，这足以显示出文具类电商的发展空间，但是史泰博全品类在中国一年的销量在6亿元左右。目前，中国互联网中聚集着众多消费网站，大众消费者都具有较强的消费能力，作为社会生活的重要消费商品，大部分办公用品又是需要持续消费的消耗品，因此，其市场发展空间巨大。以今天中国文具品牌领头人物——"得力"文具为例，2015年仅在京东的销量就已突破10亿。由此可见，文具办公用品在线上销售渠道的潜力。

（2）充分利用线下资源。线下体验店相比较于线上淘宝天猫店而言，可以给顾客更直接的使用体验及视觉效果。对此，我们要充分抓住这一推广平台。例如，可以在线下体验店里以视频的形式放映"本事文具"，从原材料到最终成型产品的制作过程。在店内摆出内页纸或者本套的制作原材料及来源地，以便顾客充分了解企业的产品，认同企业文化和企业观念。

五、五力分析

根据波特的五力分析模型（见表1-3）对"本事文具"进行研究，探讨其品牌在创意文具产业内的发展前景。

表1-3 "本事文具"五力分析模型

	五力	程度
	供应商议价能力	低
分析内容	"本事文具"原创产品由专业团队设计，直接交付工厂加工生产，且以线上销售为主，线下销售为辅。故产品供应商主要为制造工厂。由于文具行业供应商集中度低，无竞争威胁，买方转化成本低，所以供应商议价能力低	
	购买者议价能力	低
分析内容	作为创意性文具品牌，"本事文具"的直接消费者也是最终消费者，买方集中度低，无竞争威胁；且产品具有一定的差异性，故购买者议价能力低	
	替代品的威胁	低
分析内容	手帐主要用于日程的规划，以及用文字和拼贴图画记录生活。虽然手机在记录日程上具有高效便携性，但手帐书写记录可以使思想记录自由发挥，书写的过程也会让记忆更加深刻。同时，相比起手机单调的列表，手帐记录更能体现人在忙碌中的成长过程，更有仪式感，这是手机所不能替代的，故替代品的威胁程度低	
	行业竞争者的竞争	高
分析内容	创意文具产业尤其是本册文具早已市场红海化。随着行业增长率的提高，国内创意文具品牌在近两年逐渐增多，知名大型文具品牌开展创意文具业务；同时，海淘的方便使国外知名品牌也在影响着消费者决策，行业竞争者的竞争程度高	

续表

五力		程度
	潜在进入者的威胁	高
分析 内容	由于进入创意文具市场所需的规模和经验低，边际成本低；且电子商务的兴起使产品无须经过零售商，进入壁垒低，故潜在进入者的威胁高	

从以上分析来看，"本事文具"的供应商议价能力、购买者议价能力、替代品的威胁程度低，而行业竞争者的竞争、潜在进入者的威胁程度高。因此，本组认为"本事文具"品牌在创意文具产业内具有很大的发展空间。据此，"本事文具"可采取的一般战略如表1-4所示。

表1-4 战略分析

	成本领先战略	产品差异化战略	集中战略
供应商议价能力	抑制卖家的砍价能力	可以更好地将供方的涨价转移到消费者	生产数量降低，供应商议价能力提高
购买者议价能力	顾客购买量小，所以此战略此方面影响较小	缩小购买者的选择范围从而削减购买者议价能力	因为没有选择范围所以购买者丧失议价能力
替代品的威胁程度	通过较低的价格提高产品性价比减小威胁程度	顾客因习惯某一种产品或服务而降低了替代品的威胁	特殊的产品和核心能力削减了替代品的威胁程度
行业竞争者的竞争	压低成本获得更多利润，有利于价格竞争	使品牌在众多竞争者中脱颖而出，培养顾客忠诚度	竞争对手的竞争能力不足，无法满足消费者需求
潜在进入者	通过对成本的杀价阻止潜在进入者进入	通过品牌顾客忠诚度打击潜在进入者的信心	建立核心能力从而阻止潜在进入者的进入

六、SWOT 分析

1. 优势（Strength）

（1）产品具有设计性、实用性。"本事文具"产品均为原创设计，并且具有实用性。品牌创始人曾为动画导演，具有良好的审美以及独特的设计灵感，在多年工作中也对消费者喜好有了一定的把握。同时，在产品功能设计上，实用性成为主要考虑因素。简约独特的设计，较强的实用性，是"本事文具"的产品特色。

（2）制作工厂线稳定。"本事文具"产品都是采用"团队设计并交付工厂生产"的程序。有固定合作关系的工厂中不乏朋友开设的工厂，也为品牌开设专门的生产工艺线，保证了生产链的顺畅及质量的稳定。

（3）线下开设体验店。在线上有了理想稳定的销量后，"本事文具"在2016

年开设了首家线下实体体验店，弥补了线上销售所缺少的用户体验度。"本事文具"通过对实体店铺布局及陈列的精心设计布置，营造出温馨文艺的氛围。同时，店铺内设置了手帐展览区，不定期举办小型交流会，这些线下体验都有益于与消费者建立品牌情感联系，传递了品牌价值。

（4）产品选择性多。"本事文具"品牌具有多样化产品，均根据消费者需求进行设计，以满足消费者的不同需求。例如，根据消费者需求生产不同材质、不同价位的本套，设计生产不同的本子衍生品。

（5）价格定位低。作为国内创意文具品牌且以手帐本为主打产品，考虑国内手帐本市场不成熟，消费者对贵价文具的接受度不足，所以比起国外贵价手帐品牌，"本事文具"在保证质量不变的同时，使产品价格定位相对较低，消费者更易于接受。同时，平价的产品让有兴趣的手帐玩家更容易体验尝试，有益于对手帐文化的普及从而带动更大的市场。

2. 劣势（Weakness）

（1）市场知名度不够。"本事文具"虽然已有一定的忠实消费群体，但认识这个文具品牌的人数相对有限，微博、微信公众平台关注数较少，品牌传播度不高。

（2）产品质量把控度不足。根据线上销售买家反馈，虽然大部分产品制作精美，但仍有小部分产品在细节上不够注重。"本事文具"未能做到更为精细的质量把控，造成少许消费者的流失，影响品牌声誉。

3. 机会（Opportunity）

（1）对较高价文具产品的接纳。随着国内经济的增长，消费水平、生活品质的提高，越来越多人愿意花较高的价钱去购置书写记录体验较好的文具用品。

（2）个人定制偏好。随着时代价值观的变化，比起毫无差异的产品，消费者如今更加偏好私人定制化，并通过其来展示自我价值。"本事文具"品牌旗下拥有丰富的手帐产品，具有极大的 DIY 空间，一本自己设计制作的手帐，不仅是生活中的记录本，更是自我风格与个性的体现，满足消费者个性化的需求。

（3）衍生品蓝海。"本事文具"除了各种各样的本册文具外，还拥有许多本册相关衍生品。相比已挤成红海的本册市场，其衍生品还是具有很大发展空间的蓝海市场。由于这些产品过去薄利或同质化严重，不少店铺商家放弃了该市场。"本事文具"就抓住这一特点，利用其设计独特、多样的特点，创造了许多精美别致的本册衍生品。

4. 威胁（Threaten）

（1）盗版严重。"本事文具"自创立开始就不断遇到被抄袭问题。由于产品设计精美，在仿制成风的市场环境里，自然难免被侵犯知识产权的现象发生，以淘宝店铺最为严重。

（2）本子市场红海化。文具产品，尤其是本册产品，由于技术门槛低，需求量很大，其市场早已成为红海。老牌文具"真彩""晨光"具有响亮的知名度，新兴品牌 Timebox、九口山也广受消费者欢迎，行业竞争十分激烈。"本事文具"虽然在一定消费人群中拥有较好的口碑，但在品牌知名度上仍需通过营销对其进一步的传播。

（3）国外知名品牌多。相比国内手帐市场尚不成熟的现状，国外早已建立起许多质量佳、口碑好的手帐本品牌，如德国 Moleskine、日本 HOBO，这对消费者的选择也产生了一定的影响。

5. 劣势改善

本组为"本事文具"品牌规划出短中长期行销计划（见图1-7），增加知名度，稳定产品质量，培养优秀口碑。SWOT 分析策略如表1-5所示。

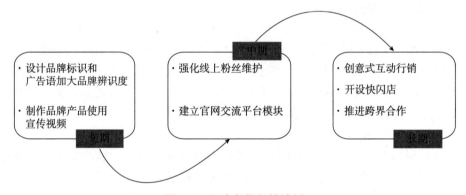

图 1-7　短中长期行销计划

表 1-5　"本事文具"SWOT 战略分析

内部分析 ＼ 外部分析	机会	威胁
优势	增长性战略 研发对品牌旗下本册产品具有专一性的本册衍生品，引导消费者配套购买；加强线下体验店的产品体验，使消费者能更直接感受不同于普通文具产品的较高书写使用体验	多种经营战略 消费者对产品使用情况进行研究，根据消费者的习惯对产品进行细节改良，提升产品使用感；标志性设计区分其他品牌产品，展现品牌个性
劣势	扭转型战略 以新颖多样化的本册衍生产品为特色吸引消费者的关注，进而了解品牌；从产品到服务提升消费者的消费体验，创造品牌价值	防御型战略 加强对质量的严格把控，通过高质量产品，区别盗版产品，同时在消费群体中形成口碑；延续较低价位高质量产品的研发，以高性价比为主题进行产品推广

第四节 营销战略选择

在此,我们主要通过发放"本册文具购买及使用情况调查问卷"来进行分析。

一、STP 分析

在进行市场细分之前,我们先来进行市场区隔,即划分出一个大的市场人群。由于创意本册类文具的主要个人消费群体为有一定消费能力的学生。因此,我们着重调查了年龄为 16~25 岁的学生对本册类文具的消费及使用情况。通过市场调研收集数据的方法,找出市场潜在消费者的需求,并通过分析他们不同的需求来进行市场预测。由于我国现在创意本册文具市场的发展并不成熟,无法进行过细的市场细分,在此我们主要从以下四项细分行为因素中进行市场细分:

第一类,由于女性的方式更加细致、更加在意细节,根据调查中不同性别每月平均购买本子频率的占比,可以显示出女性对本册文具更加敏感,是其产品的经常性购买者。因此,市场可以具体细分为男性消费者与女性消费者(见图 1-8)。除此之外,我们还可以根据购买频率进行细分,将消费者细分为经常购买消费者、一般购买消费者与不常购买消费者(潜在消费者)。由于本册类文具并不属于一种快消品,我们可将月均购买 1~2 次本册用品的消费者归为一般购买消费者。但即使这样看,在本册文具市场里,我们还有相当多的潜在消费者。

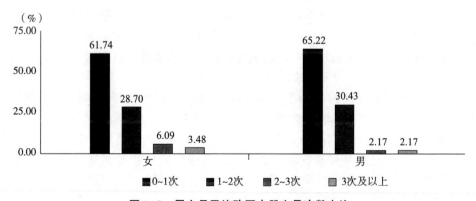

图 1-8 男女月平均购买本册文具次数占比

第二类,根据购买习惯进行细分,通过分析影响消费者购买本册时的因素进行分析。首先我们可以看出在众多因素之中，品牌是影响最低的一个因素。因此我们可以得出结论，大多数消费者对本册品牌的忠诚度很低，表明现阶段我国大多数消费者并不是对任一本册品牌的坚定品牌忠诚者，这便有利于我们进入市场并获得一些市场份额。

1. 潜在消费群体

影响大多数消费者的其他因素，重要程度基本上都不相上下，我们可以根据以上分析过的非常重要选择因素，将消费者细分为以下几个消费者群体（大多数为潜在消费者）：

（1）创意型消费者。由图 1-9 可知，有 48.70% 的女性消费者与 30.43% 的男性消费者认为外观创意设计十分重要，且女性消费者比男性消费者更加注重外观创意设计。

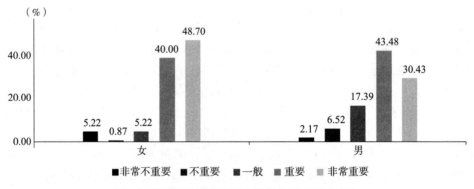

图 1-9 以外观创意设计为最优先的消费者占比

虽然认为功能设计十分重要的男女消费者比例相等（见图 1-10），但比起图 1-9，我们可以知道男性消费者比起外观设计更加注重功能创意型设计，而女性消费者比起功能创意设计更在乎外观创意设计。但结合两张图表，我们可以得知，主要通过本册文具的外观及功能创意设计的好坏来进行消费的客户大致占总体客户群的一半且以女性消费者为主。

（2）以价格为导向的消费者。从图 1-11 中，我们可看出受本册文具的价格影响最大的消费者在总体消费者中占比并不是很高，且以男性消费者为主。

（3）以使用性为导向的消费者。我们不难发现，男性消费者和女性消费者相比在本册的实用性上有着较高的关注度，且受影响的程度要远高于女性消费者。即注重书写体验和便携程度以质量为主导的消费者，以男性消费者为主（见图 1-12 和图 1-13）。

创意文具的主要消费者是年龄 18~25 岁的追求生活质量的消费群体，因此，我们主要选取大学生群体研究目标消费群体消费能力。

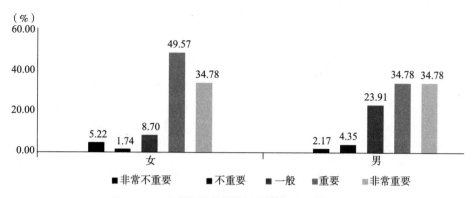

图 1-10 以功能创意设计为最优先的消费者占比

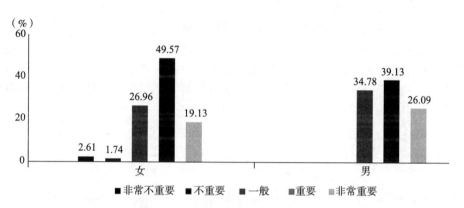

图 1-11 以价格为最优先的消费者占比

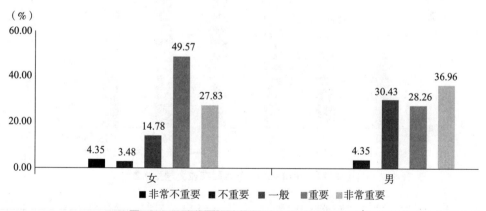

图 1-12 以书写体验为最优先的消费者占比

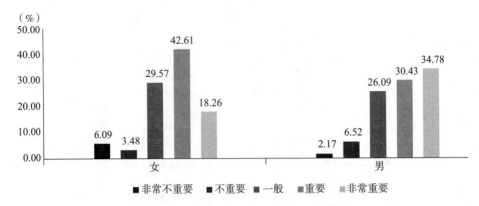

图1-13　以便携程度为最优先的消费者占比

根据国家统计局数据（见图1-14），2010~2015年我国在校大学生人数持续平稳增长。根据教育部发布的《中国高等教育质量报告》，2015年中国在校大学生规模达到3700万人，位居世界第一；各类高校2852所，位居世界第二；毛入学率40%，高于全球平均水平。由此可以得知，在校大学生是一个相当庞大并且仍在增长的消费者群体，而这无疑为"本事文具"提供了广阔的市场发展空间。

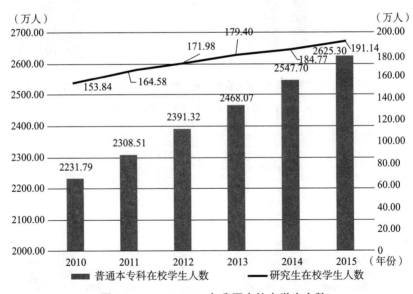

图1-14　2010~2015年我国在校大学生人数

再根据来自腾讯问卷的一份调查（见图1-15），目前我国在校大学生一个月的开销主要分布在1000~2000元这一价格区间，而除了占据较大开销的伙食费之外（见图1-16），大学生的日常开销中日用品的开销只占到其中的10.6%。

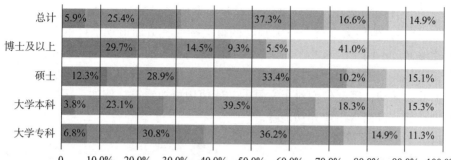

图 1-15 中国大学生月花销

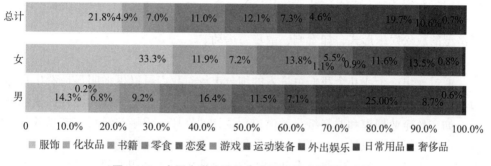

图 1-16 中国大学生除伙食费后日常开销最大占比

在消费价格水平持续上涨的今天，我们可以估算出大学生对本册的平均预算并不很高，相当一部分人无法负担起价格较高的本册文具。因此，在选定目标消费者后可选择采用低价策略。

2. 选择目标市场

明确企业应为哪一类用户服务，满足他们的哪一种需求，是企业在营销活动中的一项重要策略。因为不是所有的子市场对本企业都有吸引力，且任何企业都没有足够的人力资源和资金满足整个市场或追求过分大的目标，只有扬长避短、找到有利于发挥本企业现有的人、财、物优势的目标市场，才不至于在庞大的市场上瞎撞乱碰。通过第一步用以上因素来进行市场细分之后，我们才可以评估每个细分市场的吸引力，如哪个营销属性吸引力更强，哪些价格因素吸引力更强等来选择符合条件的目标市场，并结合我们文具企业的实际状况，来进一步找到我们容易进入的一个或几个目标细分市场。由于"本事文具"现在以价格优势为主打，本子主要以常规尺寸为主，很少涉及研发异形本的工作，而在书写体验方面可能不及成本更高的其他本册类企业的产品，因此，我们主要选择设计型消费者的消费市场与价格型消费者的消费市场。

（1）设计型消费者。设计型消费者看中本册文具的外观设计以及功能设计（见图1-17），他们大多有着较为独特的审美标准，更加追求个性的彰显。他们希望能够通过不同于大众的产品来展现自己得到更多的关注度，同时也使自己更加享受文具使用的过程。并且，此类消费者的生活形式更加丰富多彩，有着各种各样的社会活动，因此他们对于文具的功能使用更加看重。例如，记账功能、点阵计划功能、方格自由填充功能等。

（2）价格型消费者。价格型消费者追求更加物美价廉的产品，这一般与他们自身的经济状况有关，面对本册文具这样的日常消费用品时他们则特别重视价格因素。由于经济的限制，他们的娱乐模式较少，这使此类消费者采取更加经济型的放松娱乐形式，如看剧、散步、运动。

图1-17 "本事文具"手帐的功能设计

3. 市场定位

通过找出一个或几个我们可进入的细分市场，我们可以更加明显地看出目标市场需求，针对其制定相应的营销战略，此时必须考虑企业面临的各种因素和条件，如文具企业规模和原料纸张的供应、设计的好坏、手帐与活页本产品的类似性、手帐市场的类似性、这些产品寿命周期、竞争的目标市场等。选择适合本企业的目标市场策略是一个复杂多变的工作。企业内部条件和外部环境在不断发展变化，经营者要不断通过市场调查和预测，掌握和分析市场变化趋势与竞争对手的条件，扬长避短，发挥优势，把握时机，采取灵活的适应手帐市场态势的策略，去争取较大的利益。除此之外，我们还要考虑"本事文具"作为一个创意文具品牌的核心内容：简约的外观设计、实用的功能设计以及低廉的价格。

综合以上分析，我们认为"本事文具"的定位为：价格优势与功能创意并存的原创本册文具。

二、4P 战略

1. 产品（Product）

"本事文具"为给消费者提供良好的书写体验，采用日本进口纸材，并结合时下流行的简约风格进行产品设计。"本事文具"产品类型如图1-18所示。

同时，为消费者提供多种手帐周边产品，让消费者有更多选择。其中，"本事文具"为满足不同消费者的喜好推出了不同系列风格的活页本册文具（见表1-6）。

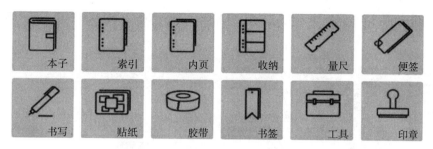

图 1-18 "本事文具"产品类型

表 1-6 本事文件产品系列

文具系列名称	功能设计	封面材质	色彩搭配	产品定位
水果款	搭扣开本设计、设有置笔处	耐磨皮革（细格）	橄榄绿 西瓜红 柠檬黄	艳丽 活泼
森林款	绑带设计 设有置笔处 设有杂物放置处	环保再生皮	森林红 森林蓝 森林黄	文艺森系 环保主义
		真皮	自然棕 植鞣皮	品质 简约
马卡龙款	按扣设计 设有置笔处	超纤皮革（小羊皮质感）	白、蓝 粉、紫	马卡龙 温柔
复古款	吸铁石搭扣 设有置笔处 设有名片放置处	高级变色革（光滑复古手感）	可可棕 格林绿 瑞德红 珀勃紫	复古 商务

"本事文具"产品与其他品牌类似产品价格相比有很大的价格优势。国外知名手帐本册文具品牌中鲜有百元左右价位的产品，而国内则有一些品牌像九口山、lovedoki 是目前"本事文具"的主要竞争者。

通过比对同等大小，款式差不多的产品价格（见图 1-19~图 1-21），我们可以得知"本事文具"产品的价格在市场中确有很大的竞争力。

2. 渠道（Place）

（1）线上销售。"本事文具"是从淘宝店铺起家的品牌，店铺现已是一家好评如潮的金冠店铺，还开设有天猫店铺，采用多平台销售的销售手段，渐渐地"本事文具"手帐本成为许多手帐消费者的首选。

并且，"本事文具"店铺服务情况高于行业均值，这都得益于"本事文具"采取直销方式。所有产品从北京双桥分发仓库发出，此仓库现有工作人员 30 余人，同时在店铺维护方面设有 4 位在线客服，24 小时接受客户反馈（见图 1-22 和图 1-23）。

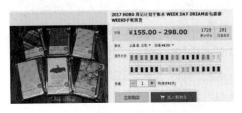

图 1-19　HOBO 品牌产品及其价格

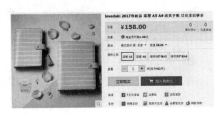

图 1-20　lovedoki 品牌产品及其价格

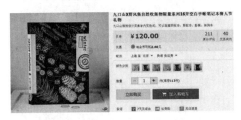

图 1-21　九口山品牌产品及其价格

卖家信用评价展示　好评率：99.66%

最近一周　最近一月　最近半年　半年以前

	好评	中评	差评
总数	202086	434	131
3C数码	197988	418	125
非主营行业	4098	16	6

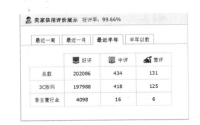

图 1-22　“本事文具”淘宝店铺信用评价信息

店铺30天内服务情况

	本店值		行业均值
近30天售后速度：	0.87天	小于	1.74天
近30天售后率：	1.16%	小于	3.63%
近30天纠纷率：	0	小于	0.01%
近30天处罚数：	0次	小于	35.65次

近30天平均售后速度：0.87天

平均退款速度：近30天卖家处理完结一笔退款申请平均花费的时长

图 1-23　“本事文具”淘宝店铺服务情况

（2）实体销售。“本事文具”线下体验店在北京朝阳区开店（见图 1-24），并且现今已扩大店面增加店面交流区。同时，“本事文具”还与一些企业合作，定期供应一些企业文具用品。还租借场地给一些艺术家进行小型分享活动，增大“本事文具”实体店的客流量。

“本事文具”设立品牌实体店的主要目的是通过全面展示产品（见图 1-25），提升品牌形象，提高品牌的知名度和信誉度。同时，促进产品的销售。并且，因“本事文具”线上店铺小有名气，所以在一些线上店铺中已经出现了“本事文具”的山寨产品，而开设实体店则保证了产品的质量和服务的质量，防止了假冒伪劣产品，保证了产品的货真价实，避免了伪劣产品造成的冲击。

图1-24 "本事文具"线下店铺活动　　图1-25 "本事文具"线下店铺活动参与顾客

（3）未来市场。参加文具展览、手帐集市，进行手帐及周边产品的销售和推广，同时传播手帐文化。并且未来争取与批发商合作，扩大本事文具销售通道，使"本事文具"也能开始在其他文具店售卖，以提高"本事文具"市场份额。

3. 促销（Promotion）

"本事文具"一直秉承着制作出实用、有品质的本册文具的理念，公司创始人表示会将主要目标放在品牌产品的质量提升方面，同时进行一些线上推广。因此，"本事文具"开设了自己的官方主页、微博帐号、微信公众号，以及设立了微信本事种草群，定期更新最新产品信息（见图1-26），以吸引消费者的注意来增加"本事文具"产品的曝光度。文具作为大众的生活消费品，属于"薄利多销"型行业，且销售情况基本稳定。因此，"本事文具"将自己的"品质"与"创新"作为主推的促销方式。

图1-26 品牌原创周边

如图 1-27 所示，"本事文具"淘宝店采用满 98 元包邮的方式，让消费者在店铺中选购更多的产品进行促销。

图 1-27　淘宝店铺促销

如图 1-28 所示，实体店铺还设有会员机制、积分换购以及更加吸引人的扭蛋机器。

专属会员优惠。

8.5-9.5 折

累计购物满118元，即可成为会员。会员购买正价商品自动生成折扣，折扣随会员等级提升。

图 1-28　线下店铺会员优惠

同时，产品采用防水包装（见图 1-29），让消费者可以放心购买。

壹份包装/壹份礼物。

防水手袋使用中。

本店出售的绝大多数商品采用全新纸箱汽泡纸包装，如有挤压，还请见谅。

图 1-29　产品防水包装

通过知名手帐达人推荐"本事文具"产品，使其使用"本事文具"产品进行手帐排版制作。在达人的推荐下，使达人庞大的粉丝群体了解"本事文具"品牌，以达到促销的目的。当未来公司发展到一定规模时，可适当参加社会慈善公益活动，体现企业的社会责任感，塑造良好的企业形象。

第五节 品牌定位

一、核心价值理念与品牌心智图

1. 品牌核心价值

（1）核心理念。"本事文具"品牌核心理念如图1-30所示。

功能性强 可塑性好 性价比高

图1-30 核心理念

（2）品牌价值。"本事文具"品牌价值如图1-31所示。

2. 品牌心智图

"本事文具"品牌心智图，如图1-32所示。

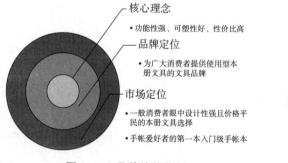

图1-31 品牌价值分层

图1-32 品牌心智图

二、竞争者分析

在竞争者分析这一方面，我们主要选择目前状况与我们相似的新型创意文册文具品牌竞争者来进行横向比较。具体品牌及比较详情如表1-7所示。

表1-7 竞争者分析

比较点/品牌	本子事多	Dokibook	Ameame	九口山
店铺规模	一家连续51期评为金牌卖家的金皇冠专营淘宝店（2013年开店）；一家线下实体专营店铺（2016年开店）	一家五蓝皇冠专营淘宝店（2013年开店）；无线下实体店铺	一家两皇冠专营淘宝店；无线下实体店铺	无专营线上、线下店铺
外观设计	设计以简约的风格为主，可以搭载贴纸等进行自主改造，可选择颜色、样式较多	以清新活泼、颜色亮丽的设计为主，可选颜色、样式较多	以简约清新的风格为主，可选颜色、样式有限	以简约清新的风格为主，设计性强，风格类型众多，封面变动较低
价格	主要本册产品价格为19~60元，价格低廉；少数本册价格高于100元	主要本册价格为60~100元，少数本册价格低于30元或高于100元	多数本册价格在88元，少数本册价格低于40元或高于100元	本册价格在40~100元变动
内页设计	内页设计较为单调，偏向功能型设计；内页质量较好	有多种内页设计可供选择，内页兼具功能性和美观性设计；内页质量较好	会通过顾客反馈进行内页设计，以功能性设计为主；内页质量较好	内页设计较为单调，以空白页为主；内页质量较好
产品类型	可供选择的产品类型尺寸多样，以活页本册为本为主；本册衍生品较多	可供选择的产品尺寸类型多样，基本都是活页本；本册衍生品较多	可供选择的产品尺寸类型较少，产品大多数目以书衣为主；衍生品较少且以书衣为主	可供选择的产品类型系列较多，尺寸较少，产品均为定页本
产品质量	主要产品外皮质量较好，内页质量一般，偶尔本册质量参差不齐的情况	主要产品外皮质量较好，内页质量一般，虽然降低成本会进行降价推出，但仍有少量降低成本未被挑出	产品质量较好，会通过顾客反馈积极调整质量，降低成本则会降本单独处理	产品质量非常好，外皮结实，内页不湿透
铺货率	线上线下自营模式，没有提供其他文具店铺供货渠道	目前只有线上自营	目前只有线上经营	有文具店进货渠道，铺货率较高
认知度	在淘宝文具用品类店铺中知名度较高	在手帐爱好者中知名度较高	在手帐爱好者中知名度较高	在文具用品中知名度高
合作品牌	目前没有与其他品牌合作	与热门电视剧《微微一笑很倾城》合作推出主题手帐	目前没有与其他品牌合作	目前没有与其他品牌合作
消费者人群	以初级手帐使用者、实用类文具使用者为主；消费者人数较多	以手帐使用用者为主；消费者人数较多	以手帐使用用者、书衣使用者为主；消费者人数少	以手帐使用者和实用类文具使用者为主；消费者人数较多

通过竞争者分析表，我们可以分析出如下结论：

其一，作为创新本册文具品牌，"本事文具"虽然在文具品牌中线上的电商知名度要远高于线下的知名度，和其他创新文具品牌相比，其在创意手册（手帐）方面的知名度和规模都是比较高的一家。虽然"本事文具"的商品是以自营为主，铺货率较低，但只有该品牌旗下拥有实体店铺可以进行自有产品的推销与推广来巩固品牌。在此方面，其知名度的提升空间还是较高的。

其二，在外观设计方面，虽然"本事文具"的外皮质量水平较为一般，但其所提供的外观种类和样式却是十分丰富的，并且和其他创意本册品牌相比，其本册是最低廉实惠的，降低了消费者的进入门槛，这在价格因素影响消费者程度较大的本册行业，是非常具有优势的。

三、异同点分析

1. 类同点

（1）以本册产品为主要产品。由于技术门槛低，产品作为消耗品需求量较大且稳定，大多数创意文具品牌都以设计生产本册产品作为主要业务。

（2）客户群高度重合。"本事文具"与大多数创意文具品牌的客户群体高度重合，主要消费者为初高中、大学（专科）、研究生及以上的学生，且大多为女性。

2. 不同点

其一，在保证质量的情况下产品平均价格偏低。"本事文具"品牌旗下原创产品皆有着偏高质量、偏低价位的特点，产品质量在顾客中已形成一定的口碑，且价位在市场中偏低。因为价格偏低，很多手帐玩家在选择第一个手帐时选择了"本事文具"品牌，而高性价比使得近三成左右的顾客已成为品牌的长期顾客。

其二，生产丰富本册配套的本册衍生产品。如图1-33所示，"本事文具"品牌旗下除了原创本册产品外，还设计生产了多种多样的本册衍生产品。许多消费者在购买本册产品时，也会购买相关衍生品。"本事文具"抓住了这个"因为利润过小导致不少商家放弃"的本册衍生品市场，通过独特新颖的设计，以及专

图1-33　丰富本册配套的本册衍生产品

门的工艺生产线，开发出与本事文具本册产品相配套的衍生产品。产品的多样化以及专门化促进了消费者的配套购买。

（3）品牌理念明确清晰。现市场上虽有众多创意文具品牌，但大多数无清晰的品牌理念，只是以贩卖本册产品为主要目标。"本事文具"自成立开始便有了明确清晰的品牌理念，并通过开设线下体验店，更好地与消费者进行产品的体验交流，传递品牌情感，建立品牌联系。

第六节　品牌策划设计

"本事文具"是为了提升书写品质和乐趣而诞生的品牌，创立于 2014 年。作为一个设计品牌，"本事文具"始终执着于提供更好的书写体验解决方案，深入洞察书写的细节和需求，设计更加多样化的周边搭配，助力每一个使用者打造个人专属的书写系统。在品牌发展过程中，"本事文具"一直秉持着"认真为更好的书写体验去创造"的品牌理念。"本事文具"在保持产品高质量的同时，通过降低利润使产品具有较低的价格，比起购买价格高的本子却舍不得使用，最后变成收藏品，"本事文具"更希望消费者能够不在意价格的因素，让其物尽其用，去书写、去记录。随着国内经济的增长，人们生活方式的提升，越来越多的人开始注重文具产品的书写体验以及创意性的设计，并愿意支出比普通文具产品更多的价钱去购买优质产品，创意文具产业具有十分光明的商业前景。然而，"本事文具"所处的创意文具市场也正在逐渐地红海化。国内的竞争者越来越多，且盗版问题严重。国外品牌早已形成口碑，影响消费者抉择。

面对此时的机遇与挑战，本组通过对"本事文具"的品牌策划，使其在市场中建立形象，建立消费者认知，扩大知名度，让更多的消费者去了解这一品牌，去体验其优质的书写使用体验，让更多的手帐使用玩家了解这一品牌，去带动手帐市场的发展，让更多创意文具爱好者认同国内的创意文具品牌，并支持国内文创及相关产业的发展。我们相信，通过"本事文具"的发展，越来越多的消费者能够感受到优质的书写体验，并在这个过程中，更好地记录生活中的点点滴滴。

一、品牌名称

"本事文具"其实最开始想开一个本子的杂货士多店。因此，"本事文具"就取自"BENZSTOR"的发音，这也就成为了淘宝店铺的名称。但是，经常有人会联想到奔驰（BENZ）店。所以，文具品牌和体验店在营业时更名为"本事文具"。

"本事文具"是为了提升书写品质和乐趣而诞生的品牌，其专注于本子的原创设计以及本子的实用消费品功能。因此，在取名时采取简单直白的表达方式回归原本。

二、互联网平台设计

互联网平台设计，如表1-8所示。

表1-8 互联网平台设计效果

品牌 主页	http://www.benzishiduo.com/
微博 主页	http://weibo.com/benzstore
线上 店铺	https://shop106220765.taobao.com/

三、标识设计

设计理念："本事文具"标识主体为一个本子的形状（见图1-34），上面印

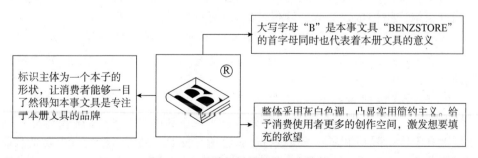

图1-34 品牌标识及设计理念分析

有大写字母"B"是"本事文具""BENZSTORE"的首字母，同时也代表着本册文具的意义。简单直白的设计，让人们一看到此标志，就能够知道这是一个专注于本册文具的品牌。同时，标识还会跟随着不同的平台进行相应的细节改动（见图1-35）。

文具研发·原创设计

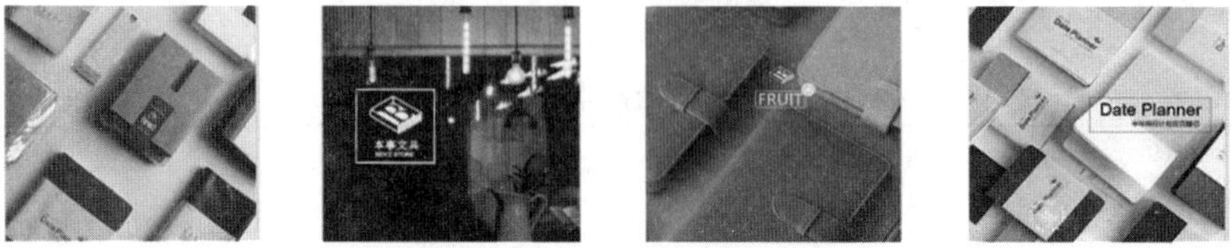

本事文具·线下体验店

本子事多·淘宝集市

本事文具·天猫品牌专营

图1-35　不同平台上标识的改动

标识整体设计颜色采用简单的灰白色，体现"本事文具"简约实用的设计理念，给予消费使用者更多的创作空间，激发想要填充的欲望。

四、形象代言人

品牌形象代言是指通过传达品牌独特、鲜明的个性主张，使产品得以与目标消费群建立某种联系，顺利进入消费者的生活和视野，达到与之心灵的深层沟通，并在其心中树立某种印象和地位，使品牌变成一个有意义的带有附加价值的符码，好的形象代言更有利于品牌的塑造。通过一定的媒介或载体传播诉诸目标受众，从而在品牌如云的市场中树立和打造个性化的品牌形象。然而，只有在形象代言人能够准确地反映目标市场定位，体现产品与其他产品的区别时，才可以称作好的形象代言。

从目前来看，我们认为现在的情况下选定品牌代言人是不可取的，具体的理由如下：

1. 目前创意本册文具这一概念并没有被大众熟知

由于大多数消费者对创意本册这一概念并没有熟悉的认知，贸然地通过形象代言去推广恐怕难以达到品牌代言的预期目的。除此之外，文具行业是一个较为容易进入的市场，即使我们成功地推广了创意本册文具的概念，也难以防止其他企业因此进入与我们产生竞争关系甚至给"本事文具"这一品牌带来威胁。

2. 品牌代言成本较高

"本事文具"作为一个从2014年建立的创意本册品牌，现在仍然处于企业的发展上升阶段，需要更多的资金进行运营管理与发展。品牌形象代言主要是邀请有一定公信力、影响力与传播力的公众性人物让其担任品牌的形象代言人并且进行宣传活动，这是一个长期的过程。在选定品牌代言人时，作为品牌方我们要进行慎重的挑选，这就意味着大量的资金投入。对于一个正在发展阶段的企业而言，选择需要长期资金支持的代言人来进行营销推广的方案并不是非常可行。

3. 文具产品的品牌形象代言效果较差

就目前来看，我国少有文具品牌和公众性人物合作来进行品牌代言。品牌形象代言是因其品牌背景文化、市场定位、产品类别及品牌个性化、差异化等综合因素的需要，可以选择不同的形象代言表现形式，以求达到更迅捷地进入目标受众眼帘，提升品牌知名度和美誉度，占领目标市场的目的。然而，文具作为日常消耗品，不同的文具品牌间的市场定位和产品类别的重合度都较大，品牌的个性化差异化因素反而并不非常明显。除此之外，大多数文具品牌旗下都包含着许多不同风格的系列产品，因此无法选定有特定形象的代言人来进行品牌代言进而占领目标市场。

综上所述，在这里我们决定不进行品牌代言人的策划。但是，为推广品牌形象，我们拟设定"本事文具"的品牌吉祥物为 Haru 店员。Haru 是品牌创始人的爱狗，经常驻扎在"本事文具"文具店内，是文具店内网红四脚小店员，很多到店的消费者都会和 Haru 进行互动，甚至 Haru 已经有了自己的微博网页。因此，我们以 Haru 为原型进行了角色设计。如表 1-9 所示，我们预计将与企业协商生产一系列关于该品牌角色形象——Haru 的衍生产品（如封套、内页、本皮、胶带等），并且我们会寻求与画手合作，制作以该品牌角色为主角的网络原创表情包，并在各大平台（微信、微博等）进行发布传播，以扩大品牌角色知名度。

表 1-9　有"本事"的 Haru

角色名称	Haru（阿鲁）
年龄	2 岁
性格	热心善良、性情温和
爱好	记手帐
职业	"本事文具"店四脚店员

五、品牌宣传语

品牌宣传语的设计理念：如图 1-39 所示。

图 1-36　品牌宣传语——"本子有本事"

宣传语中包括品牌名称，方便传播理解；每一个本子都会蕴含一段故事；强调"本事文具"的"本事"，突出其功能强大以及实用性。

六、广告音乐

配合轻柔、优雅的音乐，使消费者感受到慢节奏的品质书写生活。

第七节　品牌推广与传播

"本事文具"以淘宝店铺起家，在线上销路已经具有一定的知名度，但是其在线下实体店以及品牌整体曝光度不够。本组利用实际互动营销方式为"本事文具"设计相关的营销传播活动，同时在一定程度上加强"本事文具"线上推广力度。因为还考虑到文具行业"薄利多销"的特点，在选择营销手段时将尽量选择企业可以承担的规模。

一、视频推广

1. 推广理念

"本事文具"目前没有视频形式宣传品，并且本册文具的实际体验效果很重要，因此利用视频的形式，将产品的使用效果展现在广大消费者眼前。同时，将视频散布到各大视频网站还可以加大品牌的辨识度。

2. 推广内容

"本事文具"作为原创设计本册文具品牌，同时拥有手帐特色加持。因此可以利用这一点，用"本事文具"自己的产品制作手帐，并将过程以视频形式记录下来，发布到各大视频网站平台上去，让消费者可以更加立体地了解"本事文具"的使用方式、产品特色等。通过分享实际的产品使用过程起到品牌推广的效用。

3. 视频具体内容

同类产品使用效果比较，如用同样的笔在不同品牌的本子上书写，体现出"本事文具"的书写流畅度，纸质厚实不透页。手帐制作过程，通过不同的手帐制作方式展示"本事文具"的使用方法和手帐周边产品等产品细节。如图1-37所示，在视频中可像下图在产品上印上"本事文具"的印章，增加辨识度。可以定期收集"本事文具"粉丝的得意之作进行展示，让忠诚顾客可以更加关注品牌产品，激励他们制作手帐，同时吸引新手。

图1-37 视频教程

4. 推广媒介

视频推广媒介为各大视频网站（见图1-38），并充分利用其分享功能：利用"本事文具"微信平台，发布视频推送文章；微博平台发送视频消息；官网主页增设视频模块，给消费者提供更多观看途径；淘宝购物产品介绍页面增加产品使用视频。

图1-38 推广视频平台

二、官网交流平台

1. 推广理念

"本事文具"很早就已经拥有了自己的官方网页，但是其主页目前仅作为"本事文具"品牌介绍，以及产品介绍的网页，这使官网现在并没有发挥其最大的效用。"本事文具"可以对其官网进行充分的利用，建立交流论坛平台，为喜爱文具、热爱手帐的发烧友们提供一个可以相互沟通的平台。

2. 推广内容

在"本事文具"官网增设本事社区（见图1-39），给消费者提供一个交流分享的平台，可在现有的网页基础上加入社区模块，增设发帖分享、留言评论、官网订购产品功能。

图1-39 "本事文具"官网顶部导航栏

3. 推广媒介

推广媒介一般采取以下方式：①利用微信、微博发布本事社区宣传信息。②在淘宝店铺主页内增加社区链接，使进入淘宝店铺浏览购买的消费者关注到官网页面。③在各网站手帐小组中对本事社区进行宣传，吸引更多的手帐和"本事文具"热爱者进入社区。

三、线上互动营销

1. 推广内容

适当增加"本事文具"微博、微信固定推送栏目，保证线上平台的基本关注度。同时，可增加线上互动营销。在微博上与提及"本事文具"的消费者进行及时的互动，跟随微博热门事件，做出相关的推广内容，使更多从未了解过"本事文具"的消费者接触到本品牌。

2. 推广理念

"本事文具"现已拥有自己的微博主页、微信公众号和种草微信群。并且，已经拥有了一定的粉丝数量。但是，在推广内容和粉丝互动方面还有待提高。首先从推广内容上来看，目前"本事文具"主要的推送内容为介绍新季产品和店铺内产品种草介绍。但是一般更新时间较长，而且只有在种草群和客服微信号朋友圈内能够做到至少2天一更新。虽然更新速度快，但是受众群体仅为忠诚客户，并不利于"本事文具"的品牌推广。因此，需要加强线上互动营销（见图1-40）。

3. 推广媒介

推广媒介包括微信本事种草群和微博互动两种方式，如图1-40所示。

图1-40 微信、微博互动形式

四、创意式互动营销

1. 推广理念

"本事文具"作为从网络走到线下的品牌，实体营销是"本事文具"的一大突破点。本组认为，想要使"本事文具"从线上走到线下就需要增加消费者与本事产品的接触（见图1-41）。

图1-41 创意式互动营销流程

2. 推广内容

"本事文具"可以进行体验式营销（见图1-42），和对"本事文具"产品感兴趣的手帐爱好者、学生进行合作为其提供产品，让他们可以在各自的领域内

图1-42 创意式互动营销流程

（如手帐集市、文具展览、校园推广）建立小型体验区（见图 1-43）进行品牌宣传并提供现场订购服务，以扩大品牌的曝光度。同时给予合作人一定的销售提成或薪酬，增加合作人热情，帮助更好地进行品牌推广。

图 1-43 "本事文具"在校园进行互动营销设想

3. 推广媒介

在官方网站（见图 1-44）中设立合作联系模块，方便学生在群里进行联系。

图 1-44 官网

五、快闪店

1. 推广理念

快闪店是一种不在同一地久留、俗称 Pop-up Shop 或 Temporary Store 的品牌游击店（Guerrilla Store），指在商业发达的地区设置临时性的铺位，供零售商在比较短的时间内（若干星期）推销其品牌，抓住一些季节性的消费者。在英语中有"突然弹出"之意，之所以这种业态被冠以此名，很大程度是因为这种业态的经营方式，往往是事先不做任何大型宣传，到时店铺突然涌现在街头某处，快速吸引消费者，经营短暂时间，旋即又消失不见。快闪店的形式对于"本事文具"这样已经小有知名度，但是公司规模较小、经费有限的品牌来说是一个很好的选择。其不需要长期支付昂贵的店面租金就可以在人流攒动的繁华区域进行品牌推广。

2. 推广内容

（1）选址。商场、购物中心。商场或者购物中心是消费群体相当集中的零售业态，来这里的消费者本身都是以休闲或者购物的心态而来，也有相对较多的时间来体验品牌。在这些空间里的中庭、展示区域等公共空间进行品牌营销、产品体验或者集中销售都能获得理想的人流关注。另外，商场和购物中心也需要充满活力的优质品牌来帮助其导流，在与新品合作的态度上更为开放。所以如图 1-45 所示，将快闪店开在商场或购物中心里，不仅可以通过较大的人群辐射来获得集中的品牌曝光，同时还可以借由商场或购物中心的定位为自己的品牌进行宣传。

（2）时间。一般在年末、学生开学前。文具作为消费品适用于任何时间段，因此在进行时间选择上主要考虑消费的购物习惯。文具消费者中学生群体占比较大，所以可以跟随着学生开学前的一段时间，此时开学在即正是进行大量文具采购的时候。开设快闪店也是为了提高品牌的认知度，需要选择商场人流量较多的时机进行店铺设立，而年末正是中国商场人流量高峰段。

（3）店面设计。在店铺设计方面（见图1-46），应利用视觉设计入手结合品牌特色制造强烈的第一印象，让所有走进店铺的顾客都耳目一新。店铺设计采用书本的店面形状，当商场中的消费者从商场高层向下俯瞰时会被这样新颖的形状吸引而走进店铺。并且，店铺内部两边墙面放置产品展示墙以带来视觉冲击。展示墙下设置长桌作为产品体验区，让消费者可实际操作感受"本事文具"产品。

图1-45 商场快闪店

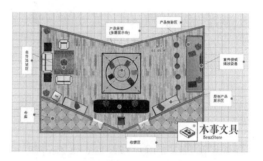

图1-46 "本事文具"快闪店布局构想

3. 社交参与

快闪店开设期间顾客若要购买商品，则需要以"社交参与"作为货币来交换。消费者可以在社交媒体中上传店铺的照片来换取"本事文具"各项产品。此后，快闪店虽将如期关闭，但那些照片却继续在社交媒体上成为引发讨论的话题，将继续为"本事文具"完成一轮社交媒体推广。

4. 推广媒介

推广媒介一般采取以下方式：①与设立快闪店商场合作，张贴店铺宣传海报。②官网发布快闪店铺信息。③微博、微信平台制作相关店铺信息，并且实时发布最新消息，吸引消费者前往商场体验商场快闪店。④直播平台，实时直播快闪店内消费者进行产品体验的画面，以及快闪店内特色产品，吸引更多人前往快闪店。

六、跨界合作

1. 推广理念

当文具与其他行业合作时，总会碰撞出意想不到的火花。因此，"本事文具"可与其他行业，如插画、影视作品、出版社等进行跨界合作，帮助其他品牌推出周边产品，相互共利，增加"本事文具"曝光度，帮助开发潜在消费者。

2. 推广内容

与知名国产卡通形象阿狸（见图1-47）进行联名设计，推出联名款本册文具（见图1-48）。通过阿狸的知名度以及联名设计吸引消费者的关注，扩大品牌知名度。

图1-47 "本事文具"与阿狸的
联名设计

图1-48 "本事文具"与阿狸的
联名设计本册产品

与各大卫视综艺节目进行合作，例如，湖南卫视热播《向往的生活》这类有很多主题介绍的节目（见图1-49），策划举办"手帐"专题模块，通过"本事文具"工作人员或手帐达人在节目中分享使用产品信息，以此增加观众对"手帐"的认识和品牌认知度。通过有趣新颖的现场体验环节，增加消费者的购买欲望与好感度。

图1-49 明星嘉宾在《向往的生活》中使用本册文具记录感慨

3. 推广媒介

（1）"本事文具"实体店限量销售相关合作产品，如插画（见图1-50）。

（2）利用线上宣传媒介进行宣传造势。

七、"本事文具"Haru系列表情包

图1-50　文具与插画的结合

1. 推广理念

表情包在社交软件活跃后，形成一种流行文化，利用"本事文具"品牌角色Haru（见图1-51）进行表情包设计，并进行推广使用可以帮助增加品牌认知度。

2. 推广内容

以"本事文具"品牌角色Haru为原型进行表情包设计（见图1-52），并发布至微信表情商店，让广大网友可以开始使用"有本事的Haru"表情包进行沟通交流。

图1-51　采访"本事文具"
创始人郑宇超和Haru

图1-52　表情包

3. 推广媒介

在"本事"微信公众号中，使用"有本事的 Haru"表情包，引导忠诚客户们也开始使用表情包，达到扩散的效用。"本事文具"官方微博发布信息时使用"有本事的 Haru"表情包，扩大网友接触度，在官方网页增加"有本事的 Haru"表情包下载链接。

综上，实施多项品牌策略（见表 1-10），最终达到良好的营销推广效果。

表 1-10　品牌策略甘特表

	项目	第一年	第二年	第三年	第四年	第五年
营销策略	设计品牌标识、广告语，增强品牌辨识度	■				
	设计制作海报等宣传品	■	■	■	■	■
	强化线上互动	■	■	■	■	■
	线上手帐分享视频（频率：一月）	■	■	■	■	■
	互动营销合作（学生）		■	■	■	■
	拍摄品牌宣传视频		■	■	■	■
	手帐分享交流会		■	■	■	■
	开设官网互动平台		■	■	■	■
	快闪店营业（频率：一年）			■	■	■
	跨界合作、产业联盟			■	■	■
渠道	线上店铺销售	■	■	■	■	■
	实体店铺销售		■	■	■	■
	积极参加国内外文具展会、手帐集市	■	■	■	■	■
	与企业建立长期合作关系		■	■	■	■
	与批发商洽谈合作		■	■	■	■
产品	创新设计新系列产品	■	■	■	■	■
	淘汰不适应市场的产品，并对其进行改进			■	■	■

第八节　品牌资产保护

一、商标保护

"本事文具"商标正在申请中，已注册的公司名称为北京森浦文化传播有限公司。商标标识也已经完成设计注册，现在线上店所用商标名为"本事文具"。

二、产品保护

"本事文具"是以手帐为主打的文具公司。其产品包括手帐、笔袋、笔，设计、制作等文化经营活动。考虑产品种类众多，文具产业相似度高，必须建立起一套产品保护制度。其主要内容如下：

1. 自我保护

将产品分类管理，确保对存货的明细分类。由于产品的成本主要是在生产工艺，原材料进口和设计，必须在每一个生产环节进行严格把关，并对相互税率进行严格管理。由于"本事文具"主打原创文具路线，必须在每一类原创文具上进行专利注册，工商登记备案等产品保护手段，杜绝同行业的抄袭。

2. 法律保护

对具有原创特点的产品进行专利权的保护，包括申请专利等。杜绝同类行业的抄袭和不良竞争。现企业已经对旗下的产品申请专利。按所规定的法律程序取得相应的营业执照等。对潜在的同行业的不良竞争或者抄袭行为要利用法律手段维护自己的正当权益。

三、经营保护

由于手帐有提升效率、规划生活的作用，需要对各明细风格和派别的产品进行有效分类，确保产品具有差异化、针对化。在线上、线下店里也要注意经营状况的随时变化。在线下体验店的原创性方面，也要按照相关的法定程序制订经营方案。合理规划纳税人类别。我们在实地走访线下体验店的过程中发现店内装备了两个摄像监控装置以预防顾客偷窃或者蓄意损坏店内的产品，但是这一装置仍有死角，无法保证店内所有区域被监测。为此，我们建议企业在原有的监控装置的基础上，再增加合理的监控装置，但同时要保证监控装置不能过于显眼或繁杂，避免顾客反感，留下不好的印象。

第九节 风险管理

在线上店里，要避免因恶意竞争而造成的故意差评，确保产品公正有效地被展示出来。同时，在接单、发货和配货速率上要做进一步的改善，并保证线上线下所售商品质量相同，不存在本质上的差异。

在线下体验店里要提前考虑店内服务与整体环境和品牌个性的符合度。在店内产品的展示或者促销方面，要结合品牌特色和品牌正向推广，杜绝品牌形象崩塌，或给消费者造成产品品牌不一致及线上、线下感受不匹配等现象。对顾客可能存在的偷窃或破坏行为，采取合理充分的应对措施。

在品牌自身方面。考虑文具行业的低利润性和高相似度，要在自身产品分类及归集方面建立起一套完整严密的制度。禁止因品牌、产品抄袭或侵犯专利等原因，而造成自身利益损失的现象，也避免因无知而造成剽窃他人品牌的现象。

在定价促销度、线下店铺品牌宣传手段的选取上，要结合自身盈利条件和利润率及融资情况，合理选择品牌推广方案。

由于在原材料进口、设计环节上的特殊性，要做好如原材料无法按时到达、设计重复或侵权等特殊情况的预案。

在其他不可避免的因素上，要充分做好预案，应对突发的意外状况。

第十节　财务现状及预算

一、财务概况

"本事文具"隶属于北京森浦文化传播有限公司，公司注册于 2014 年，"本事文具"线下实体店位于北京市朝阳区双桥路。该公司经销批发的文具、文具衍生品畅销消费者市场，在消费者当中享有较高的地位，公司与多家零售商和代理商建立了长期稳定的合作关系。其经营范围有企业策划、企业管理，销售文具用品、玩具、体育用品等。其财务分析如表 1-11 所示。

表 1-11　财务分析

主要销售类型	收益情况
线上淘宝，天猫等店铺	在顾客群内知晓度高，并领先于大多数同行业竞争者
线下体验店	起步时间短，但顾客反响较好，并小有盈余

二、财务预算

1. 财务预测前提

（1）整个市场容量。国内手帐市场目前集中度低，无垄断品牌，目前只有少量为大众所熟知的品牌。但有些品牌平均价格普遍偏高，令喜爱手帐的消费者望尘莫及。

（2）市场份额。"本事文具"公司预计初期市场份额达到同行业市场的10%，未来几年稳定增长，预计达到20%～30%。

（3）未来成本的增加。主要是线下推广和全国各大城市推广的成本费用，包括公司本身产品种类数量增加的成本、实体店的实体推广、店面租金、原创设计费用及产品开发费用等。

2. 销售预测

如表1-12所示，根据市场调查，对企业本身发展能力和与同行业对比，对企业的销售做出如下预测：

表1-12　销售预测

项目 \ 年份		第一年	第二年	第三年	第四年	第五年
原创手帐本	销售量（万个）	0.45	0.70	1.00	1.50	2.50
	销售额（万元）	8.00	13.50	23.00	33.50	65.00
手帐内页本替芯	销售量（万个）	1.20	1.80	3.00	4.50	7.80
	销售额（万元）	8.50	16.00	25.00	36.00	65.00
手帐周边	销售量（万个）	5.50	8.50	13.50	22.00	38.00
	销售额（万元）	58.00	75.00	120.00	210.00	320.00
总销售额（万元）		74.50	104.50	168.00	279.50	450.00

注：手帐周边指包括笔、便签、贴纸、胶带、收纳、书签、印章、装饰等，其在销售额中占很大比例，且同样为"本事文具"主打产品。

3. 成本费用核算

（1）预计单位产品成本预算如表1-13所示。

表1-13　单位产品成本预测　　　　　　　单位：元

项目 \ 产品	原创手帐本	手帐本内页本替芯	手帐周边		
			书写	装饰	收纳
单位成本（含运费及原创设计费等）	18.0～22.0	2.8～4.5	1.5～6.0	6.0～15.0	3.0～10.0

（2）期间费用如表1-14所示。

表 1-14　期间费用预测　　　　　　单位：万元

项目＼年份	第一年	第二年	第三年	第四年	第五年
销售费用	12.45	10.46	20.70	23.45	35.89
管理费用	1.20	6.50	15.40	25.30	34.80
财务费用	40.00	—	—	—	—
合计	53.65	16.96	36.10	48.75	70.69

注：销售费用，包括销售人员的提成、建立网络销售的费用、专设销售机构人员的工资、差旅费、通讯费等；管理费用，包括管理人员的工资、办公费用、咨询费、会务费、车辆费、差旅费、培训费等。

4. 预测利润表

根据销售预测及成本费用预算表编制预测利润表，如表 1-15 所示。

表 1-15　预测利润　　　　　　单位：万元

	第一年	第二年	第三年	第四年	第五年
一、主营业务收入	74.50	104.50	168.00	279.50	450.00
减：主营业务成本	45.70	68.90	105.67	158.78	228.45
销售费用	12.45	10.46	20.70	23.45	35.89
管理费用	1.20	6.50	15.40	25.30	34.80
财务费用	40.00				
二、营业利润	-24.85	18.64	26.23	71.97	150.86
三、利润总额	-24.85	18.64	26.23	71.97	150.86
减：所得税	—	0.56	0.79	4.44	7.83
四、净利润	-24.85	18.08	25.44	67.53	143.03

5. 会计报表分析

销售比率及趋势分析，如图 1-53 所示。

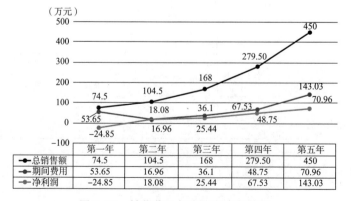

	第一年	第二年	第三年	第四年	第五年
总销售额	74.5	104.5	168	279.50	450
期间费用	53.65	16.96	36.1	48.75	70.96
净利润	-24.85	18.08	25.44	67.53	143.03

图 1-53　销售收入与净利润变化趋势

从表 1-16 可以看出，公司销售收入和利润将保持快速健康增长。

表 1-16 销售比率趋势分析 单位：%

销售项目	第一年	第二年	第三年	第四年	第五年
利润率	−33.36	17.84	15.61	30.42	27.17
增长率	—	140.27	160.77	289.58	197.33
毛利率	38.7	34.1	37.1	43.2	49.2

三、预期效益

1. 扩大市场规模

在现有品牌影响力的基础上，继续扩大知名度和顾客的整体知晓度。现在本公司已经有了一定的顾客基础，并且顾客对于产品、店面、企业文化和企业形象方面都有了一定的认同感。但由于长期以来，国内顾客对于"手帐"的误解或在"手帐"方面的宣传力度不够，顾客们的认知和顾客群体还是较为狭隘。他们对于手帐或者文具的理解，可能还停留在办公用品或者记事本这一类上。在一项调查问卷上显示，大多数受访者表示没有听说过"本事文具"。于是便造成了现在这一状况：在"本事文具"线上或者线下店购买过产品的顾客认为本公司产品十分优质。然而，又有很多对产品有不正当的理解或者对本产品不了解的顾客群体在流失，这就造成了不恰当的顾客分布。为了解决这一不均等的现象，我们想通过以上一系列的产品宣传和推广，改变顾客认知并且挖掘潜在的顾客群体，进一步扩大市场规模，以实现预期的目标。

2. 线上、线下联动

"本事文具"在线上的淘宝、天猫等店铺已经有足够的发展历史，并且顾客群体较为庞大、反响良好。但由于线下体验店经营时间较短、宣传力度不够，人们对于线下店的知晓程度远远不及预期。对此，我们要在线上线下建立起一套联动的制度，这样可以确保利润的最大化和顾客群体的多元化，并且线上线下联动还有助于企业文化和形象的推广，也有助于企业实现第一个扩大市场规模的预期效益。

3. 实现利润快速增长

由于文具行业本身利润微薄，加上企业前期在宣传推广和设计等核心方面投入了大量的资金，公司前几年的利润只是小有盈余，并未达到大规模的利益增长，但手帐文具行业本身的潜力和市场不可低估。希望通过本次的推广与完善，建立一套完整的盈利体系和宣传推广手段，实现利润的快速增长。从而为公司注入一定的资金，进行公司下一步的扩大推广和规模发展。

——— 专 家 评 语 ———

在目前看来，文具市场虽然已经逐渐步向成熟，但大多的文具企业并没有发现消费者更深层次的需求，也未能去自主探寻文具的创新道路。从上述的分析中发现，"本事文具"作为一个本册类文具的创新品牌，其掌握了市场的方向，并在极大程度上满足了消费者这些个性化的需求。正是通过这些方法，"本事文具"才将市场变为一片蓝海，使该品牌能够从零开始，发展到现在有一定规模和忠诚顾客的品牌。

一、"本事文具"新市场进入存在的问题

"本事文具"面对的是新的市场，进入一个新市场，必须给这个市场的消费者新的产品价值，否则企业就没有存在的价值；新价值的实现是基于正确的战略方向把握。所以，"本事文具"进入新市场至少要从八个基本方面寻找企业方向，并通过三个重点来实现企业价值。

1. 八个方面

团队要分别针对产业的价值链、产品与服务、区域市场、消费者、代理商、零售商、竞争企业及法律八个方面进行深入了解，也就是要在法律允许范围内，通过选择适合的渠道模式及适当的市场范围，与代理商及零售商进行合作并分享利益，共同向消费者提供令其满意的产品及服务，以此来超越并战胜传统文具市场中的竞争企业。

2. 三个重点

一般在通过什么样（How）的渠道和营销给谁（Who）、提供什么（What）产品和服务上会有很多可能的选择方案，应该运用 MECE（Mutually Exclusive Collectively Exhaustive，相互独立、完全穷尽）分析法则进行分析梳理，最终选择适合的战略方向来实现企业价值。

二、"本事文具"创新创业案例的创新性

"本事文具"是借鉴日本广受欢迎且已具备成功商业模式的创意文本产品，通过与中国青少年兴趣爱好相结合，改造升级进行专利申请和品牌保护后，以大、中城市青少年，特别是青年女性为主要目标消费者，向其提供差异化文本产品的创新创业方案。我认为本方案在产品定位、消费体验及促销策略三方面内容具有创新性。

1. 产品定位

首先是新颖，核心产品是一种在日本很流行却在中国大陆市场从未出现过的插画文本。其次是精准，目标用户是全国近40%的青少年人群，也就是说，超过20亿人次目标市场，市场容量大。再次是乐趣，无污染，纯手工操作，无须电力等能源消耗，符合环保要求。最后是意义，可引导"照相纪实"向"文化纪实"转变，有利于中国传统历史及文化的传承。

2. 消费体验

一方面是用户在消费最终产品的过程中，首先是自己选图案进行剪辑，整个过程中消费者全程参与，有助于提升消费者的满意度。另一方面是顾客关系管理（CRM）践行，包括兴趣沙龙，能提高消费者的满足感；会员制度的建立及相关权益的获取，有助于让消费者获得认同感。上述背后的实质是传统营销向服务营销转变时，用户参与感增加而带来的满意度的提升。

3. 促销策略

不仅充分考虑线下手段，包括实体店体验等，还充分考虑当下"互联网+"趋势下的营销思维，包括社交网路、微博软文营销，其本质就是通过口碑传播，建立粉丝文化。个性化的创新创意性文具才是未来文具市场的大势所趋，而"本事文具"作为个性化文具市场的先进者，拥有着不可小觑的优势。

三、本方案存在的不足

当然本方案也存在一些考虑不足的地方，主要体现在两个方面。一方面体现在收入来源过多可能干扰主业发展；另一方面消费者调查样本代表性会导致整个市场容量预估受到挑战。

1. 不应大而全，应该小而专

创业方案大而全容易给自己树立太多的竞争对手，在细分市场中寻找适合的空间应该是更为明智的选择，因此小而专的创业方案成功概率会更高。从品牌定位以及消费者分析方面，我们建议选择目前容易进入的消费者市场，将产品分成不同的档次，以迎合不同层次消费者的需要。通过不同层次之间产品的连贯性来诱导消费者升级，培养品牌忠诚客户。

2. 消费者调查样本小，市场容量预估存在不确定性

未对人群、区域等属性进行说明，不能确定样本是否具有代表性，建

议创业方案实施前增加此调查，提升市场容量预估数据的可靠性。从品牌营销方面，我们通过数管齐下的方法开启线上线下营销，根据企业长短期愿景的不同，制定营销手段和方法，始终致力于塑造良性品牌形象，开拓潜在市场，提高品牌的知名度。

3. 与现有消费习惯怎样契合

虽然其目前在本册文具方面的市场占有率较小，但经过更精准的品牌定位、消费者分析，以及品牌推广策划，"本事文具"在未来能获得更大的品牌影响力与经济效益。但青少年现在主要是通过手机上网方式记录日常生活点滴，如何引发对文本的创作兴趣，将网上创作内容誊写到文本上，形成文创产品，是一个值得深入探讨的问题。

点评人：刘春义

北京公交集团战略部研究员

第二章
"纯悦生活"策划案

本策划项目获得 2017 年（新加坡）国际品牌策划大赛中国大陆地区选拔赛一等奖，2017 年第三届中国"互联网+"大学生创新创业大赛（校内选拔赛）三等奖。

方案策划撰写者：葛梦莹、余伽、田书嘉、诸雨捷

方案指导教师：王成慧、郭斌

第一节　简要概述

如今，大都市的生活节奏越来越快，说来就来的加班、无法推脱的应酬都在无形中拖垮了上班族的身体。越来越多的职场白领们，开始为了自己的身体健康问题而苦恼。在忙碌的工作日里，他们缺少锻炼的机会，只能通过健康合理的营养膳食来平衡久坐一整天的疲惫。工作日的合理饮食，既是为职场人士工作过程中的健康与活力充能，也是为周末的健身活动打好基础。为此，"纯悦生活"（PureJoy）以向职场精英人群提供一日四餐的健康配餐为出发点，分别推出了以"三日装""一周装""一月装"与"季度装"为单位计量的，可供消费者自由选定的科学营养配餐以及相应的配送服务。

为了让更多的人了解"纯悦生活"的健康理念，让更多的人拥有健康的生活方式，让更多的人了解专业的减脂方式，创立了"纯悦生活"品牌策划工作室。本组将专心致力于把"纯悦生活"打造得更美好，让它走进越来越多人的生活，让它将健康的生活方式、正确的健身理念传达给越来越多的消费者。在本策划中（见图 2-1），本组从多个方面对"纯悦生活"进行分析，给出一个合理的现状评估并对于"纯悦生活"未来的发展方向进行探究。本组希望将"纯悦生活"打造成一个健康向上、富有热情的品牌。"纯悦生活"以帮助顾客打造一个美好健康的生活方式为目标，以提供健康饮食为出发点，以提供排毒果蔬汁和

唯鲜果汁为辅助手段，并结合健身房的配套服务，帮助每一位顾客完成健身目标、拥抱健康生活。"纯悦生活"的宗旨是：为顾客提供优质产品与服务，让我们的产品陪伴消费者度过快乐的健康旅程，共同创造和体会有品质的美好生活方式，轻松享有完美体态和活力感觉！

图2-1 "纯悦生活"策划书封面

一、企划目的

北京市纯悦网络科技有限公司，即"纯悦生活"是国内首家独创健康生活方式品牌，销售自主品牌健康食品，致力于为白领人群提供健康食品解决方案及增值服务。相比于传统健康食品，"纯悦生活"有着更精准的定位，专注于健身减脂餐的研发与制作。但是，精准的定位对应的仅仅是小众的精英群体，其发展仅仅局限在北京、上海和杭州的职场精英人群中，品牌知名度不高。故本组希望借此方案，通过对"纯悦生活"进行品牌策划来提高其品牌知名度，让更多社会大众知晓并了解"纯悦生活"，希望让"纯悦生活"在健身减脂餐的行业中起到表率作用，为其他健康饮食品牌做出示范，帮助越来越多的健康饮食品牌确定专门性方向，也希望更多的有识之士投入到以培养健康生活方式为目标的相关事业中。

同时，本组想借打造"纯悦生活"这个品牌的契机，让国内对于健康问题早已疏于重视的职场人士们能够越来越重视规律且营养均衡的日常饮食，重新拥有健康的生活方式，提高国内"上班族"的整体身体素质。本组将会从企业品牌形象出发，从企业现状出发，对市场环境及品牌发展趋势等方面进行详细的研究分析，利用市场营销及品牌管理等专业性知识，对"纯悦生活"进行品牌创意设计，最终为"纯悦生活"的品牌推广与发展增添一分力量。

二、企划目标

截至2016年年底，"纯悦生活"已拥有了日均约150名的固定客户群体，并且有固定的网络红人为其定期进行宣传与推广。我们将以此为基础，设计出为"纯悦生活"的忠实客户谋求更健康的生活方式的方案，同时为加强品牌知名度以及更好地维护品牌形象做出努力。据统计，目前"纯悦生活"的官方微博粉丝数仅有

3800人左右，微信公众号的关注者数量也并不可观。故为了更好地进行品牌推广，我们将利用日益发达的网络自媒体。通过加大在微博平台利用名人及网红进行推广的力度，拓宽目标人群、增加性价比，并利用在微信公众号平台与"纯悦生活"官网上与关注者进行有奖互动的手段来扩大品牌知名度。同时计划将"纯悦生活"官方微博和微信平台的关注者人数提升至10000人以上。

在此之后，我们会通过邀请知名度较高且形象健康阳光的明星进行代言、加大与健身房的合作力度、增设实体店面等方式加大"纯悦生活"的知名度，让固定客户及潜在消费者们能够更方便地吃到"纯悦生活"的健康配餐（见图2-2），从而达到品牌的推广和普及。

图2-2 "纯悦生活"产品图片

第二节 企业品牌形象

一、公司资料

公司介绍如表2-1所示。

表2-1 公司介绍

公司名称	北京市纯悦网络科技有限公司
品牌名称	纯悦生活（PureJoy）
成立时间	2014年7月
创始人	卢青
公司主页	https://www.lovepurejoy.com
微信公众平台	纯悦生活
公司地址	北京市朝阳区广渠门外31号
主营业务	健康餐饮类及健身服务产品
主营产品	专业健身减脂餐（一日三餐+下午坚果加餐）及配送服务
主营城市	北京 上海 杭州
经营模式	O2O：线上销售，线下配送（搭载美团、百度等第三方物流平台）
融资情况	天使轮、纽信创投

二、公司背景

健身，三分靠练，七分靠吃。而怎么吃，又是一件特别讲究与专业的事。

"纯悦生活"就是从餐饮的角度切进健身市场，力图解决健身人群"吃"这个痛点。由于人们对健康越来越看重，健身成为了一个需求很大的市场。类似地，上海地区有柠檬觉醒，包括减脂套餐和增肌套餐，有些类似于外卖点餐，它做出相对健康的餐食供客户选择。除了健身餐，市面上还有许多做健身沙拉的O2O平台，如甜心摇滚沙拉。创始人卢青向猎云网表示，"如果不谨慎使用沙拉酱，热量会很高"。"纯悦生活"的优势在于它站在更专业的角度，为客户规划好每天应该如何吃，用丰富、科学的餐单给健身之路提供好的伴侣。北京市纯悦网络科技有限公司成立于2014年7月，并于2014年10月完成了天使轮融资，2015年10月完成了A轮融资。公司创立初期开放了北京、上海市区的健身餐订购，2017年2月27日开放了杭州市区内的健身餐订购。

三、企业线下活动

目前，"纯悦生活"举办、助力了多次主题健身和塑身活动。

1. Burning 塑身营

（1）北京地区活动。12节线下减脂课程+21天线上饮食及运动指导+专业减脂餐周套餐；购买月套餐+299元即可获赠12节线下减脂课程。

（2）上海地区活动（线下减脂课程合作品牌：VersusFitness）。10节线下减脂课程+21天线上饮食及运动指导+专业减脂餐周套餐；购买月套餐+299元即可获赠10节线下减脂课程。

课程特色以减脂为目标，以训练类课程为基础，辅以最流行的Zumba、TRX、瑜伽、健身拳击等课程。

2. "纯悦生活"夏日能量唤醒训练

活动时间：2016年8月20日

地点：上海金山城市沙滩

课程内容：沙滩瑜伽和核心体能训练

报名费用：249元/人

名额：20人

日程安排：

    13：30~15：00   市区指定地点集合出发

    15：30~16：30   海滩瑜伽

    17：00~18：00   核心体能训练

18:00～19:30　　晚餐、休息与自由活动

19:30～21:00　　返回市区

活动说明：室外训练受限于天气因素，若当天天气不允许，活动顺延一周。

费用包含课程费用、往返市区交通费、饮用水、纯悦生活健康晚餐、瑜伽垫，如图2-3所示。

3. EllEfit 马甲线女神大赛

为了让马甲线"重见天日"，为了在这个夏天肆无忌惮地炫腹，"纯悦生活"助力ELLEfit马甲线女神大赛（见图2-4）。

图2-3　"纯悦生活"夏日能量唤醒训练　　　　图2-4　ELLEfit女神马甲线大赛海报（左）

14天高效燃脂大作战！"纯悦生活"的营养师+NTC的专业教练为大家量身定制每天的饮食和训练计划。邀请闺蜜跟你一起加入ELLEfit战队，参与我们每天的燃脂计划，并在打卡的时候互相@对方（见图2-5），就有机会赢取闺蜜专属好礼。

打卡机制

发送你每天"吃了什么+练了什么"的照片到微博或朋友圈，并附上"打卡天数"+#14天高效燃脂大作战#+ @ELLEfit @Nikewomen @纯悦生活 即可完成打卡。

还可以拉上你的闺蜜一起挑战并@你的闺蜜账号，共同完成挑战获得双重好礼！

现在加入ELLEfit战队，就可优先报名以下活动：

● 7月19日 ELLEfit X Nike NTC专场运动派对

● 7月30日 ELLEfit运动嘉年华暨马甲线女神颁奖典礼

每天认真打卡的幸运美少女战士有机会赢取ELLEfit定制运动礼包！

图2-5　"@纯悦生活"打卡机制

4. "纯悦生活" +Curves 完美新娘计划

为了更好地帮助准新娘们在婚前达到完美体型，"纯悦生活"携手 Curves 女性健体荟，为准新娘伙伴们带来一个超级计划——完美新娘，曲线定制训练营。

活动时间：2015 年 7 月 12 日至 8 月 12 日。

训练营内容："纯悦生活"减脂餐月套餐+Curves 女子健体荟月卡会籍。

订购方式：通过"纯悦生活"官方微信以及"纯悦生活"官网进行订购，第一个减脂餐配送日起，Curves 月卡会籍即时生效，月卡会籍自开卡日起一个自然月有效，请在下单之后尽快致电 Curves 预约第一次到店时间。

5. "纯悦生活" +Fit Time 独家塑身视频+专业减脂餐限量发售

"纯悦生活"联合国内第一运动社区——Fit Time 睿健时代独家推出专业塑身视频，只要购买减脂餐就免费附赠在线视频课程！第一期课程就是大家夏季最关心的人鱼线和马甲线，不用去健身房，也不用办健身卡。只需要在家里有一个瑜伽垫，每天 30~40 分钟，一周 3~5 次，配合"纯悦生活"减脂餐，就可以让你腹部拥有好看的线条！

四、企业线上活动

与其他互联网品牌合作，携手举办时令活动、推出时令产品。

其一，"纯悦生活"联合 360 浏览器，春运抢"鲜"一步。360 浏览器提前 60 天抢春运火车票，为了让更多小伙伴知道这个消息，360 抢票小分队邀请互联网健康果汁品牌"纯悦生活"，在 360 公司内部举办了"唯鲜果汁"1 毛钱购买活动，现场反响热烈。"纯悦生活"还设置了有趣的红包机制，360 员工现场 1 毛钱购买成功后，即可获得一个线上红包，使用红包中代金券再次优惠购买，红包还可以分享至朋友圈，邀请亲朋好友前来领取。

其二，"纯悦生活"联合美团网感恩节特别活动。倡导优质生活方式的健康饮品品牌"纯悦生活"联合美团网，举办了感恩节特别活动"美团感恩季，抱抱大挑战"。在这寒风四起的感恩季，用新鲜果汁带来的契机，抛却往日的羞赧，用拥抱说感谢。参与活动的美团员工均可以 1 毛钱购买 1 瓶新鲜"唯鲜"果汁，并可现场免费品尝纯悦生活排毒系列。购买成功后，即可获得一个线上红包，使用红包中代金券再次优惠购买；红包还可以分享至朋友圈，邀请亲朋好友参与其中。

其三，"纯悦生活"携手年轻集市（见图 2-6）在白色情人节推出年轻集市爱情嘉年华活动。在魔都爱情地标大悦城北座 9F 摩坊 166 街区，国内首个屋顶摩天轮——天空指环 SKYRING 之下，爱侣们的深情一吻，将会吻亮摩天轮。全国公开征集 20 对情侣，分别在 3 月 10 日和 3 月 11 日两天夜幕降临时吻亮摩天轮。报名方式：请在"年轻集市"微信公众号聊天窗口中发送"吻亮摩天轮+联系人姓名+手机号+你和 TA 最与众不同的爱情故事"。

其四，"纯悦生活"+"素食星球"SayYes 纯素巧克力（见图 2-7）："吃了就会 SayYES！的纯素巧克力（全国配送）"。推荐理由：9 种不同味道，上下两层，无添加剂、无蛋奶，最时髦的素食巧克力，来自"素食星球"，给 Ta 18 次说"Yes"的勇气和惊喜，只有甜蜜、不会胖！惊喜价：199 元（全国可配送，顺丰包邮）。

图 2-6　年轻集市海报

图 2-7　SayYes 纯素巧克力

其五，"纯悦生活"与青山资本合作举办"青山资本·新年妙会"（见图 2-8）。青山资本精心挑选了 100 家美食、饮品、设计、服装、家居、家电、手作等优秀的新消费品牌。不但可以现场免费体验，如果喜欢还能当场购买，不用担心年末的物流运输问题。

其六，"纯悦生活"携手网易新闻客户端"GMIC 请你'喝'新闻！"（见图 2-9）。"纯悦生活"联手网易新闻客户端，在 GMIC 大会上推出 News Bottle 新闻瓶，旨在引起青年群体对新闻阅读的兴趣。果汁瓶上不仅有新闻还印有二维码，现场用户可以通过扫描二维码，在手机端读到最新新闻和跟帖，这种高规格利器，正是利用年轻人的猎奇心理，以碎片时间来推送各种新闻短消息，引起年轻人对新闻媒体的长期关注。

图 2-8　新年妙会海报

图 2-9　"纯悦生活"与网易新闻客户端
合作推出的"新闻瓶"

这一跨界合作，将"纯悦生活"旗下新鲜健康的唯鲜果汁，与网易新闻客户端所呈现的有态度的生动内容融合在一起，带来一种非常独特的创意阅读体验。GMIC 现场，每个拿到新闻瓶的观众，第一个动作是仔细端详瓶身上的原创新闻和资讯，随后品尝美味的唯鲜果汁。甚至有观众为了集齐不同栏目的新闻瓶，一次次光顾网易新闻客户端展台。在国内，将果汁瓶当作新闻资讯载体，"纯悦生活"和网易的这次合作可谓是第一个吃螃蟹的人。在首次亮相之后，"纯悦生活"计划与更多合作伙伴一起持续推广新闻瓶果汁。或许不久后，人们就可以随时随刻买到"纯悦生活"新闻瓶果汁，"可以喝的新闻"不再陌生，或将成为一种新的潮流出现在人们生活中。

五、公司愿景

短期，以集中进入市场的方式，拓展纯悦生活在金融、互联网、医疗行业的爱健身的年轻人群中的知名度，通过口碑传播，逐步占领这类核心人群市场。与各大品牌、企业合作增加曝光度。

中期，将实现产品功能化，目标群体扩大化，研发出适应不同人群需求的健身餐，包括减脂餐、增肌餐等，同时提供不同价位的健身餐以满足学生、工薪阶层、白领等不同人群的需求。

长期，企业是长久经营的，但是商品的生命周期是有限的，商品存活的长久必须考量我国市场的接受度，必须不断研发产品创新，才能吸引消费者的注意延长产品的期限，没有夕阳产业，只有夕阳产品，进而带领出一股健康饮食的风潮，让消费者一想到健身餐，就想到"纯悦生活"。

☞ 公司信念

"良好生活方式的养成，并非一日一时的心血来潮，而是一个长久持续的坚持过程。纯悦生活将会一直伴您左右，帮助你调理身心、驱赶疲惫，时刻焕发健康活力。我们开始做这个，是果汁行业的挑战者，我们希望打造一个创新型品牌，帮助消费者轻松享有健康身体，轻松心态还有美好感觉。当时我就在想，我们这个东西要怎么样来做营销，后来想了很多种方法，首先就是说，我也不是伟大的安妮，我真的没有很多很苦逼的故事去秀，我也不是那种特别的，我来这儿可以讲很多剑走偏锋。后来我们整个团队就在想，也是开玩笑的东西，我们会说我们不谈情怀，我们只想安静地请您喝果汁这样。整体上我们的思路就是我们在好好地做一个产品，互联网只是我们销售的一个渠道。"

——"纯悦生活"品牌创始人 卢青

第三节 现状分析

一、我国健康饮食行业发展状况分析

目前市面上的健康饮食公司有很多，主要竞争对手有"柠檬觉醒""甜心摇滚沙拉"等企业，本组将以"柠檬觉醒"和"甜心摇滚沙拉"为例来分析其运行情况。

1. "柠檬觉醒"

用户可以通过"柠檬觉醒"（见图2-10）的官网或者合作的健身房，按照自身的需求（增肌或者减脂），选购相应的健康餐，均价在40元左右。和其他同类主打健康餐饮的创业项目相比，"柠檬觉醒"的主要竞争力特征如下：

图2-10 "柠檬觉醒"标识

地中海风情三文鱼增肌套餐

图2-11 "柠檬觉醒"产品

（1）主打工业食品，而非鲜食（见图2-11）。所谓工业食品，就是通过机械化生产食品，优点在于可以提高产能和效率、降低人力成本。创始人金钱琛说，项目在上线之初采用的是鲜食的操作方法，即通过中央厨房完成烹饪后直接配送。但该过程中团队发现效果并不理想，人力和损耗成本居高不下，很难规模化。因此，"柠檬觉醒"在加工工艺方面进行了转型，结合低温真空烹饪技术（可以避免食物中蛋白质和水分的流失）和专业化工厂研发，来降低成本、实现量产，毛利可以控制在40%左右。

（2）与主流健身房合作、拓宽渠道。目前，"柠檬觉醒"在上海本地签约合作了50多家健身房，其中包括威尔士、唤潮、Curves、ifitstar星健身等连锁品牌。在这些健身房中设有"柠檬觉醒"的健康餐冰柜，用户运动完后即可直接购买带回。金钱琛介绍说，"柠檬觉醒"目前日订单在1000份左右，直销方面发展缓慢，而健身房、线上健康社区（人马君、Fit Time）等合作渠道倒是增速很快，单量已占60%以上，转化率为10%～15%。"柠檬觉醒"团队位于上海，40人规模，金钱琛毕业于复旦大学微电子专业，连续创业者，曾就职于宝洁市场部和贝恩咨询。公司2014年8月完成数百万元天使投资，2015年3月获得蓝驰创投数百万美元A轮融资，下一步将推出健康零食，并拓展北京市场。

2. "甜心摇滚沙拉"

2015年年底，采用外卖模式，主打主食沙拉的健康食品"甜心摇滚沙拉"（见图2-12）获得数千万元A轮融资，由华映资本、竞技世界和小马蜂创投共同投资，方创资本担任财务顾问。此前其已经完成天使轮及Pre-A轮融资。目前B轮融资已经接近尾声。2016年4月"甜心摇滚沙拉"推出了良品商城，甜心良品商城品类主要覆

图2-12 "甜心摇滚沙拉"标识

盖有机、健康、轻体等产品。服务对象，除了C端的用户，还包含垂直零售在线销售。建立良品商城的主要逻辑在于：从现有优质用户群中，引导更完整全面的健康消费体验，从刚需到辅助，兼具不同场景的健康食品消费需求。这个200人左右的团队（办公室员工30人左右），现在每天在北京、上海两地为消费者提供15000多罐主食沙拉（北京10000罐以上）。

创始人吴婧然口述，这个产品最重要的三个标签如下：

图2-13 "甜心摇滚沙拉"产品

其一，要满足食品安全。所有的食材都是绿色无公害的，很多原材料都是有机的，三文鱼、火腿，还有奶制品、油，几乎全部是进口的，就是为了保证食品安全。加工很复杂的材料坚持用自己厨房做，厨房里面没有鸡精和味精等调味品。

其二，要健康。低热量是在品类选择中舍弃土豆泥的因素。

其三，要好看（见图2-13）。这个好看，

指的是所有的东西都一定要好看。产品要好看、名片要好看、网站要好看。所有的一切必须得好看，连瓶子上面的小标签都需要反复打磨，设计可能要讨论十几遍，字体是什么样子的、字形什么样的、大小怎么摆，都需要反复地打磨、反复地讨论、反复地验证，最终就是要让用户体验极佳。

3. 与"纯悦生活"的对比

当前，中国市场上的健康饮食公司几乎是同时进入市场的，但目前来看，由于前期较大的资金投入与较好的营销策略，"柠檬觉醒"和"甜心摇滚沙拉"占据了较大的市场份额，远超"纯悦生活"。但从长远来看，"纯悦生活"更有优势，原因如下：不同于"柠檬觉醒"主营鸡胸和牛排的无油烹饪与"甜心摇滚沙拉"的主营健康沙拉类食品，"纯悦生活"提供给顾客的是完整的一日三餐与加餐，蔬菜肉类主食样样齐全，没有改变顾客传统的饮食习惯，强调吃得健康，而以上两个品牌都在传递给观众节食减肥的观念。长此以往，不利于消费者的营养均衡。而且，"纯悦生活"的产品均为当天制作、当天配送，保证了食物的新鲜与质量，"柠檬觉醒"采用真空包装，在食物的新鲜度与口感上略差一些。

4. 健康饮食行业的发展

随着社会的进步，人们的生活方式和习惯也随之改变。人们开始关注健康饮食，逐渐从追求好吃向追求健康改变。近年来，食品安全问题不断被曝出，下到街边小吃，上到餐饮店，人心惶惶，在这种情况下，消费者对食物有一种危机感，驱使人们更强调健康饮食。与此同时，随着经济的发展，西方文化不断融入，健康饮食观念在国内兴起，健康饮食是指一种低脂肪、低热量、营养丰富的饮食方式。由此看来，健康饮食行业在中国是一个朝阳行业，具有很大的市场潜力，目前仍处于兴起阶段，在未来定会获得消费者的广泛认可。

二、PEST 分析

1. 政策

国务院印发的《关于加快发展体育产业促进体育消费的若干意见》提出，营造重视体育、支持体育、参与体育的社会氛围，将全民健身上升为国家战略。意见明确，"到2025年，人均体育场地面积达到2平方米，群众体育健身和消费意识显著增强，人均体育消费支出明显提高，经常参加体育锻炼的人数达到5亿，体育公共服务基本覆盖全民"。

2016年，在北京地区居民消费支出结构中（见图2-14），生活用品及服务占比6.6%。《北京市全民健身条例》已由北京市第十四届人民代表大会第五次会议于2017年1月20日通过，自2017年3月1日起施行。该条例提出北京市鼓励、支持、引导市场主体、社会力量发展多种项目、多种形式的体育健身俱乐部，依据规划建设健身休闲产业园区，提供与全民健身相关的产品和服务，促进健身服务业发展。对符合条件的具有公共性、大众性的健身消费项目和设施实行健身消费管理，引导市场主体提供良好的健身服务和产品，促进健身消费。

对于上海市，《上海市全民健身实施计划（2016~2020年）》指出，政府将推进全民健身多元供给发展。坚持政府、社会、市场"三轮驱动"，更大范围、更深程度地调动社会组织和市场力量自主参与全民健身的积极性。政府主要提供基本公共体育服务、制定全民健身公共政策、加强全民健身宏观管理、开展全民健身监督评估等职责；社会组织在日常体育健身活动的引导、培训、组织、交流、项目普及和体育赛事活动的承办等方面发挥作用，参与全民健身公共服务体系建设；市场在资源配置中起决定性作用，企业自主经营、公平竞争，市民自由选择、自主消费，积极扩大体育服务和产品供给，促进全民健身市场繁荣发展。

此外2016年，在杭州地区居民消费支出结构中（见图2-15），生活用品及服务占比5.2%。《杭州市全民健身实施计划》提出，市政府将认真落实《国务院关于加快发展体育产业促进体育消费的若干意见》（国发〔2014〕46号）精神，充分认识全民健身服务业在该市经济转型升级中的重要地位和作用，积极引入社会资本兴办全民健身服务业，培育和形成一批实力雄厚、技术力量强的全民健身服务企业和品牌，不断增加体育市场供给。建立和完善体育服务规范，加快推行体育服务质量认证制度，形成规范有序的体育健身休闲市场，提高全民健身

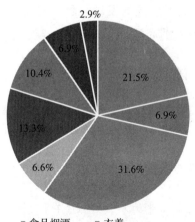

图2-14　2016年北京地区居民
消费支出结构

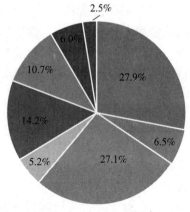

图2-15　2016年杭州地区居民
消费支出结构

服务水平。培育城乡居民体育健身消费意识，扩大体育消费规模，优化体育消费结构，预计到2020年，全市体育消费总规模大幅增长。

全民健身活动日益开展，越来越多的人开始关注健身，健身房、健身餐、健身器械等健身产业逐步进入人们的视野，政府也在大力促进体育健身消费，鼓励企业积极扩大体育服务和产品供给，促进全民健身市场繁荣发展。因此，健身餐行业的产业化和专业化势在必行，中国健身市场也开始走向成熟和完善，搭配好的策略可以使纯悦生活品牌迅速占领市场先机。

2. 经济

2016年，党中央、国务院团结带领全国各族人民，全力推进改革开放，着力创新宏观调控，奋力激发市场活力，努力培育创新动力，国民经济在新常态下平稳运行，结构调整出现积极变化，发展质量不断提高，民生事业持续改善，实现了经济社会持续稳定发展。2016年，国民经济稳定增长。初步核算，2016年我国国内生产总值（Gross Domestic Product，GDP）首次迈上"70万亿元"台阶，为744127亿元，按可比价格计算，比2015年增长6.7%。分产业看，第一产业增加值比2015年增长3.3%，第二产业增长6.1%，第三产业增长7.8%。产业结构更加优化，2016年我国第三产业增加值占GDP的比重达到51.6%，比2015年提高1.4个百分点，高于第二产业11.8个百分点。在第二产业内部，高技术产业增加值比2015年增长10.8%，比规模以上工业高4.8个百分点，占规模以上工业比重为12.4%，比2015年提高0.6个百分点。

由于"纯悦生活"的主营城市为北京、上海和杭州，所以根据2016年这三个地区的居民人均可支配收入和消费支出结构、增速数据（见图2-16）进行分析。首先，北京、上海和杭州地区的人均可支配收入较高（见图2-17），这一点与"纯悦生活"的目标群体定位为收入可观的人群相契合，为"纯悦生活"品牌在这三个地区的发展提供了条件。其次，医疗保健类产品在北京、杭州地区的居民消费支出中所占的比例虽然不太高，但增速较快。因此，"纯悦生活"品牌在这些地区将会有较好的发展前景。最后，通过我国经常参加体育锻炼的人数数据显示，越来越多的人开始重视体育锻炼，这就为"纯悦生活"的发展提供了大量的用户群体。

在居民对于体育锻炼越来越重视、经济社会持续稳定发展的经济背景下，健身产业消费投资将会稳健发展，这就给了旨在帮助消费者建立健康饮食习惯、满足健身人群合理健身需求的"纯悦生活"品牌一个可观的发展平台。

3. 社会

根据国家统计局2014年针对20~69岁人群的调研发现（见图2-18），我国有51%的人群进行健身运动，比2013年提高1.5个百分点。2009~2014年，我国经常参加体育锻炼的人数不断上升，2014年人数达到3.83亿人，庞大的健身人口未来将为健身行业带来巨大的需求。

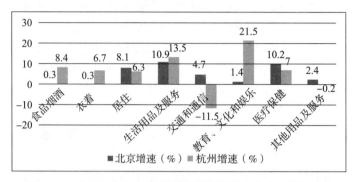

图 2-16　2016 年北京、杭州地区居民各类消费支出增长速度

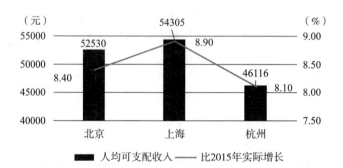

图 2-17　2016 年北京、上海、杭州地区居民人均可支配收入及其增长速度

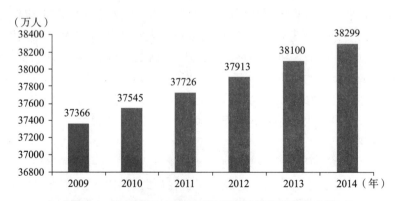

图 2-18　2009~2014 年我国经常参加体育锻炼的人数

除了健康管理这一共同出发点外，不同年龄阶层的消费者对于健身拥有不同诉求：在尼尔森与国家体育总局共同实行的调查中（见图2-19），除了增强体质这个共同的原因外，"70后""80后"重视通过科学系统的运动健身在缓解压力的同时有效预防运动损伤，而"85后"则重视通过高效的运动内容设计达到塑身修形的效果，"90后"则将运动作为社交的重要一环，喜欢通过晒运动照、晒运动成果在社交网络中塑造自身健康形象。不同消费水平的消费者对健身的需求和目的也存在较大差异。以消费能力划分，经济型用户更多的是为了减脂、增强体质，属于健康生活范畴；健身爱好者则受到了国外崇尚身体和意志的健身文化影响，对自身外形要求较高，健身目的更多是塑形；而对于高净值用户来说，健身更多的目的在于社交和解压（见图2-20）。社科院发布的《2013~2015年中国休闲发展报告》指出，超过八成的国民选择消极休闲活动（如看电视、上网），而仅有21.9%的国民喜欢运动休闲活动。这一方面是由于我国居民的观念，另一方面是因为工作压力大和休闲时间短。然而，矛盾点在于为了获得健康的身体，体育运动必不可少。商业健身房一般位于交通便捷、人流量较大的地点，所提供的器械、游泳、瑜伽等运动所需时间灵活，较好地解决了健康生活和休闲时间缺少之间的矛盾。未来随着人们健康意识的提升，商业健身将越来越成为人们"动起来"的选择。"纯悦生活"针对的人群在人口构成中将会占有越来越大的比重，并将表现出稳步增长的趋势，为健身餐行业的发展提供了有利条件。

图2-19　以年龄划分不同人群的健身需求

图2-20　以目的划分不同人群的健身需求

4. 科技

目前，中国餐饮O2O主要模式可以分为以下四大种类：

（1）团购类，以美团、百度糯米、大众点评为代表，引进美国Groupon模式，全面接入本地餐户，团购起步较早，是目前餐饮O2O的主要模式。

（2）点评类，以大众点评为代表，通过长期的积累，汇集了大量餐厅和用户的信息，起到了市场培育的作用。

（3）订餐类，以订餐小秘书为代表，帮助用户通过互联网渠道顶订就餐座位，甚至餐品，提升用餐质量。

（4）外卖类，以饿了么、美团外卖为代表的第三方外卖平台是餐饮O2O领域近期最受资本青睐的 O2O 模式，千万级美元融资频频发生，并且众多传统餐饮和互联网巨头纷纷布局，市场在近年来快速发展。

从 2015 年全年来看（见图 2-21），餐饮外卖市场保持稳定增长态势，并且目前而言餐饮外卖的互联网渗透率仍然较低。随着送餐物流的不断完善、技术进步、城市扩展等因素驱动，预计互联网餐饮外卖市场在未来 5 年内仍将维持高速增长的态势。中国在线外卖市场的发展经历了探索期、市场启动期、高速发展期等阶段，下一个阶段是应用成熟期。

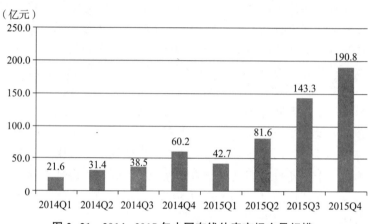

图 2-21 2014~2015 年中国在线外卖市场交易规模

2016 年，在线外卖市场进入了高速发展期，互联网餐饮外卖基本格局已经形成，厂商之间形成差异化竞争，盈利模式更加清晰。用户习惯已经基本形成，互联网餐饮外卖市场开始高度扩张。就目前而言，互联网餐饮外卖市场仍主要集中在一、二线城市。随着外卖厂商不断扩展中小城市，同时深入不同人群需求，外卖用户规模将持续扩大。面对巨大的市场空间，资本对外卖行业持续看好，在资本的支撑下外卖市场开始快速扩张。在线外卖市场的下一个阶段是应用成熟期，届时市场发展将趋于成熟，准入门槛将会提高，竞争也会更加激烈。

如图 2-23 所示，国内外卖 O2O 市场发展至今，基本形成了以饿了么、美团外卖居于第一阵营，口碑外卖、百度外卖为第二阵营，其他外卖项目垫底的三层市场格局。

从白领商务区细分市场的竞争格局来看（见图 2-24），2015 年第四季度饿了么白领商务区细分市场订单份额占比达 35%，美团外卖订单份额占

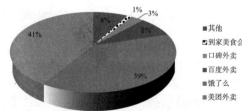

图 2-22 2015 年中国在线外卖市场订单份额

比达31%，百度外卖订单份额占比24%。在白领商务区外卖细分市场上，饿了么和美团外卖虽然在订单份额占比上仍占据第一名、第二名的位置，但领先优势不如校园市场明显。

图2-23 2015年中国在线外卖市场交易份额　　　图2-24 2015年第四季度中国在线外卖白领市场订单份额

目前，白领商务市场和学生校园市场仍占据主要份额，而生活社区市场整体规模较小，行业空间有待进一步挖掘（见图2-25）。相比白领和学生用户，社区消费场景下用户对正餐消费需求旺盛，消费支出更高，同时对服务和菜品质量要求严苛但对补贴敏感性较低，所以需要外卖厂商一方面加强中高端餐饮商户的引入；另一方面需要持续地提升服务能力。

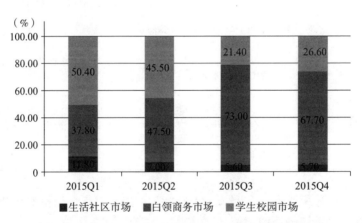

图2-25 2015年中国互联网餐饮细分市场规模占比分布

从餐饮外卖活跃用户的城市分布上看（见图2-26），北京、上海、广州、深圳，以及其他省会城市占比加总达61.6%，超过餐饮外卖活跃用户总体占比一半以上。餐饮O2O领域的蓬勃发展、外卖产业的高速发展为"纯悦生活"品牌提供良好的市场环境。同时，"纯悦生活"所搭载的百度、美团外卖也是当卜占据市场份额最大的两家外卖企业，这就为"纯悦生活"产品的配送提供了大量的用户群体与配送质量保证。此外，白领商务市场在互联网餐饮市场上占据较大比重，而"纯悦生活"用户群体定位恰恰为金融、互联网、医疗行业的精英白领人群，这就为"纯悦生活"品牌提供了广阔市场。

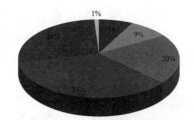

图2-26　2015年中国在线外卖活跃用户地域分布情况

三、五力分析

根据迈克尔·波特（Michal Porter）于20世纪80年代初提出的五力分析进行研究（见图2-2），探讨"纯悦生活"在健身餐行业的前景，对企业战略制定产生全球性的深远影响。用于竞争战略的分析，可以有效地分析客户的竞争环境。

表2-2　"纯悦生活"在健身餐行业的五力分析

五力分析	程度	分析内容
购买者议价能力	低	购买者购买"纯悦生活"产品的形式均为网上下单，产品价格是固定的；每个购买者的购买量较小
供应商议价能力	高	"纯悦生活"每天的食材消耗量较大，因此对食材供应商有较大的议价空间
新进入者威胁	高	餐饮行业向来壁垒低，竞争激烈
替代品的威胁	低	与餐饮行业的其他产品不同，"纯悦生活"健身减脂餐，有较强的功能性，因此替代品的威胁较低
行业竞争者的竞争	高	市面上主打健康概念的餐饮品类很多，如"柠檬觉醒"和"甜心摇滚沙拉"，随着消费升级，健身需求将会被剧烈释放。外卖的竞争，价格占主要地位。但是在功能餐领域里，性价比、口味、配送、效果，每一块都是商家的角逐之地

从竞争战略分析来看（见图2-3），"纯悦生活"具有独特的优势，在健身餐领域很有继续发展的空间。

表2-3　"纯悦生活"的竞争战略分析

	成本领先战略	产品差异化战略	集中战略
潜在进入者的进入威胁	通过杀价能力可以防止潜在者的进入	此战略可以培育顾客忠诚度以打击潜在竞争者的信心	建立核心用户群以阻止潜在竞争者的进入

续表

	成本领先战略	产品差异化战略	集中战略
买方议价能力	产品购买形式为网上下单且购买量较小,所以此方面影响较小	可缩小范围,从而削弱买家的谈判能力	因为没有选择范围而使买家丧失谈判能力
供方议价能力	更好地抑制大卖家的砍价能力	可更好地将供方涨价部分转移到顾客	进货量低,供方侃价能力就高
替代品的威胁	替代品威胁较低,故此战略此方面影响较小	顾客习惯了一种产品或服务就会降低替代品的威胁	产品和核心能力能降低替代品的威胁
行业内对手的竞争	能更好地进行价格竞争	品牌忠诚度能使顾客不理睬竞争对手	竞争对手无法满足集中差异化的顾客

四、SWOT 分析

"纯悦生活"的 SWOT 分析如表 2-4 所示。

1. 劣势改善(见图 2-27)

(1)宣传力度弱导致知名度不足:本组认为这受资金限制,因此应重点利用互联网,加大宣传,使"纯悦生活"的产品深入人心,才能够真正地打响知名度。

表 2-4 "纯悦生活"的 SWOT 分析

优势(Strengths)	劣势(Weaknesses)
(1)产品有特色:"纯悦生活"减脂餐使用纯真天然的食材,可以给予消费者愉悦的饮食体验。其他品牌的减脂餐多以沙拉为主,产品单调且无法保证消费者每日所需营养。相较于其他产品,"纯悦生活"的产品更具有整体性,优质蛋白、优质脂肪、低碳水、新鲜肉类、应季蔬菜、低糖水果、全麦面包等都会出现在其产品中。可以替代正餐,保证消费者每日所需营养。 (2)专业性:"纯悦生活"的品牌定位是专业健身减脂餐,在研发、生产、配送上都达到专业的水准。聘请了五星级厨师与专业营养师进行合作,为消费者搭配出专业美味的营养餐,并且配有中央厨房,全程冷链处理。每日新鲜到家,美味菜单不重样	(1)知名度不足:"纯悦生活"成立时间较晚,且对消费人群的定位较高,了解并认识到纯悦的消费者不多。而且各方面品牌推广策划还不够成熟,导致消费者对纯悦生活的关注度不够。 (2)产品价格较贵,消费人群定位较高:由于"纯悦生活"的定位是专业健身减脂餐,于是产品成本就会相对较高。因此,消费者人群的定位主要在金融、互联网、医疗等行业中,有健身意识且追求健康生活方式的精英人群。这就会使"纯悦生活"流失许多收入相对较低消费者。 (3)产品展示受限:"纯悦生活"的产品销售模式以 O2O 为主,实体店较少。由于销售模式的限制,消费者很难与产品近距离接触。 (4)经营模式容易被模仿

续表

机会（Opportunities）	威胁（Threats）
（1）社会背景优势：越来越多的人注重自己的健康问题，健身市场逐渐变热。消费者对减脂餐这一类的产品需求不断增加。"纯悦生活"的产品注重专业、健康、天然，与社会大众的需求不谋而合。 （2）政策支持：在国家号召"全民健身"的背景下，政府目前也已经对深化体育改革与推进健康中国建设做出部署。因此，政府政策的支持给"纯悦生活"提供了很大的发展机会。 （3）企业合作：目前已经有许多健身机构与"纯悦生活"合作，"纯悦生活"的减脂餐与健身卡捆绑销售。这样可以使其更准确地定位消费人群，使他们更好地体验产品	（1）同行竞争激烈：目前还较难与市场上同类竞争者体现出差异性，且竞争者较多，替代品多，每个竞争者都占有各自的小部分市场，"纯悦生活"占据的市场份额较低。而且现在有几个同类型品牌进行有效的推广策略，已经渐渐为消费者所熟知，并且有不断增加的趋势。除此之外，同类品牌中具有价格优势的品牌也会吸引大批对价格敏感的消费者。 （2）消费者不信任：同行企业中的不良经营，会使消费者无法信任健康餐饮，对整个产业产生怀疑。这也将对"纯悦生活"产生极大的威胁

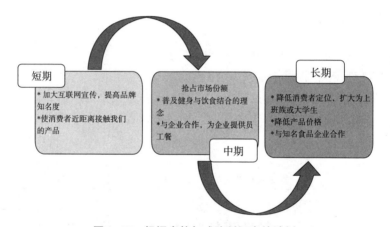

图 2-27　根据劣势与威胁制订出的计划

（2）产品展示受限：将尝试更多产品展示的方法（如在大型商场与超市提供专门为"纯悦生活"的产品做一个展示区进行宣传或者在健身房建立吧台），这样使消费者更加近距离地接触"纯悦生活"的产品。当然，最重要的是建立实体店。

2. 降低风险

（1）经营模式容易被模仿与市场份额小：应抓住一切机会抢占市场，目前健身热潮可以给"纯悦生活"提供的市场很大。虽然注重健身的人很多，但健身与饮食结合的观念还不够普及。要抓住这一点，给消费者传递健身与饮食结合的健康理念，推动消费者关注"纯悦生活"的产品。"纯悦生活"还将与公司合作，为公司提供员工餐，目前做到这一点的品牌还很少，因此也要抓住这一机会，提高"纯悦生活"的市场份额。

（2）竞争者产品价格较低：由于"纯悦生活"产品目前的消费群体还定位在精英人群，所以价格会比同类竞争者高。但随着市场份额不断扩大，也将降低消费人群的定位，将其扩大至普通上班族或者大学生也能够长期购买的产品。

五、4P分析与4C分析

"纯悦生活"的4P分析与4C分析如图2-28所示。

1. 产品（Product）与解决顾客需求（Consumer's Need）

产品策略是市场营销战略的核心，其他策略——价格、渠道、促销策略等，都要围绕产品策略展开。产品策略方面，主要是为目标市场开发合适的产品或产

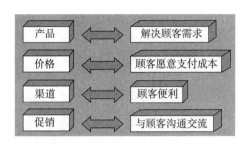

图2-28　4P分析与4C分析

品组合。瞄准消费者需求，首先要了解、研究、分析消费者的需要与欲求，而不是先考虑企业能生产什么产品。相对于健身减脂餐市场而言，"纯悦生活"真正做到了高品质保证，专业的厨师进行制作、配餐，专业的物流平台进行配送；目标人群对于"纯悦生活"的接受能力强，都满意其性价比，且乐于长期享受"纯悦生活"的产品；相对于整个行业市场而言，"纯悦生活"健身减脂餐，无论是作为健身餐饮还是日常饮食，都对人体的需求有着合理的满足，适合督促消费者形成长时间的健康饮食习惯。"纯悦生活"认为，任何一个品牌的创立、保护和发展，归根结底取决于消费者对产品质量的信赖和好评，没有一流的质量就不可能赢得消费者的信任与选择，更不可能受到广泛好评并且获利。在今天的竞争环境中，忽视产品本身质量无疑等于自杀。所以在产品策略实行中，"纯悦生活"将坚定地坚持健身减脂餐的专业水准，认真对待每一份配餐。"纯悦生活"希望在消费者心目中树立优质服务的良好品牌形象，这种品牌的无形资产价值是远远难以用有限的资金衡量的。"纯悦生活"在产品策略中不断思考用新的价值增加"纯悦生活"健身减脂餐的特性，让消费者从产品中获益，赢得消费者的注意和兴趣，充分满足他们的需求。"纯悦生活"希望能够用全心的付出，做好每一个给消费者带来方便与温暖的细节。

2. 价格（Price）与顾客愿意支付成本（Cost）

制定价格时，应首先了解消费者为了满足需要与欲求愿意付出多少钱，而不是先给产品定价，即向消费者要多少钱。成本，不单是企业的生产成本或者产品价格，它还包括顾客的购买成本，同时也意味着产品定价的理想情况，应该是既低于顾客的心理价格，也能够让企业有所盈利。顾客在购买某一商品时，除耗费

一定的资金外，还要耗费一定的时间、精力和体力，这些构成了顾客总成本。所以，顾客总成本包括货币成本、时间成本、精神成本和体力成本等。由于顾客在购买商品时总希望把有关成本包括货币、时间、精神和体力等降到最低，以使自己得到最大限度的满足。"纯悦生活"首先将定位放在了拥有较高收入的中青年阶层人群，充分考虑了顾客为享受到"性价比高、无须自己采购制作、专人准时配送、营养均衡搭配、健康新鲜、补充体力、满足口味需求"的健康减脂餐产品而愿意支付的"顾客总成本"。努力降低顾客购买的总成本，如不采用门店销售形势而采用与大型配送机构合作的方法减少地租，从而降低产品的价格，以减少顾客的货币成本，平均下来，顾客每一餐都保持在 30 元左右，是目前其目标人群绝对负担得起的；努力提高工作效率，配送准时，超时赔付，尽可能减少顾客的时间支出；通过微博、微信、官网等多种渠道向顾客提供详尽的信息、为顾客提供良好的售后服务，减少顾客精神和体力的耗费。

3. 渠道（Place）与消费者的便利性（Convenience）

企业以合理地选择分销渠道和组织商品实体流通的方式来实现其营销目标，其中包括对同分销有关的渠道覆盖面、商品流转环节、中间商、网点设置以及储存运输等可控因素的组合和运用。"纯悦生活"目前作为网络平台销售的健康减脂餐商家，已与美团外卖、百度外卖合作，完善了北京、上海、杭州三个城市五环城区内的配送服务。顾客可以通过官网订购、微信公众号订购的方式来选购"纯悦生活"的产品。提前一天选购，第二天准时送货上门。同时，产品应考虑如何方便消费者使用，即为顾客提供最大的购物和使用便利。"纯悦生活"通过售前在网络平台为顾客提供详细的产品信息，选购新鲜食材、现买现做、准时配送和人性化的售后服务等，让顾客在购物的同时也享受到了便利。便利是客户价值不可或缺的一部分。最大限度地便利消费者，是"纯悦生活"正在认真思考的问题，也是"纯悦生活"目前专注于做好北京、上海、杭州三个城市的产品及服务的原因。

4. 促销（Promotion）与同顾客沟通交流（Communication）

以消费者为中心实施营销沟通是十分重要的，不能满足于企业单向的促销和劝导顾客，应该在双方的沟通中找到能同时实现各自目标的途径。"纯悦生活"为了创立竞争优势，从不松懈与消费者进行沟通。通过"纯悦生活"微博官方平台与微信公众号提供有关产品、服务、价格等方面的信息，影响消费者的态度与偏好，增强消费者购买产品的意愿，并通过制作流程公开的方式在消费者的心目中树立良好的企业形象。同时，消费者可以通过微信平台和电话直接联系到"纯悦生活"，有利于及时沟通，提供售前与售后服务。

第四节 品牌定位

一、品牌核心价值

品牌核心价值为：精确、精致、精英，专享、专业、专注。

1. 自我表现型利益

如图2-29所示，专业的健身减脂餐集合了营养师精确的成分配比和米其林厨师精致的烹调手法。食物的美味可以触动消费者内心世界的情感性与自我表现型利益，引起消费者的共鸣，当品牌成为消费者表达个人价值观、财富、身份地位与审美品位的一种载体与媒介的时候，品牌就有了独特的自我表现型利益。专业的减脂餐成为了新一代精英白领的专享便当。此时，"纯悦生活"这个品牌所给予顾客的已经不单单只是食物了，而是一种对于精英品位的认可。

专业研发
五星级酒店厨师
+
专业营养师的完美搭配
=
最专业美味的营养餐

专业生产
优质蛋白 优质脂肪
低碳水
新鲜肉类 应季蔬菜
低糖水果 全麦面包通通有

专业配送
专业配送团队
每天新鲜送到家
一周5天
美味餐单不重样

图2-29 "纯悦生活"的三个"专业"

2. 功能性价值

具体到许多产品与行业，情感型利益与自我表现型利益成为消费者认同品牌的主要驱动力。但这都是以卓越的功能型利益为强力支撑的，"纯悦生活"的产品从食材的选择到营养的搭配再到烹饪方式，处处都体现了专业性。同时，"纯悦生活"聘请了专业营养师、米其林厨师以及健身达人在各个环节提供建议，点点滴滴的专注都是在为产品的质量和功能提供保障。

二、目标市场的选择（STP分析）

市场三要素为市场细分、目标市场选择、市场定位。

1. 市场细分

根据年龄进行人口细分，消费者需求购买量的大小随着年龄的增长而改变。青年人市场和中老年人市场有明显的不同，青年人花钱大方，追求时尚和新潮刺激；中老年人的要求则相对于保守稳健，更追求实用、功效，讲究物美价廉。根据收入可以把市场分为高收入阶层、白领阶层、工薪阶层、低收入群等或将之量划分阶层。高收入阶层和白领阶层更关注商品的质量、品牌、服务以及产品附加值等因素，而低收入者则更关心价格和实用性。根据工作行业可以把市场划分为各行各业的消费者。根据生活方式进行市场细分，消费者可被划分为有健身习惯的消费者和没有健身习惯的消费者。

个性是一个人心理特征的集中反映，个性不同的消费者往往有不同的兴趣偏好。消费者在选择品牌时，会有理性上考虑产品的实用功能，同时在感性上评估不同品牌表现出的个性。当品牌个性和他们的自身评估相吻合时，他们就会选择该品牌。因此，根据个性进行市场细分可将消费者细分为认同"精英、专业"理念的消费者和不认同该理念的消费者。

2. 目标市场选择

（1）评估并选择。通过对细分市场的规模、细分市场的内部结构吸引力和企业的资源条件进行评估，选定目标市场为高收入阶层和白领阶层（主要是金融、互联网、医疗行业）且有健身习惯，且认同"精英、专业"理念的年轻人群市场。据 2016 年春季求职期的数据调查，上海、北京、杭州的白领平均薪酬均处于全国前五位，而其中收入较高的人群完全可以负担起"纯悦生活"的产品。在健身热潮的影响下，目标阶层中的大部分人无论是出于自身需要还是外界环境影响，都已与健身有了密不可分的关系。他们注重健身文化、希望紧跟潮流，在日常生活中也要践行健康生活的健身理念。这令"纯悦生活"的产品对于高收入阶层和白领阶层拥有健身习惯的年轻人群拥有着较大的吸引力。大多数单位的食堂无法做到"健康低脂"与"营养美味"的均衡，故许多消费者在单位食堂的优惠饮食与"纯悦生活"的健康配餐之间选择了后者。

（2）进入市场。考虑北京纯悦科技网络有限公司的资源有限，再结合该公司产品的特点，"纯悦生活"决定采取集中进入方式，如采取官网订餐（见图2-30）。将企业所有力量集中在目标人群市场上进行品牌经营，满足该市场的

图2-30 "纯悦生活"官网订餐页面

需求，在该品牌获得成功后再进行品牌延伸。

3. 市场定位

（1）首席定位。首先，强调"纯悦生活"是中国首批开始瞄准健身餐领域的几家公司之一。其次，强调"纯悦生活"产品在专业性方面的竞争优势。食物配方由团队专业健身专家、有八年健身经验的五星级酒店厨师和营养师共同搭配完成（见图2-31），同时会听取网络健身达人意见。"纯悦生活"选用最新鲜的食材进行配餐制作，以最精致的工艺保证配餐的品质不亚于餐厅级品质。真空包装最大限度地锁住了新鲜，开封加热后立即可以食用，营养面面俱到，省时又省力。

安心食材

每天采购新鲜食材，科学配比、精心烹调，严格控制每份餐的卡路里数，做您健身减脂路上最贴心的帮手。

冷链配送

专业配送团队，每日新鲜到家。一周5天美味餐单不重样。

温馨提示

收到餐后请放冰箱冷藏或置于保温箱内，吃前加热即可。

图2-31 "纯悦生活"产品及服务简介

（2）比附定位。关于市面上其他品牌的同类产品（见表2-5），如"柠檬觉醒"只关注于鸡胸、牛排的无油烹饪，且采用真空包装，会对食物的口感和质量产生影响；"甜心摇滚沙拉"只关注与沙拉类产品的制作，两者都是改变了消费者传统的"主食+蔬菜+肉类"的饮食习惯，向消费者传递了节食减肥的观念。而"纯悦生活"的产品则向消费者提供了完整的一日三餐和下午的加餐，符合消费者传统的饮食观念。而且，没有让消费者节食，只是在食材选择、烹饪方式、营养搭配上帮助消费者实现健身减脂的目标。

表2-5 "纯悦生活"产品与竞争对手的对比

产品名称	主营产品	饮食理念	食品新鲜程度
"纯悦生活"	健身减脂配餐成品	专业流程，精英之选，饱腹营养	从购买食材到完成配送，控制在48小时内
"柠檬觉醒"	真空包装的调味鸡胸、牛排；自助冲调饮品	方便快捷，真空保质期长	真空包装，保质期长，新鲜度与口感无法保证
"甜心摇滚沙拉"	不同口味的沙拉	无主食，低热量	非密封盒装冷链配送

（3）意识定位。"纯悦生活"向消费者传递出了"精英"的概念（见图2-32），在消费者的认知层面找到了一个类别化的位置——一是产品精英化，产品从食材的选择到营养搭配到烹饪手法都是专业化的操作；二是目标群体精英化，可以获得

更多消费者的认同感，使消费者的部分心理需求得到满足。

Miharashi_晴 💎 VIP

★★★☆☆　口味：3　环境：4　服务：4

总体来说我觉得是过关的，主要是就热量摄入控制上来说，每天的热量控制得很好，女生的减脂餐123元一天，平均一天1100到1400大卡，不算特别难吃，营养搭配也很ok，比起自己做既省……

更多 ⌄

图 2-32　"纯悦生活"消费者在大众点评发表的评价

第五节　品牌元素设计

一、品牌故事与品牌名称

品牌创始人卢青（见图 2-33）是一位爱运动的人，光瑜伽就练了八年。所以她深知健身的秘诀。在理想状态下，坚持健身的人应该有两个最爱的地方，一个是健身房，另一个是厨房。可是，往往很多人由于没有太多精力去准备健身餐，减脂增肌久久不见效。这就让她想到了创业。她想用一个名字来展现一种瑜伽的理念——在冥想时的一种纯净和喜悦。她也只是单纯地希望帮助消费者轻松享有健康的身体、轻松的心态和愉悦的感觉，共同创造和体会有品质的美好生活方式，轻松享有完美体态和活力感觉。因此"纯悦生活"的名字就诞生了。

图 2-33　"纯悦生活"
创始人卢青

▶ 创始人的创业故事

"我只是随意写了一下，我觉得有句话很能表达我的心声。最近郑钧有一首新歌叫《作》。正在创业的很多女生，大家心里一定都有一些小小的、不安定的DNA，肯定都是很'作'的女生，也一定是有梦想的女生。当时我想，我太平凡了，需要'作'一次，于是选择了创业。我当时笼络人心、组建团队之时，都是这样跟朋友们说的。不少人都问我: '你去 BAT 也挺好,去甲方也挺好,为什么要选择这条路?'创业么,大家都懂的。"

"创业是一个理性的过程,而创业做什么是一个感性的判断。我们回归食物和健康饮食的本质,希望将一种全新的健康饮食理念和可持续的生活方式带给城市中的精英消费者,基于这样的信念创立了'纯悦生活'。我认为一个创业团队需要有最宝贵的两点:快速学习的能力,坚持到底的决心和行动。创业永远不会是速成的。"

——"纯悦生活"品牌创始人 卢青

二、互联网平台

1. 官方网站

官方网站网址为 https://www.lovepurejoy.com/ (见图 2-34、图 2-35)。

图 2-34 "纯悦生活"官方网站　　图 2-35 "纯悦生活"官方网站模块

2. 微信公众订阅号

微信公众订阅号(微信号)为 purejoylife (见图 2-36)。

图 2-36 "纯悦生活"微信公众订阅号

3. 微博

微博为@纯悦生活（见图2-37）。

图2-37 "纯悦生活"微官方微博

三、标识设计

标识以"纯悦生活"品牌名称为主体（见图2-38），底字使用中英两个版本。

图2-38 "纯悦生活"品牌标识（英文）

英文版中"Pure"的中文意思为纯粹的、纯净的，"Joy"的中文意思为欢欣的、愉悦的。这两点是"纯悦生活"希望给予消费者的感受，让消费者使用"纯悦生活"的产品之后能感受到"纯悦生活"的用心，给消费者一种纯粹、愉悦的感受。

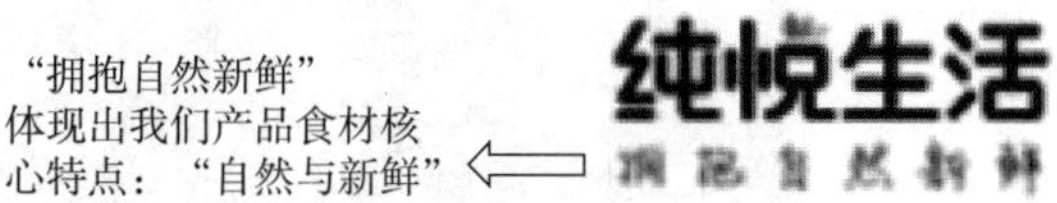

如图2-39所示，中文版的"拥抱自然新鲜"是在说明我们产品的原料包括优质蛋白、优质脂肪、低碳水、新鲜肉类、应季蔬菜、低糖水果、全麦面包等。所

图2-39 "纯悦生活"品牌标识（中文）

有材料都有相关监查部门的严格把关，"纯悦生活"希望消费者品尝到最自然、最新鲜的食材。"悦"字上的两点由两片绿叶代替，既为标识添加了生机，使消费者

对品牌印象深刻，又象征了"纯悦生活"产品的天然、新鲜、健康，使品牌名称与产品特色一目了然，也展现出"纯悦生活"是具有生命力与正能量的品牌。

四、形象代表

"纯悦生活"是一家专注于为消费者提供健康餐饮及健身服务产品的品牌，所以需要两位阳光、乐于健身、对消费者有影响力明星做形象代表（见图 2-40）。本组认为袁姗姗和蒋劲夫与"纯悦生活"的品牌形象非常契合。袁姗姗拥有甜美的气质，被誉为"古装小花旦"。她带着少女的纯真和轻熟小女人的性感，既活泼顽皮又不失温婉内敛、从容大气、优雅淡定。她的成名之路十分坎坷，曾经一度还被网友"赶

图 2-40 蒋劲夫、袁姗姗

出娱乐圈"，但她仍然保持乐观的态度，努力完善自己，让自己做到最好，最终受到观众的喜爱。并且她还热爱健身，在微博上秀出的"马甲线"照片，还一度掀起网友秀"马甲线"的热潮。

蒋劲夫拥有俊俏的脸庞、小麦色皮肤、肌肉线条清晰的身材。他对健身的热爱可谓尽人皆知。他最近热播的真人秀节目中《真正男子汉》表现出坚韧不拔的毅力与超强的体魄深受人们喜爱。最近，他又受邀参加新奥尔良全明星名人赛，与许多国外的篮球明星同台竞技，运动能力可想而知。

五、品牌宣传语

品牌宣传语为"纯悦生活——健康享瘦新食尚"（见图 2-41）。

图 2-41 "纯悦生活"减脂餐宣传图片（例）

第六节　品牌推广与传播

一、公共关系

1. 政府

《中华人民共和国体育法》于1995年获得通过，同年国务院颁布《全民健身计划纲要》。从2009年起，每年8月8日被定为"全民健身日"。2016年6月23日国务院印发《全民健身计划（2016～

城市排行	城市	人口（万）	GDP（亿元）	人均GDP（万元）
1	北京	2151.6	21330.86	9.91
2	上海	2415.2	23560.94	9.76
3	南京	818.78	8820.75	10.77
4	广州	1292.68	16706.87	12.92
5	天津	1516.81	15722.47	10.37
6	杭州	884.4	9201.16	10.4

图2-42　2015年最具有体育活力城市排行榜

2020年）》，就今后一个时期深化体育改革、发展群众体育、倡导全民健身新时尚、推进健康中国建设作出部署。在这样的政策大环境下，"全民健身"势必成为一股势不可当的热潮，而"纯悦生活"一定要抓住这样的机遇自我发展。"纯悦生活"开放订购的三个城市——北京、上海、杭州，频频举办国际马拉松、自行车骑行赛、越野赛等全民体育活动，反响好，影响力大（见图2-42）。

"纯悦生活"积极参与这种全民体育活动，会带来三点好处：一是全民体育活动受到大众的广泛关注，可以极大地提高企业的知名度；二是对体育活动的参与者进行定向营销，能提高宣传效率；三是作为政府官方活动的参与者，"纯悦生活"将在消费者心中塑造一个积极的、专业的、值得消费者信赖的品牌形象。纯悦生活可用以下三种身份参与全民体育活动：

（1）团体参赛者。"纯悦生活"可以邀请Keep塑身营等健身营的营员参赛，通过制服、标语、口号的形式，对品牌进行宣传，在人群中取得关注。下面以杭州马拉松为例介绍参赛办法（见图2-43）。

可选的竞赛项目为马拉松、半程马拉松、小马拉松、情侣跑、家庭跑1+1、家庭跑1+2。

参赛流程如下：

图 2-43 部分往年竞赛的照片

第一步，马拉松报名流程：报名并上传 2015 年后半程及以上完赛成绩证明→抽签→上传体检证明→审核通过→缴报名费。

第二步，半程马拉松报名流程：报名（建议上传 2015 年后半程以上完赛成绩证明）→抽签→上传体检证明→审核通过→缴报名费。

第三步，小马拉松、情侣跑和家庭跑的报名流程：报名→抽签→缴报名费。

注意事项：①Keep 塑身营的参赛营员的报名费用由"纯悦生活"负责。②Keep 塑身营的参赛营员需统一穿着印有"纯悦生活"标志的服装。服装费用、宣传用品的费用由"纯悦生活"承担。③因为赛制要求，所有报名人员需要经过抽签。没有抽中而无法参赛的营员，"纯悦生活"不承担任何责任。

奖励办法如下：①马拉松世界纪录奖 10 万美元；②创赛会马拉松纪录奖 1 万美元（只奖励第一名）；③马拉松男、女前八名运动员，分别获得奖金，马拉松男、女前三名运动员各颁发奖杯一座、领奖服一套。

（2）移动售卖点（移动式餐车，见图 2-44）。在赛事规定允许的范围内，在起点、终点以及沿途重点区段，开设移动售卖点。企业可以制作特别版本的体验餐，目标顾客是参赛者以及围观人群（见图 2-45）。

图 2-44 便捷式餐车

（3）活动赞助商。以杭州国际马拉松为例，官方冠名赞助商是广汽 HONDA（见图 2-46），官方合作伙伴是智美体育集团、特步，官方赞助商是融创、银泰商业、怡宝和中国光大银行。考虑到"纯悦生活"目前的企业规模和产品特点，准备以餐饮供应商的身份赞助赛事。

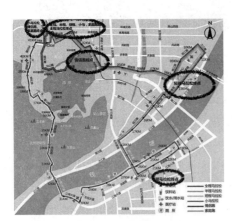

图 2-45　马拉松的起点和终点　　　　图 2-46　杭州马拉松的赞助商

"纯悦生活"具体赞助方法：每个参赛者可凭参赛证获得"纯悦生活"健康减脂餐一份。赛事志愿者可凭证明免费获得"纯悦生活"健康减脂餐一份。

2. 企业

截至 2016 年年底，"纯悦生活"专业减脂餐的固定用户有 150 位，预计到 2017 年年底会增至 300 位，并且这些固定用户均为单个散客。在发展的下一阶段，"纯悦生活"应该面向金融、互联网、医疗等高收入行业中的中大型企业，作为企业员工餐的供应商，开辟"健康员工餐"这一新的板块。"纯悦生活"想要达到这一目标的途径有以下两条：

（1）入驻企业订餐平台。目前业内较为领先的企业订餐平台有美餐、百度外卖、大众点评和吃饭儿网等（见图 2-47 和图 2-48）。

以美餐为例（见图 2-49），目前经过 C 轮融资拿到 1.2 亿元，资金充足且用户界面良好、简洁，有较强的执行力，马上要扩充到多个城市。"纯悦生活"和"美餐"同为 O2O 电商平台，相信两个平台的合作将会组成一个高效的运营模式。有意向入驻美餐的餐厅只需在美餐官网在线提交企业信息，美餐的客户经理将在一个工作日内与餐厅联系。

图 2-47 "纯悦生活"的百度外卖页面

图 2-48 "纯悦生活"的大众点评页面

（2）与健身房谋求合作，特别是位于城市 CBD 定位较高的中大型健身房。因为这样的健身房的客户群体与"纯悦生活"的目标群体重合面很大，有利于"纯悦生活"产品的销售。销售可能合作的方式有以下两种：一是入驻健身房开设展示区和售餐吧台；二是合作销售，共享利润。这种合作模式为：健身教练向学员推荐"纯悦生活"专业健身减脂餐，如果学员有意愿长期订购（周餐、月餐、季餐，不包括在健身房餐吧零售）可在健身房登记；下单后，根据学员订单的金额，"纯悦生活"与健身房及健身教练进行利润分成。

图 2-49 美餐网的注册咨询网页截图

3. 走进社区

以肯德基为例，2009 年以来，肯德基与多方合作，面向写字楼、社区以及校园推出"三早"系列公益活动，即"早读、早餐、早锻炼"（见图 2-50），在白领和学生中引起了广泛关注和好评。肯德基将"三早"理念持续向社区推广，旨在让更多的社区居民通过健康生活方式的培养，真正爱上晨间时光，享受一天美好的开始。活动内容包括派发 KFC 免费午餐，组织系列亲子活动、故事会活动等。肯德基在举办公益活动的同时，在消费者心中树立起积极、健康、亲切的品牌形象，这无疑是一个成功的品牌营销推广案例。

"纯悦生活"作为主营健康餐饮类及健身服务产品的 O2O 电商平台，可以借鉴以上肯德基案例，结合自身品牌特点和资源，在高档小区以及城市 CBD 开展系列"健身+试吃"活动，在推广健康生活的理念同时，使"纯悦生活"专业、健康、积极的品牌形象深入人心（见图 2-51）。

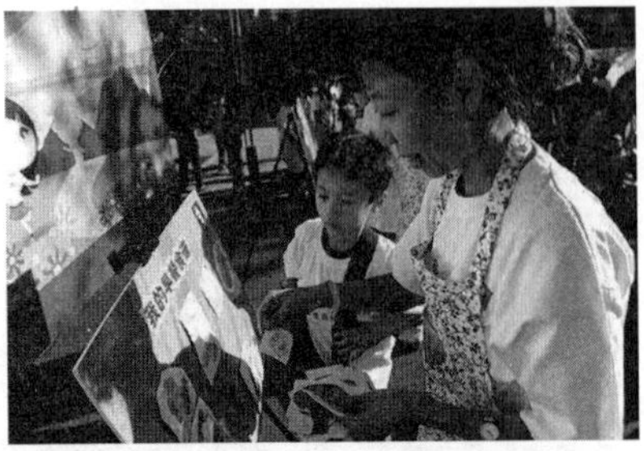

图 2-50　肯德基“三早”活动现场

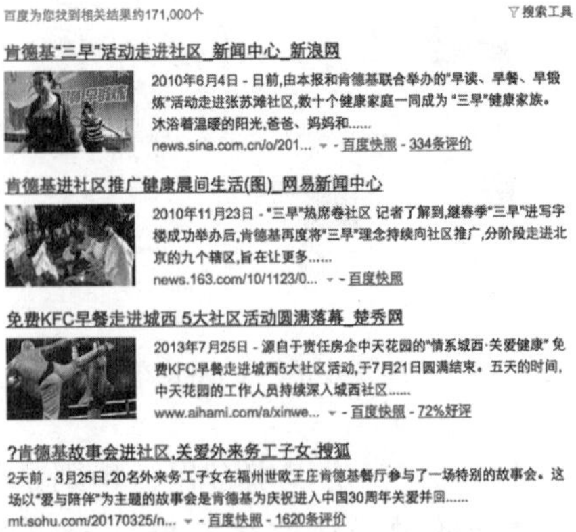

百度为您找到相关结果约171,000个　　搜索工具

肯德基"三早"活动走进社区_新闻中心_新浪网

2010年6月4日 - 日前,由本报和肯德基联合举办的"早读、早餐、早锻炼"活动走进张苏滩社区,数十个健康家庭一同成为 "三早"健康家族。沐浴着温暖的阳光,爸爸、妈妈和......

news.sina.com.cn/o/201... - 百度快照 - 334条评价

肯德基进社区推广健康晨间生活(图)_网易新闻中心

2010年11月23日 - "三早"热席卷社区 记者了解到,继春季"三早"进写字楼成功举办后,肯德基再度将"三早"理念持续向社区推广,分阶段走进北京的九个辖区,旨在让更多......

news.163.com/10/1123/0... - 百度快照

免费KFC早餐走进城西 5大社区活动圆满落幕_楚秀网

2013年7月25日 - 源自于责任房企中天花园的"情系城西·关爱健康" 免费KFC早餐走进城西5大社区活动,于7月21日圆满结束。五天的时间,中天花园的工作人员持续深入城西社区......

www.aihami.com/a/xinwe... - 百度快照 - 72%好评

?肯德基故事会进社区,关爱外来务工子女-搜狐

2天前 - 3月25日,20名外来务工子女在福州世欧王庄肯德基餐厅参与了一场特别的故事会。这场以"爱与陪伴"为主题的故事会是肯德基为庆祝进入中国30周年关爱并回......

mt.sohu.com/20170325/n... - 百度快照 - 1620条评价

图 2-51　肯德基“三早”活动百度截图

“纯悦生活”走进社区系列活动（见图 2-52）的主要内容包括如下：

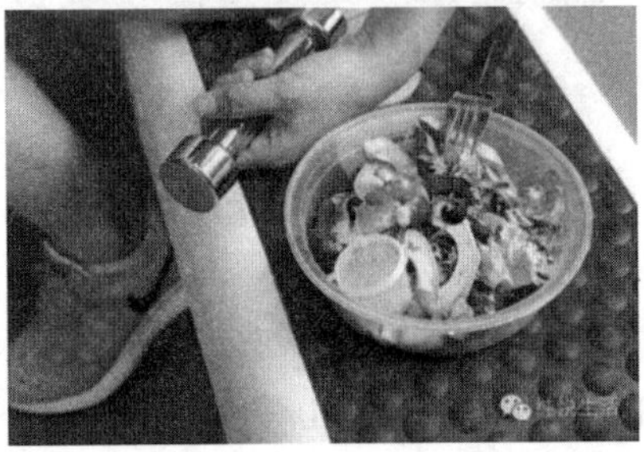

图 2-52　“纯悦生活”走进社区宣传图片

（1）“纯悦生活”将与高档社区以及健身房进行合作，邀请或聘请资深的健身教练，于周末或法定节假日在社区内带领小区住户开展晨练活动（跳绳、慢跑、拉伸等）。之后教练在社区的可用场地上开设一些简单易学的健身课程（健身操、减肥操），也可以使用一些简单的器械道具。同时，健身教练为大家讲解正确的锻炼方式，纠正不良的生活习惯。

（2）在小区住户参加体育锻炼的时候，“纯悦生活”通过展板、口号、标语等方式向大家宣传健康饮食的重要性。举办一些趣味性的比赛，如速度比赛（用食物模型搭配出正确的纯悦菜品，用时最短者获胜）、记忆比赛（正确复述出给定菜品的热量、蛋白、脂肪和碳水等）、耐力比赛（仰卧起坐、俯卧撑、青蛙跳等）。比赛的优胜者根据等级，将获得“纯悦生活”的一日、三日、一周体验餐。

（3）还可以在活动场地边开设减脂餐移动售卖点，并且制作试吃版减脂餐，免费派发给参与活动的住户。

4. 公益项目

（1）“纯悦环保餐盒计划”。

1）计划背景。伴随人们生活节奏的加快，社会生活正向便利化、卫生化发展。为了顺应这种需求，一次性塑料饭盒、塑料袋、筷子、水杯等开始频繁地进

入人们的日常生活。这些使用方便、价格低廉的包装材料的出现一方面给人们的生活带来了诸多便利（见图2-53），但另一方面这些包装材料在使用后往往被随手丢弃，造成"白色污染"，这就像一颗定时炸弹一样，威胁着我们赖以生存的环境。

2）计划内容。"纯悦生活"也注意到了这一点，作为年轻、有正能量的创业品牌，一直关注着环保的问题，为社会贡献自己的一份小力量。因此，"纯悦生活"改善外卖餐盒，将普通的塑料餐盒改为可降解塑料盒（见图2-54）。"纯悦生活"可降解餐盒是生物全降解餐盒，这是目前比较先进的环保产品。它以淀粉为主要原料，加入一年生长期植物纤维粉和特殊的添加剂，经过化学和物理方法制成的全降解餐盒。由于淀粉是一种可生物降解天然高分子，在微生物的作用下分解为葡萄糖，最后分解为水和二氧化碳。此外，与其共混的材料也是全降解材料，因此可以说它对环境没有任何影

图2-53 塑料袋

响。而且，相比普通的塑料盒，可降解餐盒更加健康，不会对身体造成危害。"纯悦生活"的部分产品在使用之前是需要加热的，普通的塑料餐盒会有微量的有害物质产生，如聚氯乙烯等。虽然不足以对身体有什么大的危害，但还是需要防患于未然。生物全降解餐盒就不会有这种问题出现。因此，这对"纯悦生活"的消费者是一个很好的选择。"纯悦生活"将尽力在保证餐盒环保的情况下，再保证餐盒的美观性，不会降低餐盒质量，给消费者以视觉与健康的双重享受。

图2-54 可降解餐盒

3）操作流程。消费者选择可降解餐盒将加付餐盒费3元；每位消费者加付的餐盒费中2元为成本，另外一元我们将用于"纯悦午餐"营养餐捐款计划。

（2）"纯悦午餐"营养餐捐款计划。

1）项目背景。从2011年秋季学期起，国家正式启动农村义务教育学生营养改善计划（见图2-55），孩子们吃上了免费的营养午餐。但对于那些中西部偏远地区学前班和幼儿园的学龄前孩子们来说，能够吃上一顿有肉、有菜的午餐却并不容易。

图 2-55　纯悦午餐营养捐款计划

☞ 专栏：

营养扶贫迫在眉睫

　　据统计，我国仍有近千万的儿童青少年存在营养不良，而贫困地区的农村学龄前儿童的营养缺乏问题更为突出（见图 2-56），生长迟缓、贫血等营养不良现象非常普遍。所以对贫困地区的 3~5 岁儿童开展营养干预、阻断营养不良造成的代际贫困已经迫在眉睫。根据中国营养学会发布的《中国居民营养与慢性病状况报告（2015）》，我国 6~17 岁农村儿童青少年的生长迟缓率是城市儿童的 3 倍；6 岁以下农村儿童的生长迟缓率和低体重率是城市儿童的 2~3 倍，而贫困农村儿童的生长迟缓率和低体重率又是一般农村儿童的 1.5 倍。营养不良问题不仅导致国家每年近 4% 的 GDP 损失，并且在人口中产生着代际传递，造成贫困导致营养不良再导致贫困的恶性循环。

　　　　　　　　——以上资料来源于新浪育儿：2016 年 6 月 11 日 00:40 中央电视台

图 2-56　中央电视台采访

目前，为了改善我国贫困地区农村儿童的营养状况，国内多个公益项目已逐步启动。2015 年，安利公益基金会携手中国发展研究基金会等机构，联合发起的"为 5 加油"——学前儿童营养改善计划。中国扶贫基金会携手肯德基、必胜客所属百胜餐饮集团、联合国世界粮食计划署共同发起的"捐一元·献爱心·送营养"全国劝募活动。这些公益项目在社会上引起了很大的反响，募捐效果也很成功。贫困地区农村儿童的营养问题时刻牵动着"纯悦生活"团队的心。"纯悦生活"致力于向大众推广健康的生活方式，坚持合理、平衡的膳食要求。在这样的理念支撑下，"纯悦生活"决定启动纯悦公益计划——"纯悦午餐"为贫困儿童的营养午餐捐款计划。

2）"纯悦午餐"营养餐捐款计划项目流程：北京市纯悦网络科技公司启动"纯悦环保餐盒计划"（见图 2-57），向顾客提供环境友好型的可降解餐盒（需额外加 3 元）。每卖出一份由环保餐盒盛装的产品，我们就向中国扶贫基金会的"爱加餐"项目捐出 1 元（项目网址：http：//www. cfpa. org. cn/project/GNProjectDetail. aspx？id＝53）。

图 2-57 "爱加餐"项目照片

5. 反鸡汤漫画包装

（1）社会背景。丧文化的意外走红。不知从何时起，曾经大行其道的心灵鸡汤开始被人们嫌弃"油腻"，特别是年青一代。当高晓松写下"生活不止眼前的苟且"，他们说"还有远方的苟且"。"丧文化"背后的洞察是年轻人宣泄负面情绪的一种形式，传递出的一种"我已经是个废物"自嘲式的信息。它既不是犬儒主义，也不是塑造一个传统意义上没能力、没智商的"废物"，而是表达了如今部分青年人对于现实再如何努力也难以打破固化的阶级的绝望——发展前景太过迷茫，前进的路太过曲折，我们洞悉并受困于自身无能。反观当下，如今的鸡汤已经不是以前的鸡汤了，记忆中的鸡汤是沁人心脾的、醍醐灌顶的。而现在的鸡汤可以说被成功学糟蹋了，被一些人别有用心地利用。有人这样比喻："成功人士吃着鸡肉，用吃剩的鸡骨头熬鸡汤。"鸡汤文翻来覆去就是那一两句无人不知的大道理、大智慧、大梦想，并没有切实可操作的指南。多少人看到鸡汤信心满满，回到生活中却是非常骨感。于是"反鸡汤"应运而生。但是仔细琢磨，你会发现"反鸡汤"打破了不切实际的白日梦，还原了生活原本狰狞的面孔。看到"丧文化"的盛行，相信各位"长辈们"都想指着年轻人的鼻子说"这届的年轻人不行呐"。其实"丧文化"只是一种情感发泄，不必上升到世界观、人生观、价值观。"反鸡汤"并非反对"美好"，而是反对"虚假的美好"。现在

"90后""00后"已经成为消费主力，想做年轻人喜欢的内容，必须正确理解"丧文化"，只有贴近他们的内心世界，才能做出他们愿意接受的产品。

（2）合作对象。英国插画师John Holcroft，他的漫画大多以现实社会为素材（见图2-58和图2-59），每张图都讽刺又精准地朝着现代人最丑陋的伤口开着枪。他看见了现代人的弊病，采用20世纪50年代的广告设计风格，以讽刺的笔触画出一张张耐人寻味的海报。他用插画的方式来反映当下的社会问题，其作品中夸张的造型表现和幽默讽刺的风格足以引起人们对当代社会问题的深入反思。

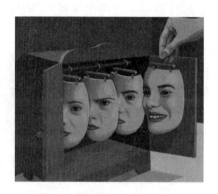

图2-58　John Holcroft作品
《出门记得带好假笑》

图2-59　John Holcroft作品
《语言绑架》

（3）包装方案。由于"纯悦生活"目前没有线下实体店，均为外卖配送形式，所以不仅仅是食物的口味和新鲜度会给顾客留下深刻印象，食物包装设计得有特色也会吸引顾客的眼球。因此，"纯悦生活"将在健身减脂餐的包装盒上印上John Holcroft的漫画（见图2-60），他的漫画大多色彩艳丽，能够一下子就抓住顾客的眼球，同时引发共鸣与思考。

图2-60　反鸡汤包装设想图

（4）互动推广方案。"纯悦生活"每天的所有包装盒上都会印上相同的漫画，但不同日期生产的产品所印漫画会有所不同，漫画不会直接告诉顾客漫画的寓意，每个人对于同一篇漫画的理解都不尽相同。因此，购买当天减脂餐的顾客，可以将自己对于当天漫画的理解评论在"纯悦生活"官方微博当天的话题微博#纯悦生活毒鸡汤#下面并转发该微博，获得点赞数目最多的评论用户将会在次日收到"纯悦生活"减脂餐体验装一份。

（5）预期效果。首先，反鸡汤漫画的包装设计会引起大多数顾客的共鸣，不同于许多大牌励志的正能量营销，这股丧气的负能量，将会成为年轻人宣泄情绪的出口。其次，互动式的推广方案以微博为媒介，能够吸引到众多消费者参与互动，增加话题的热度。而且，在微博的传播过程中，本次推广方案一直与话题#纯悦生活毒鸡汤#联系在一起，这个话题是个一语双关的话题。在众多不知情的微博用户看来，这貌似是一件有关食品安全的揭发案例。实际上，这里的"毒鸡汤"并不是真正意义上的毒鸡汤，而是指当下流行的丧文化。当消费者了解到这个话题的真正含义时，极有可能转发或对这个话题作出评论，引发二次传播，达到更好的传播效果。

二、活动策划

1. 体育活动

举办体育健身活动，聘请专业的健身老师对活动参与者进行运动及饮食指导，并针对参与者的实际情况设计私人专属减脂优惠套餐，让消费者更好地体会"纯悦生活"产品的纯然与健康。并在官方微信、微博、官网上对健身活动与套餐优惠进行宣传，让消费者了解到品牌的产品，使更多喜爱健身的消费者参与进来，扩大"纯悦生活"的影响力、提高"纯悦生活"的知名度。对于一份好的产品而言，消费者的接触与认同几乎相当于下一次购买。

（1）举办 Keep 塑身营（针对女性消费者）。塑身营活动将根据不同地区制订不同的计划（见图 2-61）。虽然目前只有在上海和北京两个城市有这项活动的计划（见表 2-6 和表 2-7），但活动地区将不断扩大。

图 2-61　Kepp 塑身营

表 2-6　北京地区活动

活动	(1) 12 节线下减脂过程+21 天线上身体局部训练+专业减脂餐周套餐 (2) 购买月套餐+300 元即可获赠 12 节线下减脂课程
开营时间	每月月初之前报名，12 次课/月
线下课程时间	每周 3 次课程，18：00~20：00
课程特色	减脂与塑身相结合，辅以最流行的 ZUMBA（健身舞）、瘦身搏击、瑜伽、普拉提等

表2-7　上海地区活动

活动	（1）10节线下减脂课程+21天线上局部训练课程+专业减脂餐套餐 （2）购买月套餐+300元即可获赠15节线下减脂课程
开营时间	每月月初之前报名，12次课/月
线下课程时间	每周3次课程，18：00~20：00
课程特色	减脂与塑身相结合，辅以最流行的ZUMBA（健身舞）、瘦身搏击、瑜伽、普拉提等

（2）成立增肌训练营（针对男性消费者）。为吸引男性群体，开拓市场，"纯悦生活"将成立增肌训练营，为男性消费者打造专属他们的塑形、增肌计划（见图2-62），并为他们提供专业、营养、健康的产品。

增肌具体内容有力量训练、自由负重训练（注意安全性、高效性与多样性）、组合训练、腿部肌肉训练、全身训练、体能恢复。

"纯悦生活"会请专业的营养老师为消费者制定营养餐配合训练，保证学员的营养。也将设计学员可以在平时作为正餐替代的增肌餐，除了训练时属于学员的专属产品。平常的增肌餐也将给予学员七折的优惠。

特色课程有泰拳体验课，即享受博弈的魅力；塑形健身课，即体会身体沸腾的感觉。

互动参与时间为每月月初之前报名，12次课/月。

参与方式为通过"纯悦生活"官方微信平台与官网网站进行报名提交。

图2-62　增肌训练营器材

（3）开展FIT夏令营。"纯悦生活"欢迎喜爱健康，渴望改变，祈求变成更好更美、更健康、更运动、更活力、更青春的你一起加入"纯悦生活"。在闲暇之余来到"纯悦生活"夏令营（见表2-8），与具有相同健身爱好的朋友们交流健身经验，认识更多的朋友。在夏令营的活动中，"纯悦生活"将根据参与者身体条件进行分组，开展各式各样且具有针对性的健身活动，让参与者真正地在夏令营中有所收获。当然，整个夏令营活动的饮食都是由"纯悦生活"来提供的。减脂餐、唯鲜果汁与运动健身的综合搭配，会给参与者一种前所未有的健康体验。

活动时间为随时开营（7~8月，1次/月）。

活动内容为给学员进行夏令营前培训，做安全讲座与注意事项。并给学员进行分组，大约十人一组。

表2-8　FIT夏令营作息时间

时间	活动安排
8：00~9：00	学员洗漱、早餐
9：00~10：00	由老师带队进行热身运动
10：00~11：00	分组活动，进行自主练习，基本上为自由时间，有问题可寻求老师指导
11：00~11：30	休息时间，学员可交流健身经验
11：30~12：30	午餐
12：30~14：00	午休
14：00~15：30	健身与饮食的理论课程
15：30~16：00	加餐（以排毒果汁、唯鲜果汁、沙拉为主）
16：00~18：00	进行关于健身的游戏（由各队老师设计游戏，具体时间自行安排）
18：00~19：00	晚餐
19：00~20：00	举办派对，根据学员兴趣，进行娱乐活动（例如KTV、桌游等）
20：00~23：00	自由时间，不强制规定睡觉时间，但为了学员能够有充足的精力保证第二天的训练，建议晚上11点之前睡觉

住宿标准为两人一间，提供WiFi。环境优美，舒适，卫生。

关于活动地点，每次活动会选取不一样的地点，具体地点另行通知。

此外，还有其他活动要求，即学员在夏令营活动期间不得擅自离队，出现任何问题，要与团队负责人进行沟通，如若擅自离队，出现任何问题，后果自负。

参与方式为通过"纯悦生活"官方微信平台与官网网站进行报名提交，并重点标注好可参与夏令营活动的时间段与联系方式。

2. 娱乐活动策划

目前，网络综艺类节目的火爆给企业的赞助提供了非常好的平台（见图2-63）。"纯悦生活"将会以节目赞助、电影与电视剧植入等形式进行本部分的策划。考虑目前的资金问题，"纯悦生活"会将赞助重点放在网络剧与网络综艺节目上。

"纯悦生活"希望对健身、塑形、运动等

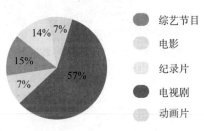

图2-63　2016年电视平台
节目类型播出比重

综艺节目
电影
纪录片
电视剧
动画片

这一类综艺娱乐节目进行赞助。例如，网络综艺《拜拜啦肉肉》《燃烧吧卡路里》等真人秀节目。只有找准目标消费人群，才能更加准确地对品牌的优质产品进行宣传。对于娱乐活动的赞助，是打响"纯悦生活"品牌知名度不可缺少的环节。

3. 推出时令产品与相关产品

"纯悦生活"是一个青春、年轻、具有正能量、与时俱进的健康饮食品牌，以后会与其他品牌联手推出时令产品，打造"纯悦生活"的专属产品。

（1）推出中秋节低脂蛋白月饼（见图2-64）——一款美味、低脂、高颜值的月饼。

图2-64　"纯悦生活"中秋节低脂月饼

（2）相关产品。与其他品牌合作推出与"纯悦生活"相关的、大众可接受程度较高的产品，如酸奶、燕麦、牛奶等健康食品（见图2-65）。

（3）推出情人节套餐——为心仪的他/她定制一套健身餐。如图2-66所示，"好的爱情，是彼此成就""能与你心爱的Ta，健康吃、坚持练，一起塑造出性感的身材，和爱情中最美好的模样"。

图2-65　"纯悦生活"推荐的燕麦

图2-66　情人节活动

三、广告

1. 目标群体定位

"纯悦生活"的目标人群定位在高收入阶层和白领阶层（主要是金融、互联网、医疗行业），有健身习惯，且认同"精英、专业"理念的年轻人群。他们已经基本脱离了拼命奋斗而不顾健康的底层职位，开始把生活和工作的重心逐渐调整平衡。他们对于自己的身体健康越来越重视，对于健康身体和健康生活方式的追求，变成了他们生活中必不可少的元素。他们的收入可以负担得起"纯悦生活"每餐约 30 元的预算，他们的挑剔也是证明"纯悦生活"专业性的好帮手，同时，他们的交际圈里也不乏健身爱好的朋友，这些朋友大部分可以成为潜在客户。并且，通过精英阶层人群掀起的"减脂餐热"，可以对收入较低的职场新人和在校学生起到吸引作用，以方便日后"纯悦生活"对于大众化的健康减脂餐市场的探索。

2. 媒介策略

（1）公司在网络社交平台的正常运营。通过加大在微博平台利用名人及网络红人等进行推广的力度（见图 2-67），从而提升品牌知名度与关注度（网红效应：选择部分美妆健身博主、网红、网络作家等通过微信公众平台软文推广、微博转发等，宣传"精英"概念）。利用在微信公众号平台与"纯悦生活"官网上与关注者进行有奖互动，并定期发送新产品预告、活动预告、健身小知识等手段来扩大品牌知名度。与影响力较大的微信公众号合作（与美食、健身等有关的，见图 2-68），通过他们来推广品牌，对产品进行大面积的推广，以此扩大"纯悦生活"的知名度。与其他时下潮流社交媒体进行合作。

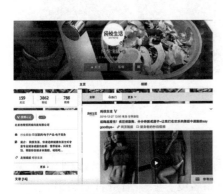
图 2-67 "纯悦生活"微博首页截图

图 2-68 "纯悦生活"与 Instagram 合作

（2）形象代言人。邀请形象代言人在他们微博上为"纯悦生活"产品做推广（减脂餐与果汁），并在微博话题参与到"纯悦生活"的最新活动中。凭借他们超高的人气，使更多的人了解到"纯悦生活"的产品。对于好的产品来说，接触基本上就意味着进一步的购买。代言人方面将进行长期推广。

（3）健身房。加大与健身房的合作力度。联系健身机构，与其签订"纯悦生活"推广协议，为健身教练免费培训，让他们了解"纯悦生活"的产品，这样教练可以再推荐给学员。减脂餐的目的就是增强更多人的健身效果。具体实施：对健身机构进行固定配餐，线上线下捆绑销售，健身房提供课程，"纯悦生活"供餐，在打开知名度之后，将大范围为健身房提供产品，以供学员进行使用。

（4）示范式表现策略。通过利用网络红人、明星在直播中面向观众的机会，侧面介绍"纯悦生活"健身减脂餐对于健身及保持日常生活饮食健康等方面所起到的效果。以示范式广告来吸引对于该名人有极大关注的、对于健身减脂已抱有强烈意愿的大众。

（5）实施方案。一是网络红人，与网络红人合作，在给网络红人提供一个周期"纯悦生活"的产品后，与其在直播中进行合作，使其向消费者展示"纯悦生活"产品的优点。二是明星，为代言人设计健身场景，在健身后亲自使用产品，向观众解说"纯悦生活"对其健身效果引起的正面影响。同时，向观众推荐产品。

（6）前期准备。网红方面将由工作人员进行联系，为其准备一个星期的"纯悦生活"的产品。代言人方面，在签约的合同中就会有所体现，这是代言人需要履行的义务。在直播前也将在官方微信、微博上提前预热。

图2-69　袁姗姗、蒋劲夫微博截图

3. 平面广告策划

（1）主题。纯悦生活，拥抱自然新鲜。

（2）前言。通过邀请明星进行平面广告的拍摄（见图2-69），以平面广告的形式对其长期投放。以扩大"纯悦生活"的知名度，吸引消费者来购买。

（3）广告的目的。向北京、上海、杭州三个城市的有健身习惯和健康生活意识的高收入青年白领阶层介绍"纯悦生活"的产品，并吸引他们进行订购。

（4）广告内容。

平面广告：考虑预算问题，需要通过与有一定人气的新秀明星合作，拍摄明星食用"纯悦生活"产品的平面广告，并将此平面广告投放至CBD商区的写字楼内。可张贴在写字楼电梯间中或饮食区域及休息室内。

地点（背景）：健身房。

镜头：①镜头一，袁姗姗站在健身房穿着健身服，半仰头喝唯鲜果汁；②镜头二，袁姗姗一只手举"纯悦生活"的减脂餐，半歪向镜头，另一只手指向餐盒，带着开朗的微笑，面向镜头；③镜头三，蒋劲夫穿着健身服，在健身房休息区的桌子上，一手拿着餐具，另一只手扶着餐盒，吃"纯悦生活"的增肌餐；④镜头四，袁姗姗和蒋劲夫手举不同口味的唯鲜果汁，摆出不同的姿势。

成片数量：九张。

（5）舆论吸引。由于纯悦生活的忠实顾客中，女性顾客占了七成左右，所以可以通过邀请形象阳光帅气、身材健美的男性，集体走上街头，穿着统一的带有"纯悦生活"标志且吸引目光的服装进行送餐。

执行时间：2017年6月开始长期投放。

（6）范围。暂定为北京、上海、杭州三个城市。

（7）人员配置。市场部门负责对投放广告的区域、平台进行选择；广告部门与公关部门负责联系明星、网络红人与男性模特，并负责联系写字楼广告招商位；财务部门负责对广告预算进行制定，对预期受益进行评估。

（8）前期准备。搜集新秀明星资料并仔细筛选符合"纯悦生活"产品定位的明星。在网络互动平台上发布对于直播时间的预告和线下活动的相关报道。提前租赁关于拍摄的道具，制作好相关传单、海报、易拉宝。

（9）效果评估。在短时间内，首先吸引受邀明星及网络红人的粉丝群体中有购买能力的人，在后期，借助新秀蹿红的趋势扩大消费者群体。借助网络新闻媒体扩大知名度。在一年内，争取在北京、上海、杭州市区内达到40%以上的知名度。

（10）物料清单。小尺寸宣传单，标准版式海报，易拉宝，广告牌等。

四、"纯悦生活"在身边——实体店

1. 项目概述

"纯悦生活"目前以O2O电商平台的形式为用户提供健身类产品和服务，利用互联网完成从订单系统、供应至物流的一系列环节，没有实体店。但我们认为，真正的O2O应立足于实体店本身，线上、线下并重，形成一个有机融合的整体，信息互通资源共享、线上线下立体互动。在"互联网+"时代，高效利用互联网对企业固然重要，但实体店的影响力也不可小觑。目前我们企业的规模尚小，没有充足的资源迅速开很多线下实体店，但是这又是企业发展的必经之路。保守起见，本组建议纯悦公司可以先集中资源，采用试点的方式，在最理想的条件下走出尝试的第一步。

2. 店铺选址

"纯悦生活"的目标市场是高收入阶层，并且有健身习惯的中青年层，所以我们推荐的实体店选址为城市 CBD 写字楼内的商铺或门市（见图 2-70）。这样的选址优势在于贴近我们的目标客户群，有利于销售，同时也起到了针对性宣传的效果；劣势在于房租较贵，成本剧增。为了解决房租较贵的问题，同时结合"纯悦生活"产品的特点，我们认为只需租小面积商铺，设少量座位，主要提供外带服务。这样实体店主要由收银台、自助沙拉吧、透明厨房三部分组成。

图 2-70　部分北京银河 SOHO 商铺出租价格情况

3. 销售方式

（1）网上预订，集中取餐。在"纯悦生活"官网或微信平台等线上渠道订餐的顾客，可以根据自己的情况，选择在离工作单位较近的实体店自助取餐（一次性取回当天全部 4 餐）。目前，"纯悦生活"提供的可选配送时间是 8：00～10：30，如果在时间上有所不便的顾客，可以要求我们将餐在 8：30 前送至实体店冷藏保存，然后顾客可以根据凭证选择任意时间前来取餐。

（2）散客零售，现做现卖。当然，实体店的功能不仅仅局限于为网上订餐的顾客提供一个方便取餐的场所，同时我们也向消费者提供单份菜品（区别于整日 4 餐）的售卖。设立透明厨房，一方面是为散客制餐；另一方面也起到很好的宣传效果，强化了纯悦生活"专业、健康、积极"的品牌形象。实体店线下的销售为"纯悦生活"提供了新的可能（见图 2-71）。

图 2-71　实体店近似效果图

4. 配餐形式——个性化配餐

（1）背景。"个性化定制"指用户介入产品的生产过程，获得个人属性强烈的商品或与其个人需求匹配的产品或服务。美国最新预测的"改变未来的十大科技"中，"个性定制"被排在首位，这个判断是来自于市场的变化趋势，产生的原因是消费者分化和消费者收入水平和价值判断出现差别。

（2）现状。目前"纯悦生活"专业健身减脂餐只为用户提供 ABC 三种餐单，每种餐单包括周一至周五每天四餐，不提供菜品替换或餐单定制。所有菜品由中央厨房统一制作完成后，统一配送到顾客手上。

（3）实体店的自助选餐。实体店拥有自己的厨房，具备制作菜品的功能。因此，不需要像中央厨房一样为保证效率而统一配餐，有能力满足顾客的个性化需求（见图 2-72）。

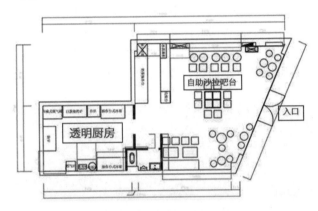

图 2-72 "纯悦生活"实体店平面设计图（例）

1）主菜和小吃。顾客如果要点主菜（香煎鲷鱼、黑椒牛排等）和小吃（蜂蜜烤吐司、盐焗大杏仁等），在收银台点餐。"纯悦生活"向顾客提供可选的食材份量（50 克、80 克、100 克等规格）与调味料用量（少盐/少糖等选项）。

2）沙拉。"纯悦生活"在店内开设自助沙拉吧（见图 2-73）。顾客可自行选择蔬菜、水果以及谷物的种类、数量。顾客挑选完后在收银台通过食材的重量结算。"纯悦生活"还向顾客提供几款低热量美味沙拉酱可供选择。

图 2-73 自主沙拉吧吧台

3）明星餐单。配合广告的宣传，还将在实体店内推出袁姗姗、蒋劲夫两个版本的明星餐单。这两个餐单是"纯悦生活"的主打餐单，内含店内的优秀菜品和经典搭配，通过明星餐单的方式进行宣传和推广。

5. 附赠工具

（1）发热包。"纯悦生活"专业健身减脂餐的产品形式是冷餐，需要进行二

图2-74 发热包与小熊电热饭盒

次加工。餐单上都有注明所需微波炉中火加热时间。但是考虑上班族的用餐效率，在配餐的过程中将按顾客需求附带发热包。发热包（见图2-74）成本低廉，且发热过程中无任何污染。在恰当使用的情况下，安全隐患很小。

（2）小熊电热饭盒。针对长期顾客的优惠活动：订购月餐、季餐的顾客可获赠小熊电热饭盒一只（见图2-75）。小熊电热饭盒因其便利、安全、实用，深受广大上班族的喜爱。"纯悦生活"与小熊瑞翌专卖店合作，一方面是对长期固定顾客的回馈；另一方面也是方便这些顾客对健身餐加热，不用找微波炉加热，提高时间利用效率。

1.用量杯往机体内加入适量的水　　2.把要加热的饭菜放入原包装配套的饭盒和菜盘内再一起放入机体内　　3.然后盖好外壳上盖

4.接通电源　　5.按下开关按钮　　6.此时工作指示灯亮，表示蒸煮饭盒已经开始工作

图2-75 小熊电热饭盒使用步骤

第七节　品牌资产保护

一、商标注册

树立一个牢固的品牌，商标保护至关重要。为了保护"纯悦生活"的商标

权益，取得了商标的专用权（见表2-9），并着重注意商标的类别组合注册，通过科学的组合注册，编织一张严密的保护网。当商标专用权受到侵害时，我们将采用行政方式或刑事诉讼方式依法维权。从而确保他人难以"搭便车"，通过"纯悦生活"品牌获取利益。

表2-9 商标注册信息

商标	商标名	状态	申请时间	注册号	类别
纯悦生活 purejoy	纯悦生活 PUREJOY	商标注册申请 注册公告排版完成	2014-10-27	15583525	35——广告销售

二、制止混淆

制止混淆也是保护品牌的重要方面。在社会中，假冒与类似地使用商标的现象层出不穷。因此，只要是可能对"纯悦生活"商标的误认从而误导消费者的商标，我们将拿起法律的武器进行防御。

三、防止反向假冒

品牌保护还有一项值得注意的商标侵权形式就是反向假冒。即未经商标注册人同意，更换其注册商标并将该更换商标的商品又投入市场的，属于侵犯注册商标专用权的行为。为推动"纯悦生活"品牌建设，我们会努力杜绝有商业不良企图的人获得非正当利益。

第八节 风险管理

一、明确品牌定位与市场

"纯悦生活"的主打产品为专业减脂餐，目标市场为高收入层和白领阶层。企业应该在产品研发和品牌推广的过程中找准自己的定位，明确自己在市场竞争中的优劣势，对企业的经营情况做客观的分析。目前，"纯悦生活"减脂餐仅在北京、上海、杭州地区开放订购。随着企业规模的扩大，"纯悦生活"必将在全国更多的地区开放订购。在扩大规模的过程中，企业务必提前对目标城市进行全面的市场调查，了解该城市的高收入层中有长期健身习惯的人群比例，以及用户性别、配送区域、消费习惯等。

二、加强团队建设

"纯悦生活"公司目前 15 人，是一支业内顶尖的技术和运营团队。随着公司规模扩大，团队人数也势必增加。此时，公司总部和各分部的团队如何有效交流在很大程度上决定了企业未来发展的可能性。企业应建立高效灵活的沟通渠道，加强团队内部的协调性。

三、避免财务危机

"纯悦生活"目前是一家处于成长期的企业，此时企业是采取利润导向还是市场份额导向，是企业战略决策的一个重要问题。如果企业今后发展为市场份额导向，那么就要确保企业有足够的流动资金用于初始投资。

四、生产及研发

"纯悦生活"以科学性和专业性作为自己的品牌核心价值。为了确保产品的品质，我们需要加强对厨房的管理，保证整条生产线的连续顺利运行，并在未来对生产线进行标准化升级。我们需要有备用的菜单、食材、劳动力以及设施和场地，来保证每天顺利出货。"纯悦生活"的食物配方由专业健身专家、有八年健身经验的五星级酒店厨师和营养师共同搭配完成，同时会听取网络健身达人意见。企业的研发团队定期对菜品进行创新和开发，给老顾客新鲜感，减少客源流失；同时吸引新的顾客，以应对同类产品的竞争。

五、物流

"纯悦生活"目前采用第三方物流（顺丰）进行产品配送。因为涉及与另外企业的合作，我们需要提前与顺丰关于配送过程中可能发生的问题进行沟通。例如，如果产品未按时配送指定地点，责任和赔偿如何分摊等。

六、客户意见反馈

"纯悦生活"是 O2O 电商平台，从订单系统、供应链至物流的一系列环节均通过技术手段优化，顾客并不需要与企业销售人员直接接触。这一方面提高了运营的效率，但另一方面也可能造成顾客和卖家之间沟通不畅，顾客的意见无法通过有效的途径反馈给团队。针对这个情况，"纯悦生活"提出三个可能的反馈渠道：

在官方公众号"纯悦生活"中增加客服频道（见图2-76），定时收集顾客的意见并予以反馈。

图2-76 "纯悦生活"宣传图

创建微信群或QQ群，用户可以选择扫码入群。一方面，客服人员可以及时收到用户的意见，并予以反馈；另一方面，这也有助于建立会员社区模式，增加用户与用户、用户与品牌之间的情感黏性。

在"纯悦生活"搭载的第三方平台（大众点评）上，需要有客服人员定期检查网友点评，对中评、差评进行及时回复。

第九节 财务预算及预期收益

一、财务现状

创业初期，研发、品牌推广费用成本较多，客户较少。经过1~2年的亏损，公司营业净利润逐渐上升，年度研发费用占营业额的比例逐渐下降，此结果预示市场对公司产品有良好反应，本公司未来将会致力于营销宣传和线下塑身营等活动（见图2-77），提升公司知名度，以增加产品销售量，如表2-10所示。

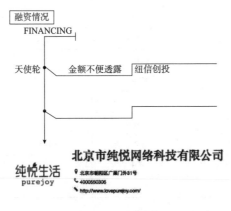

图2-77 "纯悦生活"宣传图

表 2-10 "纯悦生活"经营状况说明

"纯悦生活"产品	投入成本主要是食材、营养师、厨师的雇用，存在一定收入
线下塑身营	活动与商业并行，略有盈余
品牌推广活动	投入成本主要是活动赞助部分

二、财务预算

如表 2-11 所示，本组为"纯悦生活"所策划的品牌宣传推广活动的财务预算。

表 2-11 品牌推广活动预算　　　单位：元/年

推广活动	项目	单价	数量	总金额
走进社区系列活动	展板	100	50	5000
	试吃版减脂餐	20	5000	100000
	聘请健身教练	8000	12	96000
娱乐活动	节目赞助	100000	3	300000
营员参加马拉松	报名费	100	10	1000
	服装费用	20	10	200
	移动餐车	1000	5	5000
广告	网红推广	1000	10	10000
	明星代言	100000	2	200000
	海报	100	100	10000
	传单	35	3000	105000
	易拉宝	40	5	200
体育活动	Keep 塑身营	19200	8	153600
	增肌训练营	13600	8	108800
	FIT 健身夏令营	12000	2	24000
"纯悦生活"实体店	店铺租金	18900	12	226800
	装修、食材费用	—	—	180000
	员工工资	48000	5	240000
	自热包	2	5475	10950
	小熊电热饭盒	69	50	3450
总计	—	—	—	1780000

三、预期收益

1. 打开品牌知名度，增强品牌影响力

"纯悦生活"通过两年的不断实践和总结，在与线下实体健身房、其他互联网 O2O 平台的合作过程中，逐渐建立起自己的经营模式，同时也宣传健康生活的理念。可以说，"纯悦生活"的品牌框架、产品实力和运营模式都非常不错，但仍存在品牌知名度不够的困境。本组相信通过网络的广告宣传和社会群体的传播能提高"纯悦生活"产品的话题性及识别度，使其知名度提高。根据最新网络数据显示，"纯悦生活"新浪微博粉丝数已达到 3863 人。截至 2016 年年底，固定核心用户群体已达到 150 人。因此本组希望"纯悦生活"新浪微博粉丝数在一年内达到 6000 人，固定核心用户群体人数能上升 80%，让更多的群体接触、了解、体验"纯悦生活"的产品，接受健康生活的理念。

2. 实现盈利，稳步发展

如表 2-12 所示，作为一个主营健身食品的企业，"纯悦生活"始终在传递"健康生活、健康饮食、合理锻炼"的理念给消费者并希望消费者能够轻松享有健康身体和轻松心态。但目前而言，"纯悦生活"仍处于前期上升的阶段，支出与收入大体持平，希望通过本次的推广与策划，"纯悦生活"品牌可以打开自己的知名度，获得目标群体的支持与认可，寻求到更多志同道合的投资者，从而使获得资金的渠道更加灵活且具有保障，使组织能够得到更多盈利，稳步发展，不忘初心，实现自己的终极目标。

表 2-12　2017~2019 年"纯悦生活"预期收益　　　单位：万元

年度\指标	营业额	净利率	净利润	推广活动
2017	638	12%	76	Keep 塑身营、Fit 夏令营、增肌训练营、走进社区、网红直播、平面广告
2018	957	14%	134	Keep 塑身营、Fit 夏令营、增肌训练营、纯悦公益计划
2019	1596	18%	287	Keep 塑身营、Fit 夏令营、增肌训练营、公益计划、节目赞助、广告植入、实体店

注：①根据目前"纯悦生活"的销售量，预计"纯悦生活"减脂餐在 2017 年年底的日营业额在 200 份左右，在 2018 年年底日营业额达到 300 份，在 2019 年年底日营业额达到 450 份；②根据"纯悦生活"顾客购买产品的喜好，一周装套餐销量最高，所以以"纯悦生活"一周装的日均价来计算具体营业额；③结合"纯悦生活"食材、场地租金、员工工资、推广费用等以及餐饮行业的平均净利率，粗略估计第一年"纯悦生活"净利率达到 12%，第二年达到 14%，第三年达到 18%。

专家评语

目前，在我国经济社会持续稳定发展，互联网经济高歌猛进，国民对健康生活的需求日益增加的大环境下，"纯悦生活"作为向消费者提供健康饮食的O2O电商平台，拥有先进的运营理念，站在时代发展的前沿，拥有很好的发展前景。虽然现在它规模尚小，但它是潜力股，只要在未来致力于营销宣传和活动策划，"纯悦生活"会成为健康饮食行业的领先者。

一、"纯悦生活"的创新性和优点

"纯悦生活"的创新性和优点主要体现在以下四个方面：

第一，项目构思创新性强、可行性高。随着经济的发展和人们消费水平的提高，越来越多的消费者对于个性化、体验性的产品和服务有着强烈的需求，此类产品和服务有着巨大的潜在市场空间。"纯悦生活"敏锐地把握了这一趋势，选择健康减肥套餐这样一种体验式产品，迎合具有较高收入水平的消费者个性化、定制化的消费需求，让顾客在营养专家指导的基础上参与配餐，将顾客自己的体验需要与营养专家的专业建议融入产品之中，从而实现彰显顾客个性、获取更丰富个人体验的目标。项目所把握的需求点新颖、独特，服务支撑要素切实可行，衍生产品丰富且有吸引力，市场前景诱人。

第二，市场分析较为全面、扎实。"纯悦生活"在对国内外营养减肥餐饮产业的历史、发展及现状进行梳理、概括的基础上，采用访谈法和问卷法获取了第一手的数据，进行了细分市场特征分析，概括并归纳出几类消费者购买动机，这反映了"纯悦生活"方案团队设计人员有着丰富的行业相关知识和浓厚的行业兴趣，同时也为产品和服务的设计与营销方案的策划提供了强有力的知识及数据支持。

第三，维护长期固定客源。"纯悦生活"专业健身减脂餐，是一份真正满足健身爱好者减脂需求的专业餐单。对于有减脂、减重需求的人，合理膳食对于获得良好体态的重要性不言而喻。但是，为了达到减脂塑形的目标，规律健身和合理膳食的习惯必须长期坚持。在这样的情况下，"纯悦生活"应该将大部分资源用于维护长期的固定客源上，继续发展会员社区模式，坚持"线上销售+线下活动"的营销模式，发展以"纯悦生活"为中心的健康生活圈，使"合理膳食，健康生活"的理念深入人心，增加品牌与消费者在情感上的黏性。

第四，坚持精准的定位。"纯悦生活"的产品定价较高，目标群体仅仅是小众的职业精英群体，这样的定位必然在短期内造成大量潜在客源的流失。但是，目前"纯悦生活"只是一家处于成长期的企业，规模尚小，所以其现阶段目标是先抓住一部分核心顾客，然后在企业发展的下一阶段再考虑推出具有价格差别的产品系列。在品牌推广和传播的过程中，应该时刻以职场白领作为目标群体，推出针对性的活动策划方案和广告宣传方式。

二、"纯悦生活"方案的不足之处

"纯悦生活"方案的不足之处主要有两个方面：

第一，作为一种定位相对比较高端的个性化体验产品，如何准确地找到和接触目标顾客，如何给目标顾客一个有说服力的购买理由，在相当大程度上决定了创业初期项目的成败。"纯悦生活"方案虽然围绕这些问题进行了分析与说明，但整体来看篇幅和力度还有待加强，一些措施的介绍原理的色彩比较强，跟项目本身的结合度需要提高。例如，项目选择中端人群和高端消费者作为自己的目标市场，但在针对这两类人群的特点采取有针对性的措施方面，方案的内容相对比较薄弱。

第二，作为一个体验性和具有较强象征性的品牌，明确品牌的内涵非常重要。方案虽然对品牌内涵及传播问题做了介绍，但主要是从张扬个性等方面进行分析，总体还是流于一般，并没有很好地回答诸如"这个品牌是什么""这个品牌对顾客意味着什么""这个品牌会让人想起什么""这个品牌与顾客会产生什么样的共鸣"等这样具体的内容。这些问题的答案实际上是品牌的建设和传播的核心。

点评人：王生辉
中央财经大学商学院副教授

第三章
"影网"策划案

本策划项目获得 2016 年（新加坡）国际品牌策划大赛总决赛银质奖，2016
年（新加坡）国际品牌策划大赛中国大陆地区选拔赛一等奖。
方案策划撰写者：沈雯怡、白洪俊、王梦茜、胡婧祺
方案指导教师：王成慧、郭斌、牛越胜

第一节　策划摘要

　　近年来，影视行业发展迅速，影网数据科技有限公司（以下简称"影网"）
处于发展的初期阶段，在国内是率先从事影视制作服务业的公司，没有经验可以
借鉴，但正因如此，更容易打破品牌推广的局限性，在专业的领域寻找到不一样
的创新点，也更容易秉承着专业、便捷、一体化的理念推广公司的品牌及业务。
在公司业务推广方面，"影网"从中国人民大学、上海戏剧学院、中国传媒大学
等设有新闻系、导演系等相关专业的学校入手：一是因为学生人数众多，推广基
数大，且学生学习能力强、易于接受新鲜事物；二是这些专业的学生就是未来的
行业领导者，让他们与行业接轨、具有国际视野便是为中国影视行业未来的发展
打好基础。同时，"影网"会参加电影节和行业内的发布会，从而提升公司的知
名度。有了一定影响力后，公司会邀请业内一些大咖（例如，编剧海宴、贾樟
柯、王蕙玲等，导演崔嵬、丁荫楠、吴天明等），以分享会的形式，给愿意从事
影视行业的人们相互认识、交流、学习的机会。得到这些专业人士的认可，公司
就可以培养那些有影视梦想的年轻人。通过办比赛、开课堂，请那些专业的人士
做评委或老师来指导他们。这样一方面可以提升公司的形象，另一方面可以使那
些有志于从事中国影视行业的年轻人圆梦。通过以上推广，"影网"不仅可以树
立自己的品牌形象，还能够在一定程度上推动影视行业的发展。在财务预算方
面，公司进行了大量的市场调查，分析、对比了业内两家上市公司（光线传媒和

华策影视）的财务数据，并结合自身发展水平，进行了 2016 年的财务规划，保证了推广的可行性和预算的合理性，同时年终净利润会达到 20%~30% 增长额，从而保证公司的运转和发展，为公司下一步企业规模的扩大、品牌推广的加强、业务内容的增长打下坚实的物质基础。通过一系列详尽的行业分析、市场定位、推广策划、财务分析、发展规划以及活动筹备等工作后，"影网"有决心并且有能力成为中国影视服务行业的先驱，使影视行业变得规范化，进而推动中国影视行业产业化发展，迈出中国，走向更广阔的国际大舞台。

同时，我国开始大力发展文化产业。2015 年《国家文化产业政策》中指出：要确定发展的重点文化产业门类，推动国家数字电影制作基地建设、国产动漫振兴工程等一批具有战略性、引导性和带动性的重点文化产业项目，在重点领域取得跨越式发展。其中还特别强调了影视制作业。政策指出：要大力发展影视内容产业、提升影视作品的生产能力，扩大影视制作、发行、播映和后期产品开发，增加数量，提高质量，满足多种媒体、多种终端对影视数字内容的需求。然而，目前国内的影视制作行业存在多种弊端。最为明显的是，在"内容为王"的时代，大多数影视作品趋同现象严重。中国国际电视总公司常务副总裁高建民先生在 2015 年《中国影视制作业发展与展望高级研讨会》上，引用了一组数字来表达现今的影视制作业发展状况："2007 年至 2015 年，我国电视频道数量和播出时间不断增长，拥有电视频道超过 3000 个，年播出时间突破 2300 万个小时，呈现高度增长的态势。但由于全国电视节目年产总量不超过 1500 万个小时，节目制作能力缺乏，专业化特色不明显，内容趋同现象严重。"也就是说，影视市场上能够播放的影视节目还存在着较为严重的供不应求现象。另一大弊端则是影视制作业产业不够规范导致的效率低下。好莱坞早在 5 年前就已经实现了产业规范化。从耗材、道具、设备到剧本创作、统筹安排、财务分析、后期剪辑这些影视制作的必要流程，早已形成了一套电子化的系统。这样的电子化系统不仅大大提升了制作的效率，而且还有效地提高了制作水平。反观国内的影视制作行业，在制作阶段由于缺少全流程、一体化的服务平台，致使剧组不得不将耗材、道具逐一分开购买。在此过程中，很容易出现到货时间不同的问题，最终延误了开机时期。在创作阶段，剧本创作由多位编剧轮流使用电脑文字处理程序修改，使剧本表达含义常常脱离主线，最终不得不重新修改延误工期，统筹安排由工作人员人工操作，一个小小的失误就会影响演员的整体拍摄进度。以上所有问题都是由于产业发展不规范导致的。所以，提升内容质量、规范影视制作产业发展迫在眉睫。

影视制作服务业是影视行业下一个比较冷门的细分行业，主要的目标客户群是影视制作公司、影视制作人员、影视投资公司。"影网"正是看到了存在于影视制作行业中的问题，决定着眼于影视制作业的细分行业——影视制作服务业，为中国电影产业规范化做出微薄的贡献。如图 3-1 所示，"影网"是一家专门从事影视服务制作的公司。影视制作服务业是影视业走向规范化、工业化所必然产生的部分。近年来，国外一些影视行业发展比较好的国家，如美国、德国、法国，都已经有了比较完善的影视制作服务行业，但国内对此却知之甚少。为了推动国内影视行业的发展，使其与国际接轨，"影网"致力于发展成

图 3-1　"影网"官网页面

行业内专业、便捷、一体化的最具影响力的服务公司。公司目前的业务有三部分：一是 APP 出售影视道具、耗材；二是推广公司所代理的国外先进编剧软件；三是承接制作网剧。现阶段公司已经为爱奇艺制作了 TVC 形象广告宣传片——《你和世界只有一个屏幕的距离》；参与了广本缤致 VEZAL 发布会；出席过上海电影节，引进美国编剧软件（Writer Duet）和欧洲统筹软件（Line Producer）。"影网"品牌工作室也希望借此契机能够展现自己的实力，与"影网"一同为中国电影产业规范化发展贡献出自己的微薄之力。

第二节　企业现状分析

一、业务详解

公司主要业务分为三部分，业务与业务之间形成关联，将在下文进行阐述。

1. 道具、耗材服务

"影网"建立了自己的网站（www. cndbpro. com）作为 PC 端主要服务方式，与此同时，搭建"影网"电商 APP，作为移动端主要服务方式。此业务目标用户是制片公司、制片人、制片主任、剧组人员。在网站与 APP 上，"影网"提供了专业、全面的影视拍摄所需耗材，以及影视创作阶段与制作阶段所需的软件，客户只需一键下单，便会有专人在指定时间内送货上门（全流程见图 3-2）。此外，公司在网站与 APP 上，提供影视器材租赁项目，将一些购买成本高（如打雷机等使用频率少，但剧中必不可少的器材）、剧组必不可少（如 SONY 高清 4k

摄像机、大疆航拍机等）的器材进行租赁服务，与售卖耗材、软件一样，客户只需一键下单，同样有专人配送。在剧组拍摄完毕后，"影网"还将以合理的价格回收未使用完或可持续使用的影视耗材（出售耗材范例见图 3-3）。该业务的优势在于，将客户所需的资源进行整合（例如，一剧组需购买30 样道具、耗材，需要去 30 家不同的店，而"影网"的 APP 将提供一站式服务，不

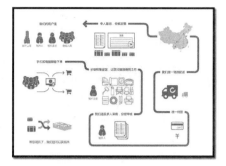

图 3-2 APP 业务流程

仅可以全面地购买到所需的道具，还能在道具出现问题的时候，实现"一站式"售后服务）。此种影视业务，在美国、欧洲等影视工业化国家、地区，已经十分普遍。

2. 软件代理

"影网"拿到了美国好莱坞及欧洲影视制作公司的编剧软件与制片软件。美国与欧洲从 20 世纪 90 年代起先后进入了影视工业化时代，在影视制作领域，达到了工业化、产业化、标准化的制作模式。"影网"分别买了美国及欧洲的软件的独家代理版权。

（1）编剧软件。Writer Duet（见图 3-4）。美国好莱坞通用编剧软件（《功夫熊猫 1~3》《权利的游戏》等均使用此软件进行编剧）。功能强大，使用全美流行的平面剧做法（即剧情脉络发展跌宕起伏数据化、可视化），实现多编剧异地在线同时编剧。各编剧工作框区域共享，即各编剧笔触颜色不同，对同一文本进行编写修改时，实现可视化。各编剧还可通过此软件，进行实时 Face Time，以便共同商讨剧本编写。国内影视行业中，编剧们使用 Word、WPS 进行编写剧本并使用 E-mail 进行编剧间的交流。对比之下，美国好莱坞式的编剧方式，效率大大高于中国业内编剧方式。这也是中美影视行业差距的表现之一。该编剧软件在编剧结束时实现数据化，将编剧数据整合（如该剧共有多少角色、多少片场场景、多少演员、所需拍摄用品道具等），录入到"影网"从欧洲引进的制片软件中。

（2）制片软件。Line Producer。全欧洲、美国均在使用的制片统筹软件。目标客户为制片人、制片主任、剧组人员（统筹、剧组采购人员）。该软件引进后将与 Writer Duet 相对接、整合，实现数据完美对接。它的功能如下：一是将编剧内容整合，罗列出排片统筹信息；二是罗列出各个工作组（摄制组、道具组、美术组、灯光组、制片组等）所需的耗材、器材清单及预算；三是罗列各个商家（电商）价格比对，该功能的服务对象是制片主任。国内影视行业剧组中，依旧依靠 Excel 进行排片、排列道具、排列预算的制作方式，此软件将大大减少第一

图 3-3　APP 中出售的影视耗材

图 3-4　企业 Writer Duet 页面

副导演与制片主任的工作时间，提升工作效率。预算价格，将根据一段时期内（以一周为调整期）耗材、道具的市场售卖均价来制定，显示在软件内。

（3）业务组合。Writer Duet、Line Producer 此两款软件由"影网"技术部相结合。将"影网"开发的 APP、网站与 Writer Duet、Line Producer 软件进行结合，Line Producer 软件功能中，有各道具、耗材预算的显示，除此之外还有各商家报价。"影网"，首先将公司标识放置在 Line Producer 软件中并进行广告植入，在 APP 与网站中售卖 Writer Duet、Line Producer 软件，以形成双方向业务、品牌之间的高度关联；其次公司 APP 中出售道具、耗材的价格，会低于 Line Producer 软件内综合市场价格制定的预算数值。以此来形成道具耗材售卖、租赁行业内的竞争优势，打造影视服务业中影视创作与影视制作（道具耗材选购）闭环。

3. 制作网剧

承接影视投资公司投资的微电影与网剧，搭建剧组，进行拍摄与制作，此业务意在利用本公司已有资源，为影视投资公司进行服务。

二、企业现状分析

1. 宏观现状（产业环境）

（1）政策因素。2014 年 9 月发布的《国家电影事业发展专项资金征收使用管理办法》规定，办理工商注册登记的经营性电影放映单位，应当按其电影票房收入的 5%缴纳电影专项资金。2015 年缴纳的电影专项资金将达 20 亿元，通过专项资金重点支持电影产业发展，并对电影产业实行税收、金融等扶持措施，将进一步推动中国电影产业的快速发展。2015 年 1 月，国务院常务会议通过了《中华人民共和国电影产业促进法（草案）》，草案以通过降低市场准入门槛，采取财政、税收、金融、用地等扶持措施，加强监督管理、规范市场秩序，无疑将继续加速电影产业的发展。国家财政部、国务院、广电总局以明文条例出台等办法，在政策方面，对我国影视行业进行扶植，力求推动我国影视行业的发展。在产业环境下，政府政策支持，无疑对于行业规范化、产业化均有所帮助。"影网"正是影视行业下一新兴细分行业附属的影视服务公司，政策环境良好，将有利于"影网"立足行业，并不断发展。

（2）经济因素。从文化（影视）产业发展上讲，该产业发展趋势越来越好，投资逐年增高。文化产业对经济的推动不言而喻，二者相辅相成（见图3-5、图3-6）。此时，影视制作服务业这一不算热门的行业，或者说这一新兴产业，将有很多机会和空间得到发展，届时，推动影视行业与国际标准化接轨，是"影网"的目标与发展规划。

图 3-5　2009～2014 年电影产业收入

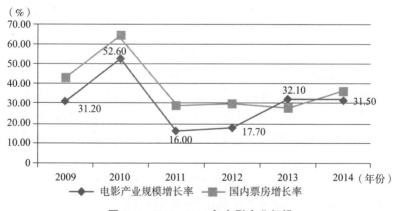

图 3-6　2009～2014 年电影产业规模

（3）影视产业发展因素。中国对于影视接受度越来越高，从知名电影制作公司制作的荧幕电影（如《集结号》《唐山大地震》《寻龙诀》等国产高口碑高票房收入电影），以及各大卫视投拍的在电视上播出的电视剧（如《战长沙》《甄嬛传》《芈月传》等高质量高收视高口碑电视剧），到现在的网络电影与网络电视剧（《太子妃升职记》等席卷各大社交平台，点击量破千万、亿的网络电影、电视剧）以及卫视网络同步播出的电视剧（《欢乐颂》《琅琊榜》等在电视、网络同步播出的电视剧），这充分表明了现在影视行业与互联网思维紧密结合与推动的发展趋势。那么在影视行业的创作与制作中，"效率"二字便显得格外重要，这恰恰符合"影网"在影视细分行业中专业与便捷服务的准则。"影网"将互联网与影视紧密地结合在一起，以多重终端的方式（PC、手机）来进行高效便捷的服务，从而达到让客户足不出户解决客户在影视创作、拍摄、制作上的问题。就宏观环境而言，影视行业向着产业化国际化发展（如中外合作投资拍摄的影片数量越发增多，以《狼图腾》为例）。这也是"影网"努力的目标与方向。就整个影视服务行业来说，这个行业起步较晚，涉及竞争较少，但目前中国正在大力发展文化产业，努力达到产业标准化。"影网"作为这个行业的先驱者，致力于以专业、便捷、一体化为核心，从而使整个行业向更高层次发展。

2. 中观现状（业务竞争）

中国影视行业正处于火热发展阶段，但与美国、欧洲等国家与地区相比，仍有很大差距。差距体现在如下几方面：一是行业混乱，未建成行业及细分行业体系；二是影视创作差距，美国、欧洲采用的是标准化、产业化创作，更多地迎合观众的口味，而中国的影视创作，在创作方式上效率低，在创作效果上，以表达创作者思想为主，较少地考量观众的观影品位；三是影视制作差距，美国、欧洲等影视发达国家、地区，在制作方式上优于中国（制作效率）。综上，中国与美国、欧洲差距多体现在是否达成产业化、标准化的工作方式上。这也是"影网"致力于开启中国影视工业化运动的原因。

影视制作服务业从公司的业务上来讲，是服务于影视制作公司、影视制作人员与爱好者、影视投资公司。其特点是集影视服务细分行业于一身，是影视业下属一个比较冷门的细分行业，所以在综合竞争上没有很多压力，但是这也是个"双刃剑"，因为一定的竞争会促进行业企业发展，缺乏竞争即缺乏一定的动力。要抓住新兴行业的机会，尽早形成品牌优势。但是，服务细分存在分支竞争。

（1）在 APP、网站出售道具耗材的业务中，道具实体店（北京大钟寺道具市场），京东、淘宝等知名电商均有不俗的市场占有率与知名度，它们作为旧有客户选择市场，是"影网"在建立品牌知名度、品牌客户认知价值中，最大的竞争对手。

（2）在 Writer Duet、Line Producer 等影视创作、制作领域中，Story Board、

Final Draft 等剧本创作软件将可能占据一部分市场份额，但 Writer Duet 作为好莱坞主流编剧软件，有很大的竞争力（各国影视行业基本以好莱坞为制作标杆，中国影视行业各个环节均向好莱坞学习）。Line Producer 作为影视行业中较为独特的软件，国内尚未有同类型软件相竞争。

（3）有专业的视频制作公司与"影网"承接项目相竞争。如何能在挤压竞争中脱颖而出，这是本企业现在需要着重思考的问题，也正是"影网"目前正在解决的问题。做到专业便捷，它体现在一体化上，即不需要客户去分别寻找，而是一想到"影网"，马上就能反映出，"影网"能帮助解决不同阶段面临的不同问题。这也是品牌价值所在。

在企业自身发展长线来看，由于"影网"尽早地进入市场，品牌根基会在日后的发展中越打越牢，拥有长久稳定牢固的服务口碑，也是我们为品牌所做的定位。

3. 微观现状（资源基础）

（1）发展阶段。企业目前为止仍处于起步上升阶段（2014 年 11 月成立至今一年半），企业上升空间较大。

第一，企业自身有技术竞争力。企业从美国、德国引进的编剧、制片软件代表着西方工业化电影的先进模式，企业将此种先进的技术引进中国，即拿到了中国地区独家代理版权，软件自身强大的功能性与可操作性，使企业自身具有可观的市场、盈利前景。

第二，企业人员现状。"影网"共有员工 12 名，其中，公司创始人毕业于中央戏剧学院 2006 级导演系，对中外影视行业均有深入、细致的了解。公司其他成员毕业于中央美术学院、北京外语大学、北京理工大学等，对于公司形象品牌设计、软件引入后改版设计汉化、中外业务对接（语言、影视专业）均有极大的帮助。企业人员对影视的了解，对审美的高要求，对 IT 计算机软件技术的掌握，使"影网"在影视服务行业中，具有一定专业性。除此之外，"影网"是由新时代青年人所建立的影视服务公司，对于影视行业的信仰与热爱，是推动公司不断前行，不断发展的动力。

第三，企业目前处于起步阶段，企业规模小，属于品牌认知度建立阶段，在企业品牌推广方案的初期，企业围绕品牌认知度展开，并取得了一定的效果（2015 年在上海国际电影节的亮相已经为企业带来一定的客户与资源），在品牌认知度上获得的进展，使"影网"获得了初级发展阶段的上升空间。

第四，"影网"与完美国际影视（完美国际公司是中国第一大游戏制作公司，包含《征途》《完美世界》《诛仙》等知名网游，旗下拥有配合其主营游戏业务的完美国际影视公司，具有不俗的业内口碑、实力）达成合作意向，将拿到第一笔投资，资金的注入将会推动企业资金链的周转，并推动市场业务的运营，这也是"影网"从现阶段看具有很大上升空间的原因。

（2）组织架构。企业工作人员组织合理，层次结构分明（见图3-7）。

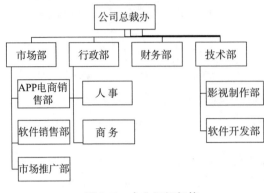

图3-7　企业组织架构

1）公司总裁办。公司总裁办包括创始人、CEO，负责战略制定，管理职能中起到决策者的作用，带领整个企业团队，企业CEO兼为企业法务，负责包括公司产权保护、合同签署法务保护等。公司总裁办负责企业整体公共关系维护。

2）市场部。APP电商销售，负责电商APP日常运营、销售业务；软件销售，负责Writer Duet、Line Producer两款软件的市场开发及销售；市场推广，负责市场开发，包括对外引进与输出。

3）行政部。人事，负责公司日常人事变动；商务，负责公司总体运营辅助，如翻译、日常行政工作。

4）财务部。财务部负责公司日常财务往来、资金流动、业务核算等。

5）技术部。①影视制作，承接影视投资商的微电影、网剧、广告的创意、拍摄、制作。②软件开发，开发APP、建立网站，汉化修正引进软件。

（3）技术。这是"影网"品牌定位中的重点，企业的三大项业务中包含了扎实的技术人员，市场人员，这也是我们给"影网"定位的专业、便捷、一体化背后的支撑力。

第一，从美国与欧洲引进工业化水准的编剧、制片统筹软件，将由公司内中方技术人员进行对接，包括汉化、软件对接（如何将Writer Duet中编剧数据输入到Line Producer）、预算价格调研并及时更新等工作。

第二，由于中国影视制作服务业较为冷门，正处于发展起步阶段，所以"影网"先一步从国外将先进的技术（软件）引入，将成为公司现在、未来发展的优势所在。技术的专有性，是现阶段与未来一定时间内，"影网"的核心竞争力。

第三，对于软件技术产权的开发（将引进的软件进行对接、与中国影视制作行业相匹配的调整、汉化）、完善（公司APP、网站的建设）与保护（产权保护、防止"被山寨"），是现阶段公司正在进行的工作重点。

第三节 品牌定位（STP 分析）

一、市场细分

1. 地理细分

公司目标市场选择在北京、上海、深圳、山东、四川。

影视制作行业，作为一个文化产业领域下非常庞大的行业，其地理细分实际上是在讲如何打开这个行业与影视服务细分行业的对接口。通过这些对接口，将"影网"品牌打出去。专业便捷的服务是覆盖全国的，而突破口要在上述的城市中得到。

（1）北京。北京是中国的政治、文化中心，经济上快速稳健的发展环境是选取北京的原因之一，北京也是影视制作公司集聚地。"影网"看重北京地区的业务发展，是一个拓宽业务地理格局的突破口。北京拥有高质量传媒、影视方向高校。如北京电影学院（北京）、中央戏剧学院（北京）、中国传媒大学（北京）、中国人民大学（北京），在后述推广方案中，高校将作为一大重要的推广市场，将"影网"引进的新技术、新软件推入大学。

（2）上海。上海是我国经济发展的中心，从经济特区到自贸区的建立，都推动了上海经济的持续不断发展。上海的影视制作行业也发展得十分的成熟。将影视服务这一细分新兴行业与上海进行对接，将会起到不错的效果。与北京类似，上海也拥有高质量传媒、影视方向高校。如上海戏剧学院（上海）、复旦大学（上海）。

（3）深圳作为与中国香港相邻的经济特区，具有一定的影视发展优势。香港是中国，乃至亚洲地区影视行业较成熟的地区，将深圳划作重点市场城市，也是基于毗邻香港、本身是经济特区这两大特点，大力发展深圳市场，有助于"影网"开拓香港市场。

（4）山东与四川。山东影视传媒集团与峨眉制片厂，这两个是大家耳熟能详的制作集团。与北京、上海、深圳不同，我们更多地将利用山东与四川较为成熟的影视基础，作为市场的拓宽、后续发展地。

2. 目标客户细分

我们的目标客户定位在影视制片人、制片公司、影视投资公司、网络上的自媒体人及影视制作爱好者（见图 3-8）。

（1）影视制片人、制片公司（如华谊、光线）。这一目标客户选择原因在于业务市场吻合。首先，"影网" Writer Duet 软件为制片公司投资承制的影视剧、电影提供在创作阶段的编剧服务；其次，在剧本编写完成后，"影网"的 Line Producer 软件将为制片人与统筹提供剧本信息，列出预算清单、道具清单、剧组片场排片等所需信息；最后，"影网" APP、网站将为制片人和剧组提供影视道具、耗材与器材的租赁。制片人归属于制片公司，影视剧、电影由制片公司与制片人承制负责，"影网"提供的业务与制片人、制片公司在市场需求上吻合（流程详见图3-9）。

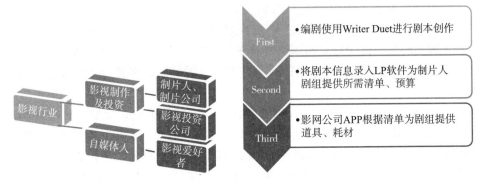

图3-8　目标客户　　　　图3-9　制片人需求流程

（2）影视投资公司（如鑫宝源影视投资公司等）。这一目标客户选择原因在于业务市场吻合。现阶段，我国影视市场存在一定数目的影视投资公司，即影视投资公司出资金，找影视制作公司或工作室进行影视制作。"影网"附属业务中，有承接影视投资公司投资的微电影与网剧。首先，"影网"技术部工作人员有大量的影视制作经验，有能力承接微电影、网剧；其次，"影网"有影视道具、耗材、器材的供货渠道与库存，硬件条件满足可以承接微电影、网剧的制作；最后，"影网"尚在发展阶段，暂时没有承接巨制电影、大型电视剧的能力。综上，"影网"从软件到硬件都具有进入市场的能力，影视市场同样有投资微电影、网剧的需求，与影视投资公司的需求吻合。

（3）网络自媒体人与影视爱好者。这一目标客户选择原因在于他们所需要的可能只是几个服务项目中的某一环节，但是在这某一环节中，他们需要的依旧是稳妥的、专业的服务体验。在这个全民皆可成影视短片导演的时代，将目标客户普及到他们，一方面给网络自媒体人以及影视爱好者专业便捷的体验；另一方面自媒体人等也会相应地为企业带来资源。

针对上面目标客户的分析，他们需要的是全方位的专业、便捷的一体化服务，或者单方面的便捷、专业的服务，"影网"都能满足他们的需求，是"影网"客观的竞争优势。

二、目标市场选择

换言之,目标市场的选择就是"目标行业选择+目标客户选择"(详见图 3-10 和图 3-11),并将二者进行排列组合,形成优势化合作组合倾向。

关于我们的目标客户群首先是制片人与制片公司,因为在电影制作与电视制作乃至小成本影视制作上,均会有二者出现关联。其次是影视投资公司与自媒体人,他们的领域多在独立电影、电视及小成本

图 3-10 目标行业

网剧网络电影制作里。最后是影视爱好者,他们一般是独立制作小视频、微电影等。

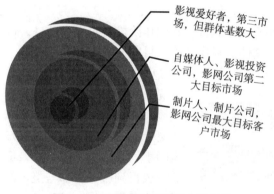

图 3-11 "影网"目标客户群分析

组合 A:将电影制作行业、电视制作行业与制片人、制片公司(剧组)相组合(如为电影、电视剧提供编剧软件、制片软件的服务;为影视剧组提供道具、耗材的服务等)。

组合 B:将电影制作行业、电视制作行业与自媒体人、影视投资公司组合(为想要拍摄电影、电视剧的自媒体人提供编剧软件、制片软件的服务;为影视投资公司提供在电影、电视剧拍摄领域软件、道具耗材的服务等)。

组合 C:将小成本网剧、微电影与自媒体人、影视投资公司组合(为想要拍摄网剧、微电影的自媒体人与影视投资公司提供编剧软件、制片软件的服务;提供为网剧、电影拍摄制作的服务)。

组合 D:将小成本网剧、微电影与影视爱好者相结合(为影视爱好者提供编剧、道具耗材购买的服务)。

权衡上述四种目标市场,将组合优势最大化,平衡组合与组合之间公司投入比例。最大的目标市场为电影制作、电视剧制作中为制片人、制片公司、剧组提供的服务;其次是电影、电视剧制作行业中,为自媒体人、影视投资公司的服务;再次是在小成本网剧、微电影领域,为自媒体人、影视投资公司的服务;最

小的目标市场是为影视爱好者提供的服务。

预计公司目标投入比例为 A：B：C：D＝4：2：2：2。

三、市场定位

"影网"的竞争对手一方面是淘宝、京东等大型电商，另一方面是影视制作工作室。相比之下，在影视服务领域，"影网"的商品专业且全面，送货上门，同时兼顾制作与制片软件的独家代理售卖。公司提供从前期耗材出售到影视制作的全方位服务。

图 3-12　创作阶段的竞争差异

影视大致分为创作阶段与制作阶段。在创作阶段（见图 3-12），与"影网"的 Writer Duet 软件相竞争的是国内小众编剧软件。在制作阶段（见图 3-13），目前中国业内，尚没有专业的制片统筹软件被制片公司、制片人使用。

以上为"影网"创作阶段和制作阶段与竞争对手的差异，总结而言，"影网"的优势在于更全面，带来了更便捷、一体化独家服务，带来了更专业的用户体验。这就是"影网"的市场定位，从渠道到形象再到服务，都与上述的单一竞争者不同。"Profession Creates Convenience"（专业创造便捷），是"影网"的市场品牌定位。

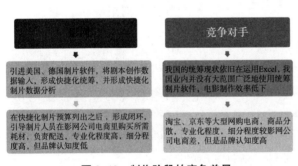

图 3-13　制作阶段的竞争差异

四、SWOT 分析

1. "影网"现状

目前正处于起步上升发展阶段，但内部优势明显，即影视服务行业内，"影网"拥有有形资产技术优势（从欧美引进的两款软件、APP 出售耗材的形式）；同时"影网"拥有人力资源优势，公司职员毕业院校及专业与公司需求相符（导演系、设计系、IT 计算机软件设计、英语等），且部分公司职员拥有过相应的从业经验（公司创始人参与过电影、电视、广告制作；技术部员工在微软中国有多年工作经验等)。但公司自身无形资产欠缺，即品牌认知度低，在运营上，缺乏大公司所拥有的组织体系优势。

2. 市场现状

影视服务行业内，业务分项均有所竞争（见图3-14），但缺乏整合性服务公司。影视服务行业尚在起步发展阶段，整合性服务同行业内竞争较小，竞争小势必会带来可观的盈利前景（盈利模式将在后文阐述），但是缺乏竞争压力，"影网"有可能会缺乏推动发展的动力。影视业内，行业体系庞大、繁杂，当"影网"初步发展形成一定规模后，行业内将出现模仿者、竞争者，这也是"影网"发展中需要注意的。

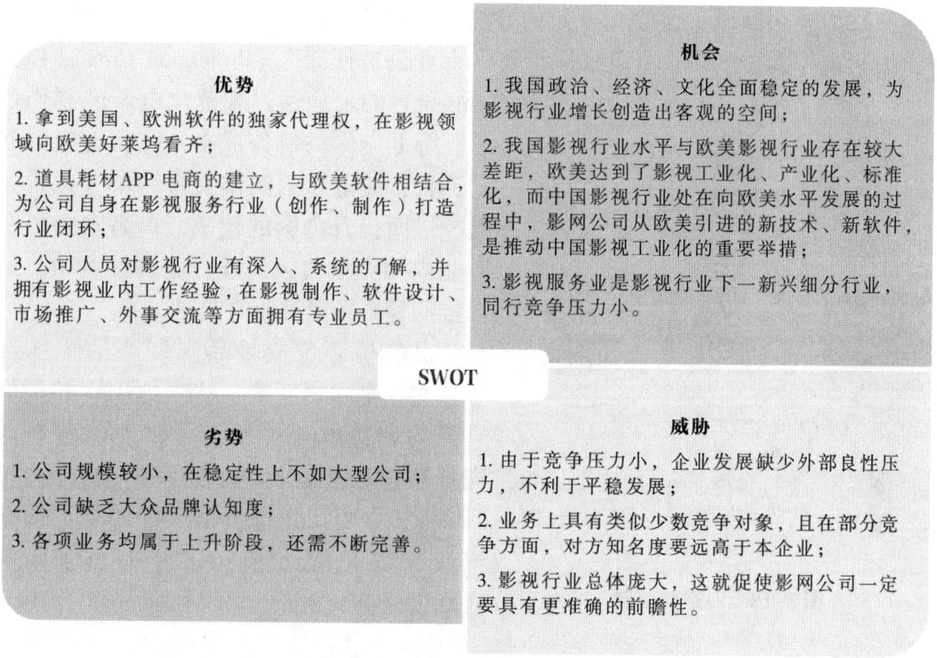

优势

1. 拿到美国、欧洲软件的独家代理权，在影视领域向欧美好莱坞看齐；

2. 道具耗材APP电商的建立，与欧美软件相结合，为公司自身在影视服务行业（创作、制作）打造行业闭环；

3. 公司人员对影视行业有深入、系统的了解，并拥有影视业内工作经验，在影视制作、软件设计、市场推广、外事交流等方面拥有专业员工。

机会

1. 我国政治、经济、文化全面稳定的发展，为影视行业增长创造出客观的空间；

2. 我国影视行业水平与欧美影视行业存在较大差距，欧美达到了影视工业化、产业化、标准化，而中国影视行业处在向欧美水平发展的过程中，影网公司从欧美引进的新技术、新软件，是推动中国影视工业化的重要举措；

3. 影视服务业是影视行业下一新兴细分行业，同行竞争压力小。

SWOT

劣势

1. 公司规模较小，在稳定性上不如大型公司；

2. 公司缺乏大众品牌认知度；

3. 各项业务均属于上升阶段，还需不断完善。

威胁

1. 由于竞争压力小，企业发展缺少外部良性压力，不利于平稳发展；

2. 业务上具有类似少数竞争对象，且在部分竞争方面，对方知名度要远高于本企业；

3. 影视行业总体庞大，这就促使影网公司一定要具有更准确的前瞻性。

图 3-14 SWOT 分析

3. 公司策略选择

首先，"影网"处于起步发展阶段，可采用 SO 战略，即将公司内部的优势与外部的机会相结合。内部所拥有的技术优势，与外部所给予的市场需求，加之初期行业内缺乏有力竞争者，三点合一，将是"影网"未来短期内发展战略。其次，当"影网"将品牌推广到一定认知度，或运营步入平稳发展阶段时，需采取 ST 战略，即继续利用公司不断发展累计的内部优势，同时要在大行业内建造影视服务业这一细分行业的行业壁垒，将威胁最小化，避免竞争者模仿或快速的发展。

第四节 品牌核心价值

"影网"的品牌核心价值在于一体化，通过我们前期、中期、后期的服务，使影视制作高效而便捷。将影视行业的各个业务链接成网，便是我们的初衷。"影网"所属的领域是中国影视行业下面一个细分影视制作服务行业，是集电影道具出售、制作软件引进、网剧承接于一体的全方位电影服务公司。公司有自己的供应渠道、有优质的制作软件、有专业的业务组，本着服务大众、共同发展的精神，致力于用简单、便捷、专业的方法，提供整体化的服务，进而制作出令人满意的影视作品。公司一直以来秉承着"专业创造便捷"（Profession Creates Convenient）的理念通过规范化电影的制作过程，降低电影的制作成本，完善电影的制作流程，使电影的制作变得简单专业且完整，进而提升电影的档次，提高本公司在行业内的竞争力，促进行业良性竞争，从而推动整个影视行业的发展。

品牌核心价值是品牌资产的主体部分，它让消费者明确、清晰地识别并记住品牌的利益点与个性，是驱动消费者认同、喜欢乃至爱上一个品牌的主要力量。"影网"主要从物理价值维度四个方面介绍其品牌的核心价值（如图3-15所示的四维度模型）。

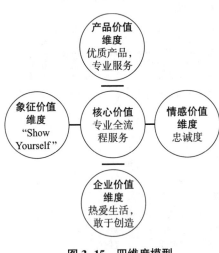

图 3-15 四维度模型

一、产品价值维度

提供好的产品，是企业吸引消费者最直接、最有效的方法。然而好的产品，不仅是指外观、包装等外在表现吸引消费者的眼球，更重要的是客户对产品的满意度。这里的满意度包括购买、使用、售后几个方面，任何一方面出现问题，都会影响客户对该产品的评价。"影网"在产品方面做得比较完善，公司对外出售的是拍摄影视作品所需的耗材（如大力胶、风筒、打光板等），消费者既可以通过公司专门的电商平台购买（APP、官网），也可以联系市场部专员进行线下购买。

公司会在第一时间进行订单确认，然后公司统一物流进行全国范围内的配送，确保送达的时间和质量。若出现一切质量问题都可以联系到客服，得到及时、准确的回复。"影网"通过多方面的购买渠道吸引影视制作人员，并通过多样高质量的产品、专业的配送、及时的售后使客户产生良好的消费效果进而促进再次消费。

二、象征价值维度

不仅是产品，基于公司定位、宣传语、标识所形成的企业品牌形象以及其象征价值也是不可忽略的。"影网"的广告语"精彩视界，网罗天下"（Vision Insight, World on Hand）本就蕴含着公司不畏行业艰难、敢打敢拼，致力于把影视服务行业连接成网的意义。且后期公司会设立交流推广活动，每一位影视爱好者或者行业内人员都可以通过公司的活动展示不一样的眼界和价值观。消费者选择"影网"，不仅可以接受优质一体化的服务，还可以和其他消费者相互交流、相互促进。

三、情感价值维度

从消费者心理学的角度分析，消费者的个性、自我概念和行为方式对其品牌选择有很大影响。人是一种情感动物，很容易在一件事中带入自身的喜、怒、哀、乐，对于品牌的选择也是如此。当一个品牌做到足够好的时候，人们就会对其产生信赖感，品牌就可以成为品质的保证。"影网"的专业化、整体化服务能够保证客户每一次的满意度，这样客户会继续选择再次进行消费，从而形成公司与客户之间的良性循环。另外，"影网"承接影视制作，有机会和资本通过其制作的网剧和电影，通过作品让更多潜在消费者认识公司、让已经有过交易的客户对公司更有信心。同时公司会通过"圆梦青年"的活动，得到大家的认可，提升公司品牌形象，为社会做贡献。

四、企业价值维度

企业价值维度是企业的重要组成部分，决定了企业发展的方向。对于"影网"而言，出售影视耗材、编剧软件，提供影视制作服务，意在为大家传达一种积极向上、热爱生活、敢于创造的价值观。影视行业本身就是一个需要创造与创新的行业。国内目前发展还有待成熟，"影网"一方面通过引进国际先进技术及软件，提升国内整体制作水平；另一方面通过公司专业、全流程的服务，使影视制作变得便捷而规范化，促进影视行业的进步。除此之外，公司还致力于鼓励支持那些有影视梦想的年轻人，为这些人提供更多的实现梦想的机会，让越来越多的人热爱这个行业。当国内发展经历一段时期发展成熟之后，"影网"将会放眼国际，与其他国家进行相互交流学习，通过相互借鉴，共同进步。

第五节　品牌形象与元素设计

"影网"是在中国影视行业下的细分影视制作服务行业的企业。

一、企业品牌介绍

"影网"——完整地提供"影视制作全流程"服务的民营公司（见图3-16）。"影网"专注于影视制作领域"全流程的制作需求"，以"细分类的服务产品"助力影视娱乐产业工业化发展。致力于将"影网"打造成为最有影响力的影视制作服务平台。公司成立于2014年，核心团队拥有互联网和影视行业的双重基因。团队成员跨界，以电影制片人为中心，从影视行业的最根本最细节的需求出发，开发产品。公司具有强大的技术实力，团队核心成员在影视制作领域的执行经验丰富，操盘过近十年来多部优秀国产电影的制作（参与过《疯狂的石头》《南京　南京》等电影制作）。"影网"的服务对象包括影视投资公司、制片公司、剧组、电视台和各类影视制作机构，同样也面向广大的影视从业人员。服务模式以线上销售结合线下服务为主。经营内容涉及影视制作制片管理软件及专业制作耗材销售、应用数据库及在线制片服务、拍摄微电影网剧等。

二、品牌故事

"来一场中国影视工业化革命吧！"

这是一群拥有电影梦想的年轻人，关于影视的梦想与热爱让他们聚到了一起。一个偶然的机会，有幸在美国遇到了影视制作人员，发现美国好莱坞式的电影制作是那么有魅力，在剧本创作上，采用了平面剧做法，实现多编剧异地同时可视化编剧，在影视制作阶段也早早摒弃了 Excel、人力等效率低下的工作方式。好莱坞采用的是全标准化、产业化、工业化的影视创作、制作模式。国内非常烦琐的制作过程，在美国被人文与科技所征服。创始人团队想要把这种先进的制作模式也带回中国。于是回到中国，建立了北京影网数据科技有限公司。将欧美先进的创作、制作理念与技术引进到了中国。这是一条漫长且具有魅力的电影征程，他们将为之奋斗，不断前行。

图 3-16　企业宣传折页

三、品牌含义

"Vision Insight，World on Hand"。

"影网"有意将影视创作、制作等环节，连接成网，通过"影网"专业便捷的服务，从而达到一体化，全流程的中国影视服务，并意在推动中国影视工业化标准化进程。

四、品牌形象

标识（见图3-17）设计理念：以"影网"打头字母 C 作为标识主体，白色，简单明了，辨识度高。第二层以蓝绿色圆弧方形作为"C"底色，凸显出时尚、新锐、年轻的形象。第三层（底层）以白色圆形做底，除了与第一层"C"颜色呼应以外，与第二层蓝绿色圆弧方形相结合，取自于中国古代钱币设计理念，意在与方圆大地相融合，将品牌含义"将影视创作制作等环节，连接成网"与古代钱币设计理念相结合，最

图 3-17　企业标识

终设计出了"影网"的标识。

从品牌形象上来讲，"影网"最重要的是主打服务，所以"影网"力求给予客户专业、便捷、全流程、一体化的形象。"影网"是中国业内率先起步的影视服务类公司，公司业务全面、独特、先进，从一定程度上在向美国影视产业中的产业标准化靠近。"影网"由一群充满电影梦想的"80后"新时代青年所建立，力求能为中国电影制作行业的发展做出一定的贡献。公司经营理念具有一定独特性、前瞻性，将独立的影视环节连接成网。综上，企业品牌形象阐述完毕。国内影视行业目前发展还有待成熟，"影网"一方面通过引进国际先进技术及软件，提升国内整体制作水平；另一方面通过公司专业、全流程的服务，使影视制作变得便捷而规范化，促进影视行业的进步。除此之外，公司还致力于鼓励支持那些有影视梦想的年轻人，为这些人提供更多的实现梦想的机会，让越来越多的人热爱这个行业。当国内发展经历一段时期发展成熟之后，"影网"将会放眼国际，与其他国家进行相互交流学习，通过相互借鉴，共同进步。基于以上的行业背景及公司发展目标，"影网"在品牌元素设计，将会做出详细介绍。

第六节　品牌推广与传播

一、品牌主题策划

一切产品和服务都是工具，客户需要的不是工具，而是这个工具带给自己的价值感。思想是最好的传递价值感的渠道。想让一个品牌成为行业领导品牌，必须先成为行业思想领导者。所以本组将把用户心理、市场需求、产品理念等融合，为品牌策划一套系统化的思想理念。此次推广活动开展一系列循序渐进、有条理的路演活动逐步提升"影网"的知名度，伴随以网络推广作为宣传手段来展开。"影网"不仅仅局限于自身的发展，还想要为更多同样拥有电影梦却受于客观环境限制而止步的年轻人提供一个圆电影梦的平台。系列路演推广活动将按照循序渐进打开市场的方式，分别面向不同的群体，以达到逐步扩展"影网"的知名度及客户人群、树立良好品牌形象的目的。

二、品牌营销推广

循序渐进的推广活动可以让各个路演活动之间有紧密的联系从而能形成一系列有条理、有顺序的活动。采取循序渐进的方式开展推广活动是因为"影网"

的业务在电影行业中比较冷门，让大家认识"影网"需要一定的过程。"影网"需要先让大家了解其产品、技术，慢慢打开市场拥有一定的知名度之后才方便让更多人了解其业务，扩展其客户群。"影网"被市场慢慢接受，知名度才能越来越高，而且循序渐进的优点是各活动的可持续发展性强；不同程度的推广能反映出市场对"影网"的接受程度从而及时发现问题、调整策略；"影网"的品牌形象将在大家心里越来越清晰、根深蒂固，提高了"影网"的认知度（见图3-18）。

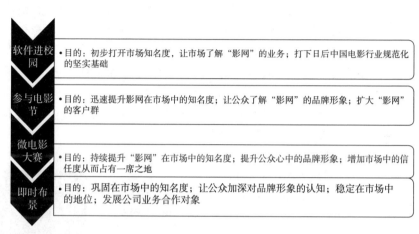

图3-18 活动流程及预期效果

1. 软件进校园

"影网"需要与各大高校（如北京电影学院、中国传媒大学、中央戏剧学院等）的教务主任先取得联系，"影网"主要客户是从事影视行业的专业人员。"影网"前期将派公司5名技术人员进校园教授软件使用方法、免费提供软件试用服务，可以先让相关专业的一部分学生在课上（如戏剧影视创作、剧本创作、制片编辑等课程）使用"影网"的软件，如果师生反馈不好，"影网"将收集师生意见，即使对软件做出程序调整，更符合大众口味；如果师生接纳程度高、教师评价良好，那么学校可以为不断推进教育教学改革，积极探索校企合作、定向培养、工学交替的人才培养模式献力，"影网"将与各大高校发展合作关系。"影网"将为高校提供6个月免费试用教学，至少与一所学校达成合作关系，同时"影网"的工作人员前期将免费教授各软件的使用方法。

"影网"主要经营的软件：一是"影网"一线式提供各项影视服务（如摄影各项耗材设备、化妆师、道具组、场务人员等），二是从国外代理售卖的Writer Dute专业编剧制作软件。因为如今拍摄电影都需要剧组奔波各种公司去买相应的设备，召集各种服务团队也需要去不同公司根据服务团队的通告安排才能安排进组时间。这种方式不但麻烦而且很容易耽误电影的拍摄进度，但"影网"的一线式理念将省去剧组到处奔波的苦恼，需要的东西全可以在"影网"找到，而且产品的质量和专业性值得信任；Writer Dute 编剧制作软件不同于国内已有的编剧制作软件而是从国外引入一种更方便、专业的技术，这种技术使国外电影行业更加规范化，而国内几乎没有人使用。

想要让"影网"经营的业务让更多人了解，最快的方式就是让软件普及化、技术普及化，最好的实施地点就是校园（如北京电影学院、中国传媒大学、中央戏剧学院等）。学生的学习能力强、接受新事物能力强，最重要的一点是他们是中国电影行业的未来，他们如果接受这些新技术将十分有利于中国电影行业发展规范化，同时也十分有利于"影网"打开市场的知名度，让冷门业务走入主流市场。这些学习相关影视专业的学生通过体验、学习 Writer Dute 及"影网"一线式服务，不但可以减轻他们完成拍摄电影作业的压力，而且给他们注入一种新的编剧制作思想，不但可以让"影网"在市场的占有率逐步提高，新技术普及化，而且他们也为未来中国电影行业规范化献出一份力。

2. 参与各大电影节

"影网"一直参加北京、上海电影节（见图3-19）等知名业内盛世进行公司宣传。"影网"一直与各大电影节保持密切的合作关系。今年"影网"将友情邀请美国《纸牌屋》《权利的游戏》《功夫熊猫》的编剧为"影网"站台，这些编剧亲自讲解来自美国的 Writer Dute 软件及美国编剧的工作体系，以宣传"影网"完善中国影视服务界的概念。

图3-19　各大电影节及展位

表3-1　与以往电影节进行对比

以往参加电影节	现在参加电影节	目的
布置展台	邀请《纸牌屋》《权利的游戏》《功夫熊猫》的编剧为"影网"站台；展台规模扩大到以往的一倍	宣传片将出现"影网"工作室的名称以达到宣传公司的目的
展台播放宣传片、产品展示	展台播放有情节的宣传片、产品可亲身体验	吸引顾客以增加客户量、亲身体验产品可达到深刻了解公司经营业务
	发放宣传手册、当场可签合作合同	扩大客户人群、宣传公司形象

作为电影节的参展单位我们会拍摄一部企业宣传片（见表3-1），并在展位进行宣传展示，主题片包括的内容有公司形象介绍、产品介绍等，通过摄制短片，充分地让外界人士了解公司内部的构建、形象，让外界更有欲望与"影网"合作共同发展；让影视界专业人员充分认识到本公司产品的品质和别致的风格；通过3D视觉冲击力、富有磁性的配音（专业配音人员），让主题片不再是直接单纯的产品展示和直白无力的说服方式，将丰富的产品信息与品牌理念通过引人入胜的故事情节的完美演绎展示给目标消费者，这种形式有助于将公司及产品的性能特点生动细致地表现出来，而非一味公开"叫卖"，而是一种享受。

由于公司业务的冷门性以及公司刚起步知名度欠缺的原因，公司将会在展位循环播放公司参与制作的电影片段宣传片，让大家了解到"影网"的专业及便捷是完全可以参与到制作水平要求高的大投资电影。同时公司将会制作各种服务介绍的宣传手册和专题片，告知公司地址，同时要了解消费群的经济收入、技术层次、对服务的需求等。对于感兴趣的公司洽谈并提出优惠措施，如有合作意愿可以当场签写合作协议。同时也会在展位上展示"影网"的APP让顾客亲身体验产品，向顾客介绍产品、公司、代理商及消费概念，强化公司产品给顾客的利益点。让目标消费群理解各大系列产品的功用，感觉到实效性、方便性、生动性。参加电影节是走入大众视野尤其是专业人士视野最快的办法，"影网"将会在知名度上有显著的提升，而且电影节是发展业务合作的最佳契机，业务量增加有助于树立"影网"专业便捷的形象。

3. 微电影大赛——青春电影人圆梦计划

该活动的目标人群是业余影视爱好者及青年导演。活动合作单位为中国电影家协会、中国电影制片人协会、中国电影导演协会、中国青年电影家协会。

国内青年导演缺乏，这是快速发展的中国电影市场所必须要面对的问题。"影网"将为这些有电影梦想的年轻人提供一个展示的平台。微电影大赛（见图3-20）让每一位参赛者讲述他们追逐电影梦想的故事（比赛流程见图3-21）。对于这次微电影的拍摄，"影网"将会利用一线式服务软件对参赛选手提供道具、耗材、设备赞助以及技术支持。最终由业界人士评选出来的获奖者将会获得2万元梦想基金，支持他们购买更好的拍摄工具，"影网"也将给予这些获胜者日后拍摄过程中的设备租借价格优惠。活动具体安排如表3-2所示。

（1）2017年3月30日："影网"事先与场地负责人联系，将开幕式场地布置好，确保9：00之前一切布置完毕；9：50评委、主办方领导、合作方领导、评委入场；10：00开幕式开始，主持人开场白完毕后，依次邀请主办方领导、合作方领导、评委、参赛人员上台致开幕词；12：00~14：00为午餐时间，全场休息；下午可以自由交流，确保17：00全部撤离现场；"影网"将全程记录开幕式过程。

图 3-20　微电影拍摄

图 3-21　比赛流程

表 3-2　活动具体安排

时间	活动	涉及人员
2017-3-30 上午 10：00~12：00	比赛开幕式	评委、参赛选手、主办方、合作方
2017-4-1~2017-7-1	参赛选手拍摄作品	参赛选手
2017-7-2~2017-7-4	参赛选手提交作品到比赛组委会	参赛选手
2017-7-5~2017-7-10	评委评比参赛作品	评委
2017-7-12 上午 10：00~12：00 下午 13：00~17：00	举办比赛评比	评委、参赛选手、主办方、合作方
活动用品：海报、笔、纸、摄影设备		

（2）2017年4月1日~7月1日："影网"通知参赛选手比赛开始，此阶段"影网"将提供参赛选手拍摄设备及道具配送服务，参赛选手将自行准备参赛作品，并于规定时间内提交组委会。

（3）2017年7月2~3日："影网"工作人员通知参赛选手提交参赛作品到指定邮箱及地点。

（4）2017年7月5~10日："影网"工作人员汇总所有参赛作品并把作品送到每位评委手里，评委将自行观看、打分、评价，"影网"最终汇总所有评委的评比结果。

（5）2017年7月12日："影网"事先与场地负责人联系，将闭幕式场地布置好，确保9：00之前一切布置完毕；9：50评委、主办方领导、合作方领导、评委入场；10：00闭幕式开始，主持人开场白完毕后，依次邀请主办方领导、合作方领导、评委、参赛人员上台致闭幕词；12：00~14：00为点午餐时间，全场休息；下午展播所有参赛选手的微电影，主持人宣布获奖情况，参赛选手领奖过后，主持人说结束语，全体人员于18：00撤离场地；"影网"将全程拍摄记录闭幕式及颁奖典礼。

本活动目的如下："影网"的创建就是由一群"有梦想、敢作为"的青年电影人共同合力完成的。他们不仅致力于为专业人员提供专业便捷的服务，同时"影网"还是一家有电影情怀的公司。所以"影网"在取得了一定收益后，想要回馈那些曾经帮助过他们的人。对青年导演及影视爱好者来说，资金永远是重要的，所以，这次活动的主要目的就是提供给那些拥有电影梦却迫于客观压力的人一个圆梦的平台，帮助有才华的年轻人从无到有，在扶助青年导演的同时，也能够提升自己的品牌形象。公司承担一定的社会责任将会提升在市场中的信任度，会有更多客户与"影网"有业务往来，从而扩展"影网"消费人群。市场对"影网"信任度的提升同时可以使原有客户发展成公司的忠实客户、让更多人愿意了解"影网"，帮助"影网"树立良好的品牌形象从而增加市场知名度。

4. 即时布景展示交流会

目标人群为业内影视工作人员。活动地点范围为影视基地、艺术区（见图3-22）。活动合作单位为中国电影家协会、中国电影制片人协会、中国电影导演协会、美国 Writer Dute 公司。

图3-22　活动现场模拟图

参赛者需通过"影网"一线式服务上选取指定数目的道具耗材，线上终端将会进行道具的审核、确定，通过之后将会由"影网"专门配备的卡车配送到指定地点，以便他们进行即时布景搭建。活动流程如图3-23所示。活动地点大致选择在各大影视基地中，参与者将在现场准备的各个独立的集装箱内部进行布景，采

图 3-23　活动流程

用集装箱内布景是因为这些不仅能吸引来更多的参赛选手、能在业界人士中留下深刻的印象，并且集装箱内布景有足够大的空间而且创意十足会激发参与者的灵感从而更好地促成此次业内交流活动。布景搭建结束后，每位参与者有 5 分钟的时间阐述自己的作品创意，同时展示交流会邀请业界专业人员以及公司引进软件的 Write Rdute 公司派来的国外专家进行评价及改善建议，之后即可随意参观各个展品，与业内人士交流，享受这次业内人士之间的活动。此次活动具体安排如表 3-3 所示，"影网"将于电影频道做前期宣传，电影频道将会在活动之前报道此次展示交流会从而吸引专业人士的参与。为了真正达到展示交流的目的，此次活动的过程采用时下最流行的直播形式（如映客、熊猫、快鱼等 APP），让所有人可以实时观看，让大众也能享受到这次业内人士之间的交流盛会。

表 3-3　活动具体安排

时间	地点	活动	涉及人员
2018-3-1 上午 10：00~12：00	影视基地	活动开幕式	参展人员、评委、主办方、合作方
2018-3-2~2018-3-5 上午 10：00~12：00 下午 13：00~17：00	影视基地	集装箱布景	参展人员、评委、主办方
2018-03-06~2018-03-13	影视基地	展示作品、同行交流	参展人员、评委
2018-03-14 上午 10：00~12：00	影视基地	闭幕式	参展人员、评委、主办方、合作方
活动用品：海报、笔、纸、摄影设备			

（1）2018 年 3 月 1 日："影网"与影视基地的工作人员取得联系，确保场地布置顺利；"影网"联系参展人员、评委、合作方确保能够在 9：50 之前入场；10：00~12：00 开幕式开始，主持人邀请"影网"CEO、中国电影协会会长以及两位参展人员上台讲话，全程"影网"摄像记录；开幕式结束之后，"影网"邀请在场人员吃午餐，午餐过后所有人员即可自由交流，下午 17：00 之前离场。

（2）2018 年 3 月 2~5 日："影网"在 3 月 1 日须与搬运公司联系，将集装箱搬到影视基地，并于 9：00 之前全部落座，"影网"事先将布景的基础道具由公司仓库搬运到现场；"影网"现场配备 3 辆公司货车随时搬运参展选手所需的道具，10：00主持人说完开场白后，参展人员即可开始布景，直至4日布景结束；5日评委参观参展作品并现场点评，评委与参展人员可以现场交换意见、交流学术，全场人员将于17：00全部离场。

（3）2018年3月6~13日：所有集装箱将在此阶段于影视基地公开展示，所有人员将自由参观、交流。

（4）2018年3月14日："影网"与影视基地的工作人员取得联系，确保场地布置顺利；"影网"联系参展人员、评委、合作方确保能够在9：50之前入场；10：00~12：00闭幕式开始，主持人邀请"影网"CEO、中国电影协会会长以及两位参展人员上台致闭幕词，全程"影网"摄像记录；闭幕式结束之后，"影网"邀请在场人员吃午餐，午餐过后所有人员即可自由交流，下午17：00之前离场；"影网"再次与搬运公司联系，搬运公司将花费两天时间把所有集装箱参展作品撤离影视基地。

本活动目的如下，此次路演活动能让目标消费群全身心地体验、感受产品的便捷性与专业性，同时能让他们深入地了解公司的服务。这也是一次发掘客户、展示公司形象的契机。影视业在内容和技术上需要出现较大突破，否则难以抓住机遇。因此，这次活动也是业内人士的一个交流平台，不仅可以切磋技艺、相互学习，同时他们可以在交流过程中争取相互之间合作的机会。专业人士的参与将让外界对"影网"专业的品牌形象更加认可。"影网"在之前的一系列活动中已经在市场有了一定的知名度与客户人群，此项活动有助于"影网"品牌形象的提升以及在市场上树立品牌口碑，有了好的品牌口碑将会强化品牌的知名度，从而在市场上有稳定的地位。

5. 主题活动的预期效果

此次循序渐进的推广活动将有目的性、有条理性地为"影网"打开市场从而提高知名度，除了提高知名度的目的外，还可以帮助"影网"在市场打造一个稳定的地位，公司从而可以可持续性发展，逐步实现让中国电影行业规范化的目标（各项活动的预期效果见图3-24）。

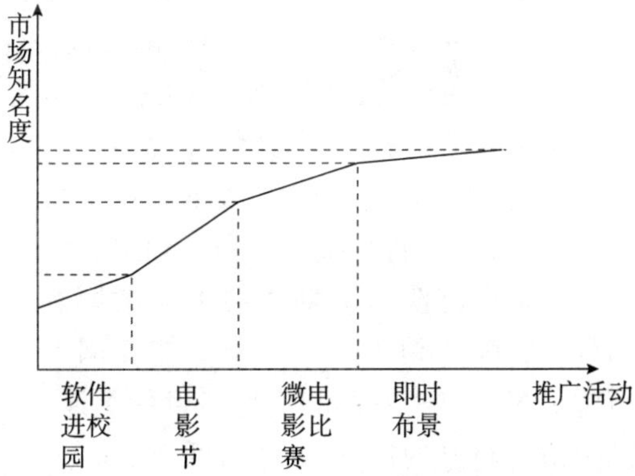

图3-24 各项活动的预期效果

三、推广手段

为了配合上述路演活动积极展开，本组将采用网络推广作为辅助手段，使此次活动推广的范围更加广阔，涵盖客户群体更加全面。

完善公司在线宣传渠道，包括微信公众平台建立、官方微博账号运营与运作（见图3-25、图3-26），在这些宣传渠道中，微信以及微博官方帐号将会详细介绍公司的各种业务以及展示公司内部的规格图，让大家了解公司的形象以及公司的专业性。微信、微博实时发布公司新增活动与业务介绍的同时，各时期的重大活动将以纪录片、微视频、图文推送、活动花絮视频记录等形式在微信公众平台以及微博平台同步发布。预计微信公众平台关注量在3个月内达到1万+，微博粉丝量在3个月内达到50万以上。

图3-25　微信公众平台

图3-26　微博官方账户

联系3~5位网络知名自媒体人（见图3-27），让他们体验"影网"的产品及服务来换取在线上渠道的宣传（如整合营销炒作娱乐话题，实现品牌认知最大化）及业内人士之间的口碑来拓宽公司的消费人群以及增加消费者数量，同时自媒体人也将自身关系工作网与"影网"业务相结合，起到推广的作用。

网络推广具体操作将分为三部分进行：一是在微信方面，"影网"将会安排专业人员进行运营，定期发布推送，推送包括公司介绍、公司形象宣传片、活动花絮以及关于影视方面的软文，预期在3个月内达到1万以上的关注量；在微博方面，"影网"将会实时发布公司最新活动。二是在路演活动期间会加大微博发布数量，配合相关软文，希望能在网上引起更多影视业内人员及爱好者的关注。同时微博将会时时关注热门话题，将入门话题与"影网"的原创微博相结合以增加浏览量。微博宣传在15万以上的固定粉丝的基础上，预计在3个月粉丝量将增加到50万以上、每条原创微博维持

图3-27　微博官方账户

在 1000 以上的转发量。三是为达到微博、微信上更好的宣传效果，本组将有选取性地寻找一些微博大 V（如网络红人、影视自媒体人）帮助"影网"进行推广，例如转发"影网"的产品宣传微博以及"影网"的原创微博以扩大关注度。

第七节　品牌资产保护措施

所谓品牌资产，是由品牌形象所驱动的资产，它形成的关键在于消费者看待品牌的态度而产生出来的消费行为。品牌资产有别于有形的实物资产，它是一个系统概念，由一系列因素构成：品牌名称和品牌标识物是品牌资产的物质载体，品牌知名度、品牌美誉度、品质认知、品牌联想、品牌忠诚度和附着在品牌上的其他资产是品牌资产的有机构成，为消费者和

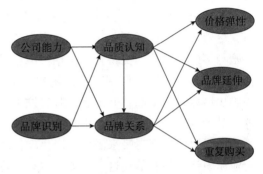

图 3-28　品牌资产"五星"模型

企业提供附加利益是品牌资产的实质内容。对品牌资产进行经营层面的保护，必须从技术、生产、营销策略三个层面形成"立体保护"，方有利于品牌资产的提升。艾克的品牌资产"五星"模型认为，品牌资产是由品牌知名度、品牌认知度、品牌联想度、品牌忠诚度和其他品牌专有资产 5 部分所组成（见图 3-28）。品牌资产的五星模型的第一个维度便是品牌知名度。

从品牌知名度营销观点看一个品牌的成就来自于企业的产品、技术、渠道、管理及创新等各个方面，与品牌知名度的打造关系最为直接的便是品牌的传播与形象塑造。"影网"在打造品牌的道路上，尤为重要的一点就是长久以来一直依托于新媒体传播以及在各大电影节投放大量宣传。"影网"一直与各路自媒体人保持合作关系，例如，给大 V 或博主们（编剧、影视工作者）提供免费的产品，让他们关注或评论"影网"的产品，产品试用活动有助于促进口碑流传，提高销量；通过业内熟人介绍、微博、微信平台等资源上传原创的、有价值的内容，分享"影网"的产品链接，奖励优惠购买"影网"的产品。使"影网"品牌进入专业人员视野同时进入公众视野，提高知名度。

从品牌认知度营销观点看，消费者对品牌的品质的肯定，会给品牌带来相当高的市场占有率和良好的发展机会。富有人情味的热情服务可以培养出客户的信

任感，让他们有更高的满意度，带来更多人流，而且树立比竞争对手更好的品牌形象。"影网"几年来不仅一直坚守"提供一线式专业便捷服务"的经营理念，励精图治，注重与消费者的情感联系，大大提升了"影网"在消费者心中的整体印象，即品牌的认知度。

从品牌忠诚度营销观点看，销售并不是最终目标，它只是消费者建立持久有益的品牌关系的开始，也是建立品牌忠诚，把品牌购买者转化为品牌忠诚者的机会。"影网"提供一线式服务四通八达、快捷高效的营销网络和售后服务是保障公司产品高居市场领导地位的主要原因，也有助于新产品及时、迅速地登陆市场。虽然公司刚成立，公司不仅向客户提供优质的服务，向投资人贡献投资价值，更着力社会公益，善尽企业社会责任。例如，向贫困山区学校免费播放电影并赠与多媒体设施、支持大学生拍摄电影进行免费设备提供、应聘拍摄地环境保护使者。这些都使"影网"在市场更具有竞争力，从而使消费者对"影网"的品牌忠诚度逐步提高，并由无品牌忠诚者渐渐转变成"影网"的品牌忠诚者。

品牌战略是企业获取差别利润与价值、构建核心竞争力的经营战略，同时也是建设可以给拥有者带来溢价、产生增值的一种无形的资产的基础。意识超前的企业纷纷运用品牌战略这一利器，取得了竞争优势并逐渐发展壮大，加强企业品牌管理（见表 3-4）、提高品牌风险防控能力就显得尤为重要。

表 3-4　品牌资产管理方法

工作模板	工作块面
新媒体环境下品牌战略布局	新媒体环境下企业资源梳理与竞争环境分析
	基于互联网思维制定品牌战略和 DNA 体系
	企业品牌资产内涵的外化口径及表现形式
	构建新媒体环境下品牌工程
	制定新媒体环境下的品牌营销策略
	制定新媒体环境下的品牌传播工具
新媒体环境下品牌立体保护	国内/国外图形、文字、声音、立体商标保护策略
	企业标识形象图及广告宣传语版权保护策略
	互联网/移动互联网等多类型域名保护策略
	产品及包装外观设计保护策略
	产品知识产权
	在海关进行商标、版权、专利保护策略
	注册商标实时监控及恶意行为阻止
	注册域名实时监控及恶意行为阻止

工作模板	工作块面
新媒体环境下品牌资产维护	制定品牌形象传播实施策略
	建立大数据信息分析系统
	品牌主题营销活动策划与实施
	品牌资产荣誉申请
	品牌运用监控系统
	舆情监控系统

"影网"从新媒体环境下品牌运营的角度为客户进行系统化的规划，以品牌的创建、保护、传播和维护为主线，对"品牌战略布局""品牌立体保护""品牌精准传播"和"品牌资产维护"四个维度周密部署，全面涵盖企业品牌资产经营相关事务的全过程，使企业品牌资产在新媒体环境下能够"快、稳、准、狠"地保值、增值。

第八节 风险管理

一、企业风险管理

1. 企业风险预测

"影网"所面临的风险主要来源于国内市场（见表3-5）。

表 3-5 企业风险预测

财务风险	现金流量不是很稳定，流动资金占有很大的比重。在业务往来中，现金流波动有可能使公司受到资金折算损失，直接增加了商品成本
运输风险	"影网"有自己的供货渠道和专有的物流渠道，所以在耗材运输中容易发生意外，为公司带来额外的损失
行业风险	"影网"所处的行业是影视制作服务业，这是影视制作行业下的一个冷门细分行业。"影网"又是行业率先的尝试者，所以整体的运作模式和产品容易被模仿，行业进入壁垒低
管理风险	影视制作业受其工作性质的限制，人员流动较其他行业大。加之影视制作服务业是一个新兴行业，很多行业运作的规律还在探索中，所以人员流失是一个非常大的管理风险。同时，"影网"一大项主营业务是来自美国的 Writer Dute 软件和欧洲的 Line Producer 软件在中国地区的代理。代理合同有日期限制，而且会受到很多国内外的软件引进政策影响。所以在管理上的另一大风险就是两家软件有终止合作的可能性

续表

政策风险	由于"影网"是引进的两款国外的软件，所以在两国软件输出和引进政策上的差异政策会成为"影网"的主要政策风险

2. 企业风险控制

针对上述风险，公司将采取以下主要应对办法：

（1）财务及运输风险的防范。通过数字中央信息处理与管理系统的自动按需扣费功能，可以有效地避免违约风险和供货商虚报价格风险；合理控制收支预算，尽可能保证现金流稳定；为运输货物购买运输险和货物险，尽量把运输中存在的风险控制到最小范围内。

（2）管理风险的防范。①法律上，公司与所有的员工及供货厂商签订合同既保障员工及供货商的权益也有利于公司的管理及稳定。②经济上，所有合作的供货商将获得低风险、高收益的回报。"影网"会通过自己的营销推广来保证供货商的产品销售畅通。对于国外软件代理商，"影网"将会帮助其在中国市场上进行推广、宣传，为他们寻求更多的合作伙伴。公司员工除了获得基本工资外，还有岗位的补贴和各种公司的福利及社会保险。③精神上，公司采取奖励制度，通过公司的监督评价系统对供货商进行监督管理，根据监督与评价系统的数据统计及公司调查，给予合作商星级评级并针对评级较高的合作供应商予以奖励。

（3）行业风险的防范。利用法律手段，申请并通过中华人民共和国工商管理部门商标及品牌相关认证，减少和控制产品的易模仿性。

（4）政策风险的防范。清晰地了解国内外软件引进及输出政策。在法律允许的范围内，制订出规范可行的软件引进方案。

二、品牌风险管理

1. 品牌风险预测

"影网"的品牌风险来源于品牌推广和传播中的风险（见表3-6）。

表3-6　品牌风险预测

品牌元素风险	在品牌名称方面，"影网"两字虽简单明了，但容易被其他品牌借用及谐音篡改；在品牌形象上面，"影网"的标识设计采用中国古代钱币"天圆地方"的理念，虽然简洁大方但是在颜色和形状上都很容易被篡改
品牌定位风险	"影网"将品牌定位于影视制作服务细分行业下，主要的目标客户群定位为影视制作人及影视制作公司。这样的品牌定位适用于品牌推广的初期阶段，但也容易忽视其他潜在的客户群（如业余影视爱好者）。而且目前"影网"为了能够更好地打开市场，在品牌推广的初期阶段想要尽快打动所有的目标消费群，然而，当初期阶段结束后这样的策略就会使品牌定位模糊、缺乏层次感

品牌组合风险	目前,"影网"旗下有三个品牌。分别是 Writer Duet、Line Producer 和"影网"电商 APP。"影网"想要同时发展三个品牌,形成产业规范化。但是在推广过程中容易出现三个品牌推广程度不一、协同性差等风险。目标客户群易对三个品牌的认识模糊,缺少连贯一致的认知度

2. 品牌风险控制

针对上述风险,公司将采取以下方法进行控制:

(1)品牌元素风险的防范。①为影网数据科技有限公司旗下的电商 APP 的标识和名称在工商局进行商标注册,到期后再进行延续注册,保障"影网"对其独家使用权和最终解释权。②为"影网"注册企业域名;为电商平台注册商业域名;利用网络后台监测运营系统保障"影网"的合法权益。

(2)品牌定位风险的防范。①利用品牌定位牛眼图对"影网"进行精准定位,将"影网"定位在影视制作服务业这一细分行业上。在进行精准定位后,将目标客户群进行层次上的区分。②进行差异化定位,将"影网"与传统影视制作公司区分开来,不断强调"影网"是影视制作业下的细分服务行业。③采用能完美融合的一系列品牌元素。目前为止,"影网"没有过多的竞争对手。但是,一旦涌现大量的竞争对手,"影网"不仅可以利用自身产品的优越性,更可以采用富有创意的品牌元素设计来区别于竞争对手。

(3)品牌组合风险的防范。①注意品牌推广的先后顺序及主次关系。率先推广"影网"自有的电商 APP 在目标客户群中建立良好的品牌认知度,紧接着进行两款软件的推广。②在"影网"的三个品牌推广中,强调其品牌与品牌之间的关联性,做到连贯性认知。在目标户群使用 Writer Duet 进行剧本创作后将会使用 Line Producer 进行统筹规划,在影视制作统筹安排出来后将可以使用"影网"电商平台进行道具耗材的购买,从而形成影视制作前期的流程闭环。③实时监测三个品牌的推广情况,确保没有品牌出现独大的情况从而使目标客户忽略其余两个品牌。

三、软件引进与知识产权保护

"影网"引进美国编剧软件 Writer Duet 与德国统筹软件 DR 并已签署合作协议:明确"影网"为 Writer Duet 及 Line Producer 在中华地区(包括中国香港、澳门、台湾)的独家代理商。对于像 Writer Duet 这种软件来说,在法律意义上将都从属于知识产权范围内。著作权、专利权、商标权合成为知识产权的"三套车"。风险预测如表 3-7 所示。

表 3-7 软件引进与知识产权风险预测

著作权风险	由于不同国家对于知识产权的政策不同，原有的两款软件并没有针对中国市场设置防火墙，容易遭到软件的非法复制
专利权风险	Writer Duet 在美国没有申请过专利认证，DR 也是相同的情况。这样很容易被其他盗版软件公司抢先申请专利
商标权风险	中国客户普遍商标意识寡淡，在使用软件时容易造成商标的违法使用

1. 著作权风险的防范

在日后的推广中，"影网"会为 Writer Duet 在中华区申请著作权及软件引进使用许可，保证合作方能在法律的保护下正常运营。计算机软件作品是著作权法范畴中比较重要的作品之一，国务院专门为此制定了《计算机软件保护条例》，软件著作权人可以许可他人行使其软件著作权，并有权享有报酬。所以，"影网"独家代理 Writer Duet 处于法律允许范围之内。为保证推广和营销的正常进行，"影网"与 Writer Duet 在多方面达成一致。源代码所有权始终归软件研发方持有，"影网"持有其在中华区的独家代理权。此外，在遵守《信息网络传播权保护条例》的情况下，"影网"有权使用 Writer Duet 的产品应用于网络上，同时有责任对网络环境进行监管，确保合作方软件的著作权不受损失。

2. 专利权与商标权风险的防范

影网会同 Writer Duet 进行商议是否在中国进行专利认证。在确认准备申请专利后，"影网"将会协助 Writer Duet 委托国家知识产权局涉外代理机构进行国际 PCT 专利申请。依照《中华人民共和国专利法》及《专利法实施条例》，将申请文件送交国家知识产权局进行盘查（附录中附有 PCT 国际专利申请书）。"影网"将加强软件在中国的防火墙建设防止软件被盗版以帮助合作方维持其专利权。"影网"将会在代理软件时注重商标的携带及正确使用，同时告知使用此软件的合作方有关商标使用的注意事项避免合作方被盗用商标。

第九节　财务预算

一、品牌推广预算（2016 年推广）

品牌推广预算主要分成三部分，分别是品牌元素设计预算、品牌推广预算、品牌管理预算（见表 3-8）。

表 3-8 品牌推广预算

项目	项目明细	单价 (万元)	数量	总价 (万元)
品牌元素设计	标识设计、网站建设美化、宣传品制作	15.3	1	15.3
品牌推广	网络推广、平台推广、路演活动	62.0	1	62.0
品牌管理	市场调查、专家咨询	1.4	1	1.4
合计	—	—	—	78.7

（1）品牌元素设计预算（见表 3-9）。

表 3-9 品牌元素设计预算

项目	项目明细	单价 (万元)	数量	总价 (万元)
标识设计（东道）	为"影网"的标识进行精确化调整	10.00	1	10.00
网站建设及美化	包括建设公司官网及针对市场反响进行进一步美化	0.87	—	4.00
宣传品制作	包括三折页、海报、易拉宝等	1.30	1	1.30
合计	—			15.30

（2）品牌推广预算（见表 3-10）。其中，路演活动预算明细如表 3-11所示。

表 3-10 品牌推广财务预算

项目	项目明细	单价 (万元)	数量	总价 (万元)
网络推广（业内人士）	寻找有关微博大 V（如影视大魔王）等配合宣传	0.3	10	3.0
平台推广（电影节）	在上海、北京两大国际电影节上进行摊位开拓	5.0	2	10.0
平台推广（专业论坛）	—	1.5	2	3.0
路演活动	包括场地、合作平台费用、宣传品等	36.0	—	46.0
合计	—			62.0

表 3-11 路演活动明细预算

项目	项目明细	单价 (万元)	数量	总价 (万元)
场地租赁	场地初定于星光影视园	10	1	10

续表

项目	项目明细	单价（万元）	数量	总价（万元）
直播平台合作	选择花椒、映客等直播平台	3	1	3
舞台搭建（租赁）	集装箱外表，活动板房材料	10	1	10
宣传品制作	包括背景墙、海报、易拉宝等	1.2	2	2.4
人工费	器材人工安装费	1.8	—	1.8
电影节参展	—	2.8		2.8
合计	—	—	—	46

（3）品牌管理预算（见表3-12）。

表3-12　品牌元素设计预算

项目	单价（万元）	数量	总价（万元）
市场调查	0.5	—	0.5
专家咨询	0.3	3	0.9
合计	—	—	1.4

品牌推广（2016年）共计投入 = 153000+620000+14000 = 78.7（万元）。

二、财务预测

"影网"刚刚成立不到两年，所以在财务方面没有足够的数据进行推断。且在影视服务业中，"影网"属于行业中率先起步的公司，所以也没有足够的财务数据供"影网"进行财务预测。但是，"影网"处于影视制作业下的一个细分行业中，"影网"的经营状况与影视制作业内的公司经营状况呈正相关。所以我们所处的影视服务业的财务波动会同影视制作业的财务波动态势大致吻合。

根据影视制作行业中已上市的两家公司（光线传媒、华策影视）的上市公司财务报告数据显示（见表3-13、表3-14），影视制作行业在近两年中整体取得较好发展。光线传媒处于影视制作行业中上等的地位，而华策影视处于影视行业中下等的地位。光线传媒在2015年的营业利润率一直处于25%~30%，2016年第一季度受国家政策扶持、春节国产电影集中上映等因素的影响，营业利润率更是突破50%。

表 3-13　光线传媒（近一年）财务数据

日期	2015-06-30	2015-09-30	2015-12-31	2016-03-31
主要财务指标				
基本每股收益（元）	0.2600	0.1200	0.2800	0.1400
加权每股收益（扣除后）（元）	0.0400	—	0.2500	—
摊薄每股收益（元）	0.0560	0.1250	0.2741	0.1450
每股净资产（元）	4.3956	4.2628	4.6850	4.6558
每股未分配利润（元）	0.5905	0.6595	0.7854	0.9303
每股公积金（元）	1.9282	1.9282	1.9272	1.9414
销售毛利率（%）	33.7400	32.6200	33.6800	53.2700
营业利润率（%）	21.9800	24.8400	28.4500	50.2800
销售净利润率（%）	19.8500	21.9000	26.4000	47.0900
加权净资产收益率（%）	1.7000	3.4400	7.0400	3.1100
摊薄净资产收益率（%）	1.2700	2.9300	5.8500	3.1100
股东权益（%）	83.0700	86.0800	83.9200	84.1300
每股经营现金流量（元）	-0.1378	-0.1058	0.2712	0.1851

表 3-14　华策影视（近一年）财务数据

日期	2015-06-30	2015-09-30	2015-12-31	2016-03-31
主要财务指标				
基本每股收益（元）	0.2200	0.2200	0.4800	0.1100
加权每股收益（扣除后）（元）	0.2100	—	0.3700	—
摊薄每股收益（元）	0.2230	0.2239	0.4361	0.1071
每股净资产（元）	3.7660	3.7204	5.4190	5.6167
每股未分配利润（元）	1.1565	1.1558	1.2739	1.3794
每股公积金（元）	1.5906	1.5958	3.2013	3.2029
销售毛利率（%）	40.08	33.05	37.20	41.36
营业利润率（%）	26.40	14.90	17.92	31.18
销售净利润率（%）	23.58	16.44	17.89	23.21
加权净资产收益率（%）	6.17	6.29	11.92	1.94
摊薄净资产收益率（%）	5.92	6.02	8.05	1.91
股东权益（%）	68.60	62.17	72.47	67.80
每股经营现金流量（元）	-0.4155	-0.5650	-0.5680	-0.3380

　　华策影视的营业利润率虽然没有光线传媒乐观，但也一直维持在20%上下。综合以上两家公司的财务状况，"影网"将比对这两家公司的营业利润销售净利

润率等财务数据（见表3-15），再根据"影网"自身运营资金较为充足、产品营利性可观等发展情况进行如下财务预算。

表3-15 "影网"未来三年内经营绩效预测（对比2015年）

年份 \ 指标	成本（万元）	营业收入（万元）	营业利润（万元）	营业利润率（%）
2015	147	195	48	24.6
2016	209.2	295	85.8	29.1
2017	240.7	358.6	117.9	32.9
2018	277.3	425.9	148.6	34.9

"影网"在开展系列品牌推广后，经营绩效方面预计会有大幅度提升，营业利润率预计可以在20%~30%的范围内。"影网"三年内绩效预测如图3-29所示。

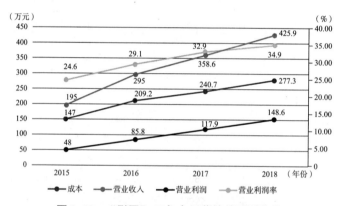

图3-29 "影网"三年内经营绩效预测曲线

专 家 评 语

"影网"品牌策划工作室经过市场分析与调研、企业现状分析为"影网"进行准确的品牌定位、清晰的品牌元素设计、讨论出一套切实可行的推广方案。与此同时，"影网"品牌工作室不仅助力于"影网"品牌知名度的提升，更想为"影网"树立良好的品牌形象，帮助他们实现"青春电影人圆梦计划"。

一、创业策划方案的可取之处

1. 项目的提出独辟蹊径

"影网"搭建了自己的电商平台，为客户提供"全流程、一体化"的耗材供应系统；在创始人去好莱坞进行实地考察之后，"影网"引进了名为 Writer Dute 的剧本创作软件和名为 DR 的统筹制片软件；另外，"影网"还承接小型的网剧制作项目。目前，这是"影网"的三项业务。这两款软件是承接关系，客户在使用完剧本软件后会跳转到统筹制片软件上，最终整个影视制作的报价出来后将会指向"影网"自身的耗材电商平台，从而形成闭环。这样的业务组合实际可以大大提升影视制作的效率，使影视制作更加规范化。

2. 项目从内容上看设计考虑较为全面

需要指出的有以下几点：

（1）分析了产品及经营模式。在详细介绍其产品的基础上，进行了网站操作演示，提高了项目创业实现的技术上的可行性。创业思路清晰，技术上可行，发展战略制定明确具有可操作性。

（2）制订了较为稳妥循序渐进的战略发展规划。前期一线城市为主，二线城市为辅；中期二线城市为主，三线城市为辅。

（3）设计了有一定可行性的盈利模式。分前期、中期、后期根据公司不同发展阶段，设计了不同的盈利模式。

（4）该创业计划也对潜在市场、竞争对手、市场分析、融资计划及财务计划等都有一定程度的分析，也有一定程度的说服力。

二、创业方案不足之处

其一，从形式上看，创业计划书在文字格式等方面还应进一步精雕细琢。例如，第二章企业现状这一部分，有部分语句内容是重复的。该部分一定要精练、精准和精确。

其二，从人员组成上看，技术方面略显不足。营销、财务等方面专业人员有，但是在信息技术、网络技术等方面的硬件及软件专业人员配备方面明显不足，影响投资者对"影网"团队能否胜任此项创业的信心。

其三，市场分析不够精准。创业计划对电商、对实体店都有分析，但是对电商与实体店的融合分析不够，投资者看过计划书后，仍然会对项目的市场潜力没有准确的认知与把握。

其四，对竞争对手分析不够全面。尽管可能市场中没有这样的竞争对手，但对团购等相似的或替代的电商服务企业应进行比较研究，这样有可能突出创业项目的优势。

在融资计划、促销策略设计方面也有许多可以改善的地方。另外，"影网"正处于起步阶段，又是影视制作服务业这一细分行业的率先尝试者，所以难免会缺乏可以借鉴的经验、缺乏知名度。同时，"影网"引进的两款美国、欧洲的软件在中国影视创作市场上的应用并不多见。

点评人：徐炜
首都经济贸易大学工商管理学院教授

第四章
"爱营"策划案

本策划项目获得 2017 年（新加坡）国际品牌策划大赛总决赛金质奖，2017年（新加坡）国际品牌策划大赛中国大陆地区选拔赛一等奖。

方案策划撰写者：宋吉星、于思琪、吴萌、苏伯悦

方案指导教师：王成慧、郭斌、牛越胜

第一节　概述简介

品牌，英文名称是 Brand，原意为烙印，引申义为品牌。品牌就是时光造就的一个企业在大众心目中的印记，品牌也是一种识别标志、一种精神象征、一种价值理念，是品质优异的核心体现。"爱营"在中国夏令营行业日渐兴起的背景下应运而生，致力于为 6~12 岁儿童提供最本真、最原始的营会体验，让孩子们在接触自然的过程中释放天性、启发灵智。也正是本着这样一种追求，卢冰老师于 2015 年在北京注册成立了"爱营"。本组希望通过以下策划（见图 4-1）中的设计广告、制作专属宣传片、搭建线上平台、馈赠礼物等营销方式，积极提升"爱营"品牌推广的力度、扩大广度，让这一品牌更加深入人心，让"爱营"为更多的儿童带来改变。

图 4-1　"爱营"策划书封面

一、企划目的

"爱营"作为刚刚成立不久的夏令营品牌，在家长和小朋友心中还没有足够

广泛的认知。本组希望借此机会让更多的家长认识"爱营"、理解并认可"爱营"的理念；让更多的儿童有机会参与到"爱营"的活动中，不仅能在营会中更能在营会后感受到"爱营"的关怀与陪伴。同时，借由此品牌策划打响"爱营"的知名度，让更多的人看到"爱营"对儿童的关怀。本组将仔细分析市场和研究产品品牌设计创意以及推广传播计划并将此力量作为"爱营"开拓市场的一份推力。

二、企划目标

在这次的企划中，本组将会为"爱营"设计品牌标识、品牌广告语、品牌代言人以及品牌吉祥物，以期增强"爱营"的辨别度，作为开拓市场的第一步。此外，本组将通过宣传片的方式弥补"爱营"广告效益的不足，同时，借由影片的分享活化微博专业，期望半年内能够有10000人的关注度。考虑当下网红经济的发展以及网红强大的传播推广力度，我们也将开展网红推广。而网上"手工萌娃"大赛、"萌娃"网络评选都会提升"爱营"的关注度。《我的第一本故事书》这一设计不仅是对儿童营会过程的记录，更是儿童快乐成长片段的印记。我们设计的"爱营"APP和"24小时微信在线答疑平台"体现了"爱营"对孩子们持续的关爱，这些也必将提升品牌认知度和美誉度。

第二节　企业资料

一、企业名片

企业的基本信息如表4-1所示。

表4-1　北京爱营教育科技有限公司资讯

公司名称	北京爱营教育科技有限公司
成立时间	2015 年
负责人	卢冰
通信地址	北京市朝阳区望京广顺南大街 16 号嘉美中心 1012
公司电话	400-890-9151

主要产品	暑期大型夏令营、小长假营会、周末微营会
活动时间	每年的暑期7~9月；清明、五一、端午、国庆、中秋等法定小长假；每周的周末（除新年法定假日期间）

二、企业背景

"爱营"成立迄今仅有一年之久，就公司的整体发展来看，仅仅处于起步阶段。但在这短短的一年里，公司已经发展了内部员工五十名，并与国外十几位教育专家和心理学家、营地专家等建立合作，后续还将邀请更多的行业内专家加入。公司已经建立起较完善的医疗团队，营地勘察团队、资料管理团队和后勤服务团队，旨在为消费者打造最全面最贴心的服务，做家长放心的夏令营企业。

三、品牌故事

2014年的时候，卢冰还是一个与夏令营行业没有任何关系的人，这一年，他的姐姐在旅居美国10年之后带着女儿回来了。他打算给他像女儿一样疼爱的外甥女过一个与以往不同的生日，在询问了姐姐、外甥女的喜好之后，他报名参加了一个亲子夏令营。当他们整理好行囊真正到达集合地点的时候，他有些郁闷：这里的孩子大部分都是两手空空，爸爸妈妈在背行李，而他的外甥女独立地背着自己大大的行李袋。接下来一周的活动时间里，外甥女一直闷闷不乐，活动结束后外甥女说这次夏令营和她在国外一直接触到的营会完全不一样：在这里他们只是被带领着走马观花地频繁辗转于各个景点之间；大多数的小朋友都是一直紧紧地跟在爸爸妈妈身边，寸步不离，很少有小伙伴们愉快玩耍的氛围；辅导员说话、讲知识的时间比他们自己玩耍的时间要多得多；而当她想去树林里捡拾树枝生篝火的时候，辅导员把她远远地拉开了，并且告诉她这些都不需要她的参与，她只要等着饭菜做好就行。外甥女说这是她最糟糕的一次夏令营了。卢冰看到外甥女这样也很难受，他没想到会弄巧成拙。心有不甘的他郑重地对小外甥女说："舅舅一定会弥补你一个真正的夏令营！"

对外甥女的承诺成为了他事业转型的契机。接下来的3个月里他深入调查研究了夏令营现状：中国市场上的夏令营机构所推崇的夏令营的理念与国外真正的夏令营理念有着很大的出入。中国的夏令营很大程度上迎合了中国家长们的教育心理：强调技能，看重功利，却忽视了夏令营强调融入自然、释放天性、启发灵智的本质。夏令营教育不应该是对家庭教育和学校教育的延续，而应该是对它们的补充。市面上现有的各种夏令营（如领导力培养、留学培训、外语学习等）事实上只是把传统的室内课程搬到了户外、搬出了国门。而这种改变只是增加了家长们的消费，对于孩子而言根本什么深刻意义上夏令营对于成长的帮助。

2015年，他成立了"爱营"，相比较于一般的夏令营机构，爱营更加注重向夏令营产业发展成熟的海外夏令营同行学习，积极引进海外先进的夏令营理念，大型营会、小型营会相结合。深有感触的卢冰为自己的夏令营注入了"接触自然、释放天性、启发灵智"的理念。在营会中，孩子们在指导下亲自生篝火、自己和小伙伴搭建木筏渡过小河、制作绳索。他们是营会的亲身经历者而不是市面上大多数营会中的"观看者""享受者"，也正是在这些亲身经历中，孩子们磨砺自我，培养坚韧坚毅的品格，树立自信，获得勇敢，获得真正的成长。

四、企业活动

自2015年成立以来，"爱营"组织了数十场大型主题营会活动（见图4-2）。如表4-3所示，这些营会活动在形式上多种多样，包括户外自然探索类的，也有学习中国传统文化的，但这些营会共同的特点即高质量，全方位服务，注重孩子在营会中成长的点点滴滴。

图4-2　"爱营"大型营会海报

表4-2 特色营会活动内容简介

活动主题	活动介绍
	重温儒家经典主题营会 儒家经典乃国学之核心，乃中华民族核心价值观本源之出。通过对儒家经典的学习和实践，使学生对传统文化产生兴趣，切身领悟儒家经典文化中的"仁义礼智信，温良恭俭让"。在接受熏陶的同时开发潜质、提高语文成绩、启迪智慧
	西藏生物保护考察营 西藏生物保护，通过影像手段记录西藏地区生物多样性资源，为濒危的动植物留下宝贵的影像资料及科学本底调查样本，为西藏地区生物多样性资源的科研、保护、宣传、合理开发利用等提供重要的基础材料；并且将西藏的生物多样性通过影片呈现在世人面前，同时让孩子们了解到自然，懂得去保护自然，呵护和关爱动植物，激发孩子们对大自然的爱与责任心
	低空飞行训练营 从小培养孩子对航空运动的兴趣，促进航空爱好者的体验参与。为众多爱好航天科技的孩子们搭建主题活动平台，在活动组织中增强孩子们对航天运动的理解和感悟，有利于对潜在航天人才的培养
	户外天文观测营 五一、十一小长假，对于孩子们来说是个放松的好时机。长期待在学校里，适当利用这样的小假期到户外走走看看。与知名科学家同行，有先进的设备和专业的指导，孩子们通过自我观测去感叹星空的浩瀚，去探索宇宙的奥妙，翱翔在太空的无边无际当中，这无疑是符合孩子们特质的活动
	紫砂工艺手工营 为更好地传承中华民族文化遗产的瑰宝，在中国非物质文化培训中心开展此类活动，希望此类活动使孩子们更加了解我们的传统技艺，增强民族自豪感和文化传承的责任感。活动全程会有专业的大师进行授课指导，并学习紫砂壶的发展历程
	"博物馆"奇妙夜 国家动物博物馆夜里也疯狂，夜里随动物专家探秘精美展馆、欣赏4D电影、在喜欢的动物旁钻睡袋，你也可以静悄悄地去倾听历史的诉说。这一切梦幻般的感觉不是梦境，只是我们为孩子们打造的一个奇妙之夜

在这个过程中，"爱营"积极引进国外先进的夏令营知识，用专业的夏令营辅导在最高程度上扩大营会活动对孩子的影响，更好地助力孩子的成长。"爱

营"主要营会活动及分类如表4-3所示：

表4-3 "爱营"主要营会活动及分类

营会类型		主题营会
夏令营	传统文化营	重温儒家经典主题营会；学习茶文化特色营；重走"丝绸之路"之夏令营；做非物质文化遗产接班人之体验活动；圆你一个武侠梦系列活动等
	自然探索营	西藏生物保护之考察营；乌兰布统草原心智体验营；梦幻森林之探险营；三亚"走出去长大"亲子成长营；厦门国际海洋周成长营等
	科技交流营	低空飞行训练营；无人机创作集训营；青海湖科考体验营；大战机器人之体验营；智能汽车集中营等
假日营	户外体验营	磨砺自我之亲子野营；感受乡村生活营；户外观测之天文营；五一七娃大闹平谷之挑战营等
	非遗文化营	钧瓷文化营；紫砂工艺手工营；皮影戏之观赏营；杂技之乡之杂技营；天津泥人制作营等
周末营	体育户外营	"奔跑吧"之篮球训练营；英姿飒爽之马术营；"加油好男儿"之攀岩营；冰雪世界之滑雪营等
	科普知识营	博物馆奇妙之夜；奇妙鸟世界之观察营；我与动物有个约会之周末营等

1. 活动意义

"丝绸之路"作为我国古代一条重要的经济路线，是我国加强对外联系、发展对外贸易的重要途径。重走丝绸之路，可以让孩子们更加了解这段重要的历史，同时也能紧跟时代步伐，响应国家"一带一路"的重要发展战略，在游玩之中感受文化与经济间相辅相成的关系。

2. 费用明细

费用共计28000元，包含签证费、国际往返机票费（不确保所有航班为直飞）、保险费、食宿交通费、各参观景点费用、学习费用、资料费。

费用不包含护照费、个人消费、澳洲通信费、学生从各地到出发地的交通费以及一切由于个人原因引起的行程计划外费用（包括但不限于洗衣费、通信费、司机超时费、超公里费、收费电视节目；个人伤病医疗费、往返医院产生的交通费；寻回个人遗失物品所产生的相关费用、因个人疏忽、违章或违法引起境外学校、寄宿家庭、酒店、营地损失赔偿费用等）。

3. 行程安排

以"重走丝绸之路，感悟文化兴衰"主题营会为例，具体行程安排如下：

D1：北京—西安，乘飞机到西安，去感受这座十三朝古都的文化底蕴。行走于长安街上去重温唐朝的盛世繁华，去想象张骞出使西域时欢送的盛大场面。

▣ 古城附近的酒店

D2：西安—甘肃黄河石林，大型亲子节目《爸爸去哪儿》拍摄基地——白银黄河石林景区。一起去感受别样的地质风貌，看石林奇景、划羊皮筏子、快艇冲浪、篝火晚会、河心洲探险等。

▣ 夜宿黄河边上人家

D3：石林—敦煌，坐车到敦煌，沿途经过河西走廊，去感受陆地到沙漠的变化，去敦煌莫高窟看那栩栩如生的壁画。

▣ 敦煌市酒店

D4：敦煌—鸣沙山月牙泉，乘车到鸣沙山，趁沙漠还未完全吞没月牙泉，再一睹它的风貌。

▣ 在月牙泉边搭帐篷露营，乘车到嘉峪关

D4：鸣沙山—嘉峪关，领略天下第一雄关的风貌，听那些山羊驮砖、击石燕鸣的传说。

▣ 附近酒店

D5：嘉峪关—张掖，去张掖观赏独特的丹霞风貌。

▣ 晚上住农家乐，可以从窗户看到丹霞地貌

D6：张掖—新疆，新疆地势崎岖且孩子们身体不宜长途跋涉，坐飞机直接到喀什。喀什作为重要的通商口岸，可以在这里学习如何对外贸易。

▣ 考虑到新疆目前的社会稳定情况，晚上集中住在市区酒店里

D7：喀什—波兰，去走访奥斯维辛，以史为鉴，懂得战争的残酷性，珍爱和平。

▣ 可以进行夜宿挑战，每个孩子用自己身上的东西去向我们提前联系好的人家进行交易来借住一晚。

D8：波兰，充满历史厚重感的华沙小镇，享受着独特的东欧风情。

▣ 小镇旅馆

D9：波兰—希腊，学习古希腊文化，懂得东西方的文化差异。

▣ 住在风情小镇上

D10：希腊—北京，坐飞机飞回北京，结束行程。

4. 活动收益

每位营员在结束后会获得专程为他们打造的专属成长记忆录——《我的第一

本故事书》，并会在我们公司留下完整的成长档案，以备他们后续一系列的活动，并获得免费提供的周末营活动一次机会。此外，还会为每位营员颁发重走"丝绸之路"系列营会活动证书。

5. 注意事项

出团前 30 天，提前报满，提前截止。特别提示，本行程为参考行程，最终行程安排及价格以官网为准。若遇实际航班顺序调整、航班延误、天气原因等因素，实际出团行程将有调整。部分线路同一日期不同城市出发的团如果不足 15人，会在境外合并接待。

6. 安全保证

首先，所有参与的人员都会在活动前与公司签订安全协议，同时都要购买人身保险来以防万一；我们会完善孩子信息、健康状况表等，并配备有最好的医疗团队，每天早晨会为孩子们进行身体检测，时刻记录孩子在营会期间的身体健康状况。我们的营地选址一般都是离医院不超过 30 分钟的车程，一旦发生意外我们会第一时间进行妥善处理并确保孩子们的安全。我们的食品都是由专人负责，并经过严格的质量检测。我们在固定的营地会有后勤人员与当地菜农签订协议，由他们专门提供，并定期接受我们去种菜基地进行安全检测，我们坚持为孩子们提供绿色有机、天然健康的食品。我们会为每个孩子提供一个吉祥物，并在吉祥物里安装定位追踪器，以确保能够实时监测到孩子们的安全状况。之所以选择在吉祥物里安装，是因为在孩子的世界里，玩偶是他们轻易不离手的东西；万一遇到坏人，也不会引起怀疑。

7. 支付方式

学费汇入的账户如表 4-4 所示。

表 4-4　学费请汇入以下账户

银行类型	账号	收款人
支付宝	17801072363	陈红阳
中国银行 BANK OF CHINA	4563510100879558935	陈红阳
招商银行 CHINA MERCHANTS BANK	6225881011854322	陈红阳
中国建设银行 China Construction Bank	6227000010850342235	陈红阳

银行类型	账号	收款人
中国工商银行 INDUSTRIAL AND COMMERCIAL BANK OF CHINA	9558820200017995992	陈红阳
中国农业银行 AGRICULTURAL BANK OF CHINA	6228480010455570879	陈红阳

五、企业信念

有了想法，就要付出行动，尽管艰难，但要坚持，结合现状，去学习借鉴去改进，再实行创新。卢冰坦言，"爱营"成立时间不长，在业内谋求发展很有压力，步履维艰。加之他先前有和外甥女一起参加营会的失败经历，使他永远忘不掉外甥女那天的泪水，并下定决心要做孩子的倾听者，全方位为孩子提供服务，以满足孩子需求为目标的夏令营。他的团队规模不大，但是他们是一支由国外儿童营会专家组成热爱夏令营事业并富有责任感的团队。他们因为热爱而付出，因为热爱而执着。他们坚信这不是一项工作，而是一个志向，一种情怀与使命的结合。如表4-5所示，这种甘愿付出、勇于担当的情怀，也感动了很多参加夏令营的小朋友们。

表4-5 营员营会实录

活动照片	活动感言
	第一次接触陶艺，发现它充满了乐趣，在大哥哥的帮助下，我拥有了属于自己的第一份陶艺作品。听营地的老师们讲，中国自古以来就是瓷器大国，瓷器质量世界闻名。希望我以后能更多地接触陶艺学习陶艺，长大以后做陶艺接班人
	我们今天在营地度过了一个特殊的下午——搭帐篷。以前和爸爸妈妈出去野营，都是爸爸搭好我们住，今天我和小伙伴们在老师的帮助下，自己学会了搭帐篷，真的好开心啊
	来营会的第一天就想妈妈了，我特别想回家，不想待在这里。这里的人我都不认识，但这里的老师告诉我，妈妈希望我能够在这里认识到更多小伙伴，希望我学会自己做事情。为了不让妈妈失望，我主动提出帮大家清理东西，相信妈妈知道后一定会很开心

在这样的经历下，"爱营"决定致力于为6~12岁儿童提供最全面、最原始

本真的营会体验。孩子们是祖国的花朵，父母的希望。但在中国式教育水平下，老师并不能够真正关心、照顾到每一个学生；家长也常常心有余而力不足，生活的压力使他们不得不把大量时间用于为生计而奔波上，久而久之，他们与孩子的沟通也渐渐变少，现在的孩子们也越来越缺乏真正的关怀。在城市这样的小家庭范围里，他们往往都是独生子女，都不懂得如何真正与人相处，他们也不敢轻易向他人吐露心声，没有人和他们分享秘密。夏令营作为学校和家庭教育的补充，不应只停留在为孩子们提供简单的营会活动层面，而更多的应该是关爱孩子们的心灵健康，全方位地为孩子们提供服务，让他们明白真正意义上的爱。真正意义上的爱，不是简单的父母宠溺、爷爷奶奶的娇惯，而是在合适的情境中去引导、鼓励甚至是批评教育他们。秉持着这样的理念，"爱营"的创办相信会为更多的孩子们带来夏令营真正意义上的快乐和关爱。

六、企业愿景

如图 4-3 所示，企业的愿景分为短期、中期和长期等子目标。

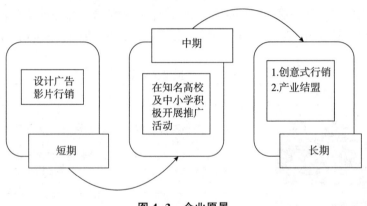

图 4-3　企业愿景

1. 短期目标

通过各种推广方案，在 1～2 年内打开夏令营市场，分得夏令营这个行业的一份羹。让更多的人知道"爱营"，了解"爱营"，使其知名度得到提升，让"爱营"全方位服务式的市场定位深入人心，并获得前来消费人群的赞许和认可。

2. 中期目标

有了很好的认知度，良好的基础，"爱营"要成为中国首屈一指的夏令营公司，使好的理念、结构更加科学合理的营会真正造福于更多的孩子，为他们的成长带来真正改变。这个目标预期在 10 年内达到，一个企业从其发展到成熟是要经过时间的考量的，"爱营"相信它们这种高品质、高服务质量的营地体验式教育是符合消费者需求，符合市场需求的。同时"爱营"一直致力于公益事业，在发展到五六年阶段，"爱营"已经实现盈利时，就开始运营自己的基金组织，为孤儿提供关爱，将关爱孩子的理念贯彻实施。

3. 长期目标

"爱营"将走出国门，帮扶夏令营理念、产业尚不完善的国家的夏令营机构，让"高品质、全方位服务、做孩子最好的朋友"这种运营理念被整个行业所认可，让更多的孩子们能够参与到夏令营这种教育当中，为那些没钱或支付困难的家庭创造更多的机会。

七、优秀师资节选

"爱营"有很多非常优秀的教师，都受过非常良好的、专业的教学培训，如表4-6所示。

表4-6 "爱营"优秀师资节选

教师照片	教师介绍
	Maria 委内瑞拉籍 毕业于澳大利亚墨尔本融合学院 项目导师 10年教育项目助学、设计经历
	Simon 委内瑞拉籍 毕业于澳大利亚 Monash 大学 组织领导力硕士 参加过数十场国际知名活动 14年营会教育经验
	Jennifer 加拿大籍 拥有16年营会经验的国际营长 亲子营设计专家
	黄伟 中国籍 北京市怀柔区应急救援协会会长 儿童应急教育、安全教育专家

续表

教师照片	教师介绍
	张劲硕 中国籍 中国科学研究院动物研究所博士、高级工程师 国家动物博物馆科普策划人 "肯尼亚东非大裂谷探索营"技术顾问
	赵超 中国籍 《中国国家地理》科考领队 长期在偏远地区开展野外工作 创办有中国国家地理"科研志愿者"项目平台 "爱营"素质拓展系列营会顾问

八、企业特色

"爱营"作为一家夏令营机构，旨在为孩子们打造最全面、高质量的服务，一直秉持着"Care For Children"的理念，做到想孩子之所想，做孩子之想做。通过"爱营"前期对市场的调查，现如今的夏令营行业形式丰富、种类多样，要想在原有的市场基础上进行竞争恐怕很难分得一份羹。"爱营"决定"另辟蹊径"，将其市场定位从夏令营本身的服务和质量上来进行，而这也恰恰是"爱营"的独特之处，使其在夏令营整个行业市场上与其他机构区分开来。"爱营"的主旨是打造最高品质、最全面的服务，这将从以下几方面体现：

1. 最全面的安全措施

一个夏令营最基础的就是"安全"，家长把孩子们送到营地里，最先考虑的就是孩子们的安全问题。针对家长的担忧，我们在各方面都做到安全第一，消除各种安全隐患。

（1）针对营地设施，我们会每天活动开始前一个小时派后勤设备人员进行检测；在活动时，会一对一派辅导员进行全程陪护，确保孩子们的安全。

（2）营地的选址上，都是距离医院不超过30分钟的车程。一旦孩子发生状况，会第一时间送孩子去医院及时救治。

（3）我们拥有先进的医疗团队，每天会在早晨对每个孩子的身体进行检查，并做实时记录，一旦发现孩子有什么异样，会立即将孩子送往医院检查治疗。

（4）食品安全也是当下的一个严肃问题，我们的食品原材料会由当地固定的菜农进行输送，专门且正规的进货渠道，并定期进行食品基地的检测；我们营地还配备有专业的营养师,对孩子们的每一餐都进行均衡的膳食搭配,确保孩子们吃到绿色健康、营养美味的食物。

(5)我们会为每个孩子提供一个吉祥物,并在吉祥物里安装定位追踪器,以确保能够实时监测到孩子们的安全状况。之所以选择在吉祥物里安装,是因为在孩子的世界里,玩偶是他们轻易不离手的东西;万一遇到坏人,也不会引起怀疑。

(6)一旦发生什么不可预料的状况,我们也有一套完整的应急方案。

2. 最贴心的关怀机制

(1)能够前来参加营会的孩子们,首先是可以对其和其家长表示肯定赞许的。大多数孩子都是家里的独生子,在家里都是"小公主""小王子",都是捧在手心怕掉了、含在嘴里怕化了。他们来到营地里,远离父母,身处陌生的环境,无疑对孩子们来说是一种挑战,也是对家长的挑战。为了使孩子们能够尽快融入营地这个环境里面,我们会对每个初到的孩子进行一对一的辅导员配置,让他们首先熟悉一个人,这样他们会有一种心灵依靠。一旦有什么心理或身体的问题,他们可以向辅导员反映。

(2)每期营会我们都会在开始之初进行"破冰"活动,通过自我介绍、做小游戏等让大家尽快认识和熟悉彼此,更快地融入营会这个大家庭。

(3)每位辅导员都要全程记录孩子们的点点滴滴,在结束之后我们会为每位孩子创建专属的成长档案,这份档案会记录他们在营地成长的过程,并由我们收藏入库。如果之后孩子还来参加我们的活动,我们会拿出属于他的档案进行档案的续写。

3. 最特色的教育机制

(1)我们配备的每个辅导员会在全程跟踪记录对应孩子的活动,抓拍他们玩耍游戏的开心瞬间,并在活动结束时作为纪念为他们制作留念册。

(2)每天活动结束我们会让孩子们通过写作或绘画的方式对一天的行程进行记录,这样不仅可以让孩子们养成随手记录生活中点点滴滴的好习惯,也可以让他们学会对生活的反思和理解。

(3)在营地活动接近尾声之时,我们会将孩子们在营地开始之初和结束之时的表现进行对比,让他们对自己进行评价,并要求他们给爸爸、妈妈写一封信,表达他们内心对爸爸、妈妈的真实想法,这封信我们会在一年之后寄出。

(4)孩子们之间发生摩擦很正常,我们秉持的理念就是引导式教育。孩子们跟别人拌嘴打架肯定都觉得很委屈,我们会让每位负责的辅导员对孩子们进行单独式开导。首先是倾听,等把他们所谓的委屈倾吐出来之后,他们就可以认真听正确的教育。这时,辅导员就会对他们进行引导式教育,让他们自己反思在这个过程当中自己的错误,并要求彼此道歉。相信这种最基础最有效的教育方式会深得家长喜欢和认可。

第三节　市场分析

夏令营起源于美国。1861 年夏天，一位来自康乃迪克州的教师肯恩（Frederick W. Gunn），率领孩童进行为期两周的登山、健行、帆船、钓鱼等户外活动，来均衡孩童身心。"肯恩营队"每年 8 月在一座森林的湖畔持续进行了 12 年之久。通过过去十余年的营队经验，肯恩得出结论：夏令营是一个非常特殊的环境，它通过一群训练有素、专业热忱、细心、耐心的工作人员精心构架出能培养孩子潜能的相关课程，让孩子在自然环境中关心别人，在克服困境中建立自信，在团队竞赛中与人合作，在学习过程中积累能力。

一、夏令营行业概况

1. 国外夏令营发展及现状

夏令营在 140 年前诞生于美国，后来在各国相继流行起来。目前，夏令营产业在美国、日本及欧洲各国均有上百年的历史和相对完善的运营模式。创办性地举办各种各样的夏令营已成为世界各国青少年素质教育的重要途径。

（1）美国夏令营。目前，美国约有 1.2 万个夏令营，其中 7000 多个住宿营和 5000 多个非住宿营。如图 4-4 所示，其针对青少年的夏令营有细致的年龄分段；活动时间有短至半天的，也有长达数月的；营会主题有体育、艺术、语言、野外生存、职业体验、社区服务和特殊需求等类别；餐饮、健康服务人员及各种类型的营地顾问都持有相应的资格证书。美国夏令营协会（American Camp Association，ACA）于 1910 年，致力于分享营地知识和经验，保证营地活动质量。ACA 历史悠久、经验丰富，形成了标准化的管理和认证系统，靠公信力为各方服

图 4-4　美国夏令营

务。在美国，参加夏令营已成为一种传统。美国总统奥巴马对于两个女儿参加夏令营向媒体表示，尽管两个孩子短暂地离开让他感到想念，但他仍认为将孩子送到夏令营是对的，因为夏令营可以给她们的人生增加新的体验。

（2）日本夏令营。日本除了拥有像美国那样诸多的夏令营和营地协会外，其作为游学夏令营性质的修学旅行颇具特色，并因得到政府的重视和支持被纳入国家的教育制度体系中，如图4-5所示。在日本，修学旅行被视为"传承国家文化的重要手段，也是国家文化的重要组成部分"。对于不少日本人而言，修学旅行是他们人生最难忘的记忆之一。1955年日本成立财团法人日本修学旅行协会（ETI），此公益组织作为修学制度的协调者、监督者、研究者对修学旅行的发展起到了巨大的推动作用。

图4-5 日本夏令营

（3）欧洲夏令营。在欧洲，童子军组织（Scout）的夏令营较为常见。童子军发源于英国，陆军中将罗伯特·贝登堡发现长时间的和平安定状态下，国内青少年慵懒颓废。作为军人，他深感潜伏的民族危机，遂产生拯救一代青少年的思想并付诸实践。他招募20名十几岁男生在英国南部的白浪岛上进行野营生活试验，获得极大成功，很快为欧洲其他国家所效仿，如德国、法国、瑞士、俄罗斯等地。目前俄罗斯专设营地规模世界第一，有55000个营地每年为600万青少年提供服务。这种对校内教育的良好补充得到了广泛的社会支持。

2. 中国夏令营发展及现状

在中国，夏令营从新中国成立后出现，经历了一段漫长的发展期。中国少先队建队之初，第一批少先队员到苏联去参加黑海夏令营，这是最早出现的中国夏令营。当时的夏令营是由国家出资的公益性活动，是免费参加的。由于经济条件所限，一般只有少数的优秀学生才能参加，具有奖励性质。1992年，由日本方提出建议，在内蒙古草原上举办了一场中日草原探险夏令营。夏令营中暴露出来的中国独生子女在生存方面的诸多问题引发了上百家传媒参与的大讨论。在这场大讨论逐渐淡去之后，国内夏令营的组织者不再只是学校、教委等教育部门，能参与夏令营的学生也逐渐增加，这时，真正意义上的大众化夏令营才开始发展。截至2014年年底，创建了国家级青少年户外体育活动营地167个，平均活动面积800平方米，分布在24个省市。到2017年，总量将达到22000所以上，听起来数量非常庞大，但是学生人数更多，而且示范性的综合实验基地的项目只有150所，并不多。那么，随着国家政府对于夏令营营地建设的重视和国民对教育理念的转变，夏令营行业已经在国内迅速崛起，拥有广阔的市场可供开发。然而，就是在这样高速发展的情况下，国内的夏令营也涌现出了一些不规范的问题：

（1）无明确透明的价格构成谱系。目前，中国的夏令营经营机构有很大一部分为瞄准商机，以低价格为幌子，竞相拉客来拓展夏令营旅游产品市场。大部分夏令营机构在无定价规则和无定价实施细则的前提下，缺乏市场调研，盲目自行随机定价，缺乏明确的价格构成谱系。

（2）夏令营教育变成旅游团。目前，中国大部分机构推出的夏令营游并没有根据消费者需求特点来设计产品，产品单一、同质化严重、无趣味性、缺乏创新以及缺乏体验。如重庆地区某机构组织的华东五市夏令营游学营，却着重在南京夫子庙和上海城隍庙这两个景点购物，把夏令营变成了成人旅行团。很多夏令营机构缺乏专业的营长、辅导员、专家、教练员等角色，缺乏合理导向的营会理念与营会项目设计。更严重的是，市场上存在着一些严重虚假的夏令营广告，如打着夏令营旗号的补习班。

（3）安全监管无法保证。安全是夏令营的先决条件，也是一直以来最受关注的敏感话题。不少夏令营机构在孩子报名时给家长做了有关安全问题的口头承诺，但并未为营员做详尽的信息备注，也没有购买正规保险，造成了部分夏令营机构走在监管边缘的现象。

夏令营应是家庭和学校教育以外的完美补充，是对于青少年儿童素质教育培养的专业化培养。可以看到，我国的夏令营目前处于摸索阶段。虽崛起迅速、种类繁多，但仍存在着众多不合理、不专业的现状，大量真正的夏令营市场仍处于空白和可供挖掘状态。针对于此，一方面可以引进国外优秀的营地教育资源；另一方面也要研究本土化的可行性方案，在实践过程中不断探索发展的道路，为孩子打造真正安全、专业、独特的营会体验。

二、企业 PESTEL 分析

如图4-6所示，以下对"爱营"进行 PESTEL 分析：

1. 政治（Political）

自从2002年开始，教育主管部门不再允许以学校为单位组织夏令营活动后，夏令营开始正式步入了市场化操作模式。如今夏令营最显著的表现就在于它正在从以前的主题活动演变为一种经济活动、一种产业。随着"二孩政策"的全面普及，青少年儿童的数量将在一定时期内不断增长，越来越多孩子的教育健康需要被关注和引导。现如今，中国现行的应试教育体制使学生的健康发展备受瞩目，在 2016 年召开的"两会"中，全国政协副秘书长朱永新提出，提高教育质量不仅是我国改革开放以来教育发展的一个必然选择，同时也是经济全球化背景下教育的重要战略决策。可以看出，国家政府对未成年素质教

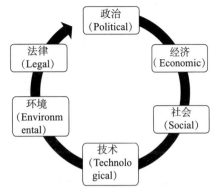

图 4-6 PESTEL 分析

育基地建设给予越来越高的重视。"十二五"期间，我国计划建设 150 个大型青少年营地，同时丰富营地的软实力，联合专业机构培养导师和营地活动设计专家，为国内青少年提供在营地学习和成长的机会。如图 4-7 所示，2012~2015 年中国营地数量呈不断增长的变化趋势。此外，在全国少年儿童夏令营活动管理中心承办的"首届全国优秀夏令营活动方案征集及营地风采展示经验交流暨夏令营规范发展研讨会"中，与会专家和参会人员针对安全、饮食、活动内容、活动形式和营地选择与建设等方面展开研讨，初步形成了《少年儿童夏令营活动组织工作参考标准》和《少年儿童夏令营活动营地建设参考标准》，可见夏令营组织工作和营地教育建设也将设立参考标准，这为夏令营机构规范、公平发展起到了不可或缺的作用。同时在素质教育推行的浪潮下，在政府对夏令营产业的关注与支持下，"爱营"将拥有更多的机会去施展自己独特的营会教育理念，为孩子打造一个全面、安全、健康的体验式营会教育，让孩子在自然中探索自我、磨炼自己、释放天性、启发灵智，拥有一个健康快乐的营地体验！

2. 经济（Economic）

据国家统计局发布的《2015 年国民经济和社会发展统计公报》显示（见图 4-8），2015 年全国居民人均可支配收入为 21966 元，比 2014 年增长 8.9%，扣除价格因素，实际增长 7.4%；全国居民人均可支配收入中位数为 19281 元，增长 9.7%。由此不难看出，我国国民经济一直处于高速稳定的发展中。教育产业的发展规模也在高速发展的经济中不断壮大。

由全国居民人均消费支出的结构来看（见图 4-9），教育文化支出一直占有较高比重，可见消费者对于教育产业投入的重视。消费者既然有着对于教育产业投入的需求，相信在夏令营理念的不断发展传播下，家长消费者会看到这一领域投入的必要性，作为校内和家庭教育的补充，夏令营产业拥有着广阔的市场前

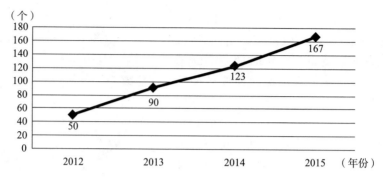

图4-7　2012～2015年中国营地数量变化

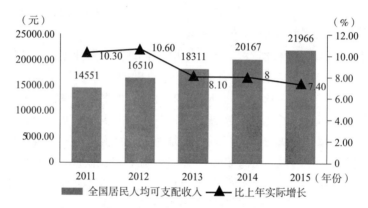

图4-8　2011～2015年国民可支配收入及其增长速度

景，而"爱营"自身独特的体验式营会理念和优秀的营地资源，也同样有很大机会去增大自己在此行业市场占有率。

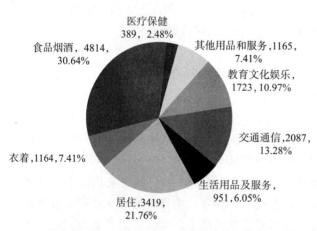

图4-9　2015年国民人均消费支出比例构成

一直以来，在中美教育支出占财政支出的对比中（见图4-10），中国的教育支出所占比重都远远高于美国。一方面这由于中国GDP总值较高且需接受教育群体数量较多，另一方面也是源于国家对教育的重视。然而正是在这样的教育高投入下，我国的夏令营产业经济发展仍远远不及美国。论体质、身体协调能力和参与性，美国孩子明显比中国孩子有优势。这和国内的教育体制与教育观念有关系，过分崇尚智育和应试能力，这是中国教育的顽疾。增强生存能力的培养和自我成长的历练，让孩子更像孩子，才会和未来的世界同步。由此可见，夏令营产业在中国现行经济下的发展和上升空间仍应十分充足。在夏令营理念兴起的浪潮下，只要把握好自己的理念初衷，积极引进优秀的营地教育资源，"爱营"将会有很大机会寻找到自身良好发展的契机。

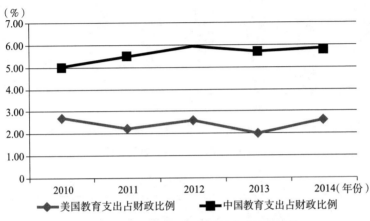

图4-10　中美教育支出占财政支出比重对比

3. 社会（Social）

中共十八届中央委员会第五次全体会议公报指出，为促进人口均衡发展，完善人口发展战略，积极开展应对人口老龄化的行动。据最新的城市儿童消费调查显示，当前我国0~14岁儿童占总人口的16.5%。

联合国对我国儿童数量的预测中也显示儿童数量于2015~2020年将持续高速增长（见图4-11和图4-12），在2020年将达到峰值2.6亿。越来越多的孩子的成长需要得到良好的引导和保护，孩子的健康童年不仅是其人生的重要一步，更是对国家、社会良好文化氛围的建设起着决定性的作用。"爱营"相信没有任何事物比看见一个孩子迈向成熟和自立更有价值，也没有任何机会比帮助孩子做自己喜欢做的事更加美好。我们针对青少年和家长群体开展的各种营会活动、各类公益课堂活动，其针对的人群在人口构成中占有可观的比重，并表现出将稳步增长的趋势，是夏令营产业发展的有利条件，更为"爱营"的发展带来了美好的前景。

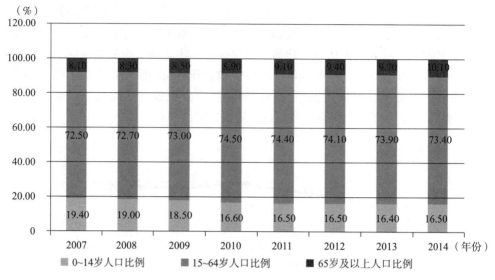

图 4-11 中国人口年龄分布变化

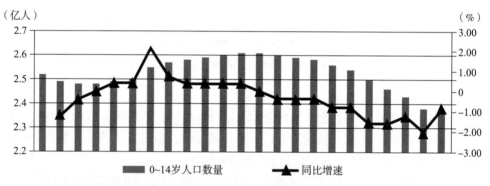

图 4-12 2008~2030 年联合国对中国儿童数量预测

4. 科技（Technological）

（1）网络。随着"互联网+"理念的传播和普及，中国将迎来继人口红利后的下一个红利——大数据红利，引领世界互联网体验升级潮流。在 2015 年第十二届全国人民代表大会上，李克强提出制订"互联网+"的行动计划，推行移动互联网、云计算、大数据、物联网等与现代制造业结合，促进电子商务、工业互联网和互联网金融的健康发展，引导互联网企业拓展国际市场。互联网对于国家经济发展、人们生活模式及传统产业造成冲击的同时，对于品牌的推广与传播也造成了巨大的影响。如图 4-13 所示，互联网的迅猛发展使我们有更多品牌推广的形式和内容，如基于互联网的传播渠道有微博推广、微信推广、搜索引擎推广、众筹推广、微电影推广、电子杂志推广等，而传播渠道也由传统的几种扩展到网络、手机、移动媒介（如车载移动媒介等）。在互联网迅猛发展的背景下，"爱营"将融合"互联网+"思维，依托互联网这一便捷的互动平台，创意式打造"互动营销"，使品牌更加快速、高效地为消费者所知，全面提高品牌的知名度。

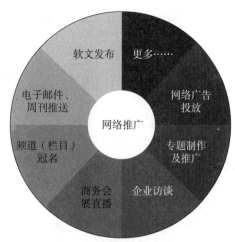

图4-13 网络推广渠道

（2）设施建设。在先进科技的推动下，夏令营的露营设备得到了不断的完善和更新，从指南针、折叠锹、多功能折叠军刀、多功能野炊锅到电子导航定位系统，露营设备变得越来越科学便捷，这为孩子的营会体验提供了技术保障的前提，使孩子们在自然环境下更好地探索自我，磨炼自我，懂得坚强和独立；使孩子在和伙伴们的合作交流中更好地建立与他人的联系，找寻自己的位置，发现自己的兴趣。"爱营"也将秉承"安全第一"的理念，着力为孩子打造最安全可靠的营会教育体验，让孩子在安全的基础上去感受最原始本真的夏令营，去体会充满未知的自然，在自然中释放天性，启发灵智，在自然中健康快乐地成长！

（3）交通。如表4-7所示，城市交通通信的现代化、电子计算机在商业外贸、金融保险、旅游宾馆、信息管理等领域的应用，都将促进夏令营产业的发展规模、服务质量和经济效益显著提高。

表4-7 2015年各种运输方式完成旅客运输量及其增长速度

指标	单位	绝对数	比2014年增长（%）
旅客运输总量	亿人次	220.7	3.9
铁路	亿人次	23.6	11.9
公路	亿人次	190.5	2.8
水运	亿人次	2.6	12.3
民航	亿人次	3.9	10.6
旅客运输周转量	亿人公里	29994.2	8.8
铁路	亿人公里	11604.8	9.5
公路	亿人公里	11981.7	6.5
水运	亿人公里	74.4	8.9
民航	亿人公里	6333.3	12.0

5. 环境（Environmental）

目前"爱营"已举办 100 余场主题营会，60 余期公益课堂，已有近 5000 个青少年儿童家庭关注"爱营"，走进"爱营"。在中国仍以传统应试教育为主流的环境下（应试教育向素质教育过渡期），在夏令营市场鱼龙混杂的背景下，营会教育是一次积极的尝试，是一种体验式教育，而在新兴的体验式夏令营中，"爱营"完善的营会关爱体系又是一次积极的挑战与尝试。索夫克勒斯说过，"人必须通过时间来学习，因为即使你认为你懂了，你也只有经历尝试后才能真正确定"。我们希望营员在自然的户外环境中，通过专业的营会工作者引导，在可持续的集体生活中通过具有创造性、娱乐性、挑战性、教育性的活动和独立的生活体验，达到营员体能、心智、社交及精神成长和发展以及创造互相信任、平等、尊重、关爱的团队和社区。我们旨在全方位为孩子打造完善的营会关爱体系，做孩子成长的见证人去记录孩子们的点滴成长。

6. 法律（Legal）

（1）《中华人民共和国未成年人保护法》。第 1 条规定宗旨，"为了保障未成年人的身心健康，保障未成年人的合法权益，促进未成年人在品德、智力、体质等方面全方面发展，把他们培养成为有理想、有道德、有文化、有纪律的社会主义事业接班人，根据宪法，制定本法"。

（2）《儿童权利公约》。第 3 条第 1 款规定，"涉及儿童的一切行为，不论是由公立或私立的福利机构、法院、行政当局或立法机构执行，均应以儿童的最大利益为一种首要考虑"。

三、企业 STP 分析

企业 STP 分析主要以市场三要素进行分析：市场区隔、目标市场选择、市场定位。

1. 市场区隔

目前，我国夏令营市场种类繁多（见表 4-8），夏令营市场已经从最初的旅游类型转变为与某一主题结合的夏令营旅游。目前，体验式夏令营大规模兴起，营地教育体验正在逐步向更加规范化、专业化的方向发展。

在这样一个市场划分下，"爱营"致力于打造体验式教育夏令营市场（见图 4-14）。所谓体验式教育，是指"教育者有意识与学习者一同投入于某种直接体验中，并且更加关注反射和思考，以达到增长知识的目的，开发技能和阐明价值观的一种教育理念和方法"。它不同于传统的主题夏令营旅游，

图 4-14 体验式学习

在体验式营地教育中，营员将在营会长、营会教练专家等角色的逐步引导下去体验不同的营会项目设计，在营会活动中探索自我发展，习得品格与技能，建立与营会团队间的良好联系。

表4-8 夏令营市场基本分类

类型	主题	主要内容
与某一主题结合在一起的夏令营旅游类型	入学	熟悉新环境
	英语、电脑	学习专门知识
	修学	以组团为主，到院校学习参观
	文化交流	文化交流
	特长	舞蹈、乐器、体育、漫画
	吃苦	体验生活、锻炼意志
	科技	普及科普知识、培养科技兴趣
	特种主题	军事、航空、爱国教育、大学生下乡活动
	其他新兴主题	网上夏令营、体验式夏令营
纯旅游类型	纯旅游	以参观方式专门游览参观风景名胜

在将体验式营地教育市场进行进一步划分时，我们可以看到大部分夏令营机构如启行、亿通、菁果等，它们的核心点大多是培养孩子的必备技能去更好地面对挑战，对每个营员个体缺乏持续的关注度；为了在体验式夏令营中更好地脱颖而出，"爱营"从另一个角度出发，我们希望孩子更多地去接触更本真原始的营会体验，在自然中释放天性；营会教育是学校和家庭教育的完美补充，我们希望在这里让孩子少一些精英式的训练培养，多一些自由创造的空间；同时我们将通过努力全面打造一个完善的营会关爱体系，为每个营员建立自己的成长档案，去更好地、持续性地关爱孩子的成长，做每位营员成长的见证人。

2. 目标市场选择

"爱营"选择6~12岁的青少年儿童作为自己的目标群体。一方面由于6~12岁孩子人生观、价值观都尚未养成，可塑性很强；另一方面6~12岁儿童的心理也是一个非常时期，各种行为习惯和行为模式都在这里奠定基础。我们旨在为这一年龄段儿童全面打造一个接触自然，释放天性，启发灵智的最原始本真的体验式夏令营，让更多的孩子平等、自由、愉悦地享受营会时光。

3. 市场定位

为6~12岁儿童提供接触自然、释放天性、启发灵智的最原始本真的营会体验，全方位建立完善的营会关爱体系，做营员成长的见证人。

4. 企业 SWOT 分析

如表 4-9 所示，以下是对"爱营"进行 SWOT 分析。

表 4-9 北京"爱营"教育科技有限公司之 SWOT 分析

优势（Strength）	劣势（Weaknesses）
"爱营"拥有独特的营会理念，与中国夏令营协会的互动机制为"爱营"引入了大量的优秀国际营地教育师资（营会长、专家等）；"爱营"拥有丰富的营地教育资源，结合国内外众多自然营地资源研发独特的营会项目；"爱营"专注于为 6~12 岁特定群体打造体验式营地教育，相比涉足广泛的大规模夏令营机构专注度更高，更有精力和能力在一个目标市场取得较高的市场占有率；"爱营"拥有独特的营会理念，对每位营员建立全方位的关爱体系，坚持持续性地记录和关注每位营员的成长，让消费者产生归属感从而建立对"爱营"的信赖；"爱营"与中国夏令营协会合作举办公益课堂、业内培训等，更加体现企业社会责任，有利于企业情怀的落地	知名度不足：企业成立时间短，加上行销通路不够成熟，目前只有少数人认识"爱营"，其微博粉丝数、微信公众号关注度显然不足，需要一系列的推广活动将品牌的知名度打开；产品展示受限：营会活动是需要切身参与的，在前期产品展示方面，目前还不能与消费者很好互动，难以让消费者全面认识产品；品牌完整度不足："爱营"的品牌元素设计尚未完善，标识、广告语、主题曲、网站专页等都需要进一步设计敲定；市场占有率较低："爱营"为初创公司，资金规模需要进一步扩大，资金流入渠道需要进一步丰富
机会（Opportunities）	威胁（Threats）
政府近年来对青少年素质教育的重视逐渐加大，对营地建设予以大力支持；"二孩政策"的开放使儿童占总人口比重加大，而国民对孩子教育模式有了新的转变，希望对孩子健康成长持续性地记录和关注；国内GDP 总数高速增长，同时教育类支出也稳占很大的比重，夏令营产业作为校内和家庭教育的完美补充，产业规模仍有很大的上升空间；"互联网+"理念的普及为"爱营"品牌的快速高效传播提供了更加有力的保障；由于中国市场的开放，大量来自国外的培训机构纷纷进入中国，由于不熟悉中国国情，它们需要寻求有影响的服务机构进行合作，与他们合作有利于占领市场先机	国内夏令营行业尚处于摸索阶段，行业运行并不规范，众多夏令营项目令消费者眼花缭乱难以抉择，容易给消费者以错误的消费导向；众多大规模夏令营机构如世纪明德、新东方等涉猎广泛，将游学、旅游、夏令营混为一体，然而并未引进真正的夏令营理念，在宣传推广的资金规模上给企业造成了不小压力；国民教育理念仍倾向于对孩子精英化、功利化的培养，在夏令营项目中容易选择以名校游学、专业技能培训为主的夏令营，忽视了夏令营的最本真目的

（1）品牌心智圆。

如图 4-15 所示，以下是"爱营"的品牌心智圆示意图。

（2）品牌核心价值。

如图 4-16 所示，"爱营"品牌的核心理念：方位完善的营会关爱体系，做孩子成长的见证人。

具体来说，包括以下三方面内容：①在营会里感受成长的关爱与陪伴。②自己动手，学会各种孩子们应该掌握的技能。③亲近自然，在大自然中寻求孩子们的纯真天性，启发心智。

图 4-15　品牌心智圆

图 4-16　品牌价值

（3）异同点分析

1. 类同点

对于品牌来说，类同点主要是建立在与其他品牌共享的属性和利益之上讲的。

（1）品类类同点。"爱营"作为一家面向儿童的夏令营组织，同其他夏令营机构一样都在为孩子们提供了欢乐的时光。在营会中，让孩子们学会与人相处。

（2）竞争类同点。"爱营"和同行业的组织都面临着多种外界行业的竞争。它们同样都面临着其他类型的孩子课外活动的竞争威胁。就孩子本身而言，他们的时间和精力都是有限的；从经济学角度分析，时间成本也是有限的。如果孩子们参加了与书本知识相关的补习班或旅行社出行旅游，他们就不会选择参加夏令营。对于夏令营这个行业，它们有着共同的利益竞争者。

（3）环境类同点。越来越多的家长在教育改革的背景下开始注重孩子的健康发展，关心孩子的健康成长。这就给孩子快乐发源地、有教育启蒙意义的夏令营很好的发展空间。

2. 类异点

如表 4-10 所示，类异点即指一个品牌区别于同行业其他组织的根本特点，是指消费者心目中对于这个品牌所独有的认识和印象。

表 4-10　"爱营"与同行业夏令营机构比较

		北京爱营科技教育有限公司	其他的夏令营机构（菁果、启行）
相同点	性质	营利性组织	
	形式	开展营地活动，进行营地教育	

续表

		北京爱营科技教育有限公司	其他的夏令营机构（菁果、启行）
不同点	理念	全方位打造完善的营会关爱体系，做孩子成长的见证人	增强孩子技能，培养精英式的教育理念
	顾客	中高端收入家庭缺乏家长陪伴的 6~12 岁的儿童	面向广大青少年儿童教育培训
	资源	与中国夏令营协会合作，拥有国外先进的营会资源，更多地注重心理教育方面的师资配备	单一专门技术型师资力量，多关注环境的资源配备
	专业度	只做 6~12 岁儿童成长的陪伴者、见证人	面向年龄段更广，主题更多

（1）理念不同。"爱营"的理念与其他营会机构最大的不同之处即它的特有理念，现存绝大多数的营会机构主要在于培养孩子特定的与学习相关的某种技能或者也只是为了提高孩子的某种兴趣。它们并没有真正做到想孩子们所想，做孩子们应做之事。"爱营"从孩子们的视角出发，为孩子们打造一系列属于孩子们应该做的活动。上树、捉蝴蝶蜻蜓、玩泥巴等这些最朴实的童年活动，不仅可以让孩子们摆脱思想束缚，还能够激发他们的灵感，在快乐的环境中去动手、去体验、去感悟。我们的目的不在于培养精英，而在于帮助孩子们找寻他们内心最童真的一面，帮助每个孩子找到他们身上的闪光点，让孩子找到自己想要从事的领域与想过的生活并找到属于自己的社会位置，孕育最初的人生梦想。"爱营"给予孩子们的不只是精致营会中的成长的关怀关爱，更有营会后也有持之以恒的陪伴。

（2）专业度不同。公司为了更好地服务于孩子们，专门邀请了一大批来自国内外有名的儿童教育专家和心理咨询师，为孩子们设计了一系列开拓智力的游戏和发散思维的活动。同时也会为孩子们配备营地辅导员，及时关注孩子，孩子们一旦遇到问题会及时帮助孩子们解决并进行开导。

（3）形式不同。一般的夏令营主要是在寒暑假这样的大假期里组织孩子们到营地进行活动，但"爱营"不仅仅在寒暑假进行，也开拓了每周末的微营会。所谓微营会，就是将孩子们的教育贯彻到生活的点点滴滴、方方面面。每到周末，孩子们跟随"爱营"的脚步去参观国家动物园、欣赏国家博物馆，这些都更加丰富了活动内容，对孩子们的成长更有效果。

（4）范围不同。不同于一般夏令营机构，"爱营"的目标受众是高收入家庭 6~12 岁缺少家长陪伴的孩子们。

四、宏微观的市场环境分析

如表 4-11 所示，我们团队通过分析"爱营"发展的宏观微观环境，旨在进一步为其公司的发展策划出更好的方案，更加有利于该品牌的传播和打造。

表4-11 "爱营"宏观、微观市场环境分析

	短期	长期
微观市场环境	"爱营"因其刚成立,品牌知名度还有待提高;因为有着独特的经营理念和先进的资源,短期内被替代的可能性较小	就产品的生命周期理论来看,公司刚刚处于导入期阶段,风险与机遇并存;公司致力于打造良好的企业形象,乐于公益活动,致力于孩子们的成长事业,容易被消费者接纳和认可
宏观市场环境	中国共产党历来高度重视少年儿童工作。在革命、建设、改革各个历史时期,党中央就我国少年儿童事业发展做出一系列重大部署,毛泽东、邓小平、江泽民、胡锦涛等领导同志就教育引导广大少年儿童健康成长提出一系列重要思想,使我国少年儿童事业不断取得新的发展成就。党的十八大以来,以习近平同志为总书记的党中央高度重视中国少年先锋队建设、亲切关怀少年儿童健康成长,为新形势下我国少年儿童事业发展指明了方向。这种形式背景下,作为学校、家庭教育补充的夏令营更会得到发展支持。高收入家庭的家长更加重视孩子健康成长,但是迫于事业压力,没有那么多时间陪伴孩子	中国政府将会坚定不移地关爱儿童的健康成长,也会大大推进夏令营行业的发展;一旦我们公司的理念得到贯彻,会有更多的人进入这个市场争夺市场份额,我们要做好防患于未然的准备

第四节 品牌元素设计

一、品牌名称

"爱营"以夏令营为业务:高端、特色、精致的营地活动给予了那些爸爸、妈妈没有时间去陪伴的高收入家庭的孩子关爱、锻炼的机会和成长。孩子们在营会中自己动手享受自己的成果、无所顾忌地探索自然、在与自然亲密接触中开发挖掘天性。更多地,"爱营"对儿童有着深深的关爱之情:不仅仅是以精心设计的营会给孩子带来成长的快乐体验、美好瞬间,更是致力于用营会后长期的关怀陪伴见证孩子们的成长。"爱营"取自业务"营会"和情怀"关爱"。

二、品牌广告语

本组为"爱营"公司设计了"你可能只来这里5天7天,而我想陪伴你5年7年"这样感人又通俗易懂、朗朗上口的品牌广告语。"爱营"不仅仅是以5天、

7 天的营会为爸爸妈妈没有时间去陪伴的高收入家庭的孩子带去关爱陪伴、锻炼成长，而是更多地在用专业的团队力量延续营会关爱陪伴，期望做孩子成长的见证人、护航者。在押韵、朗朗上口的效果下，"5 天 7 天"和"5 年 7 年"的对比展现的是一种时间的跨度，"陪伴"渗透出一种跨越时间的爱。该广告语将会被更多的家长和孩子铭记，这一品牌也将深入人心。

三、品牌标识

"爱营"标识设计理念如下：

其一，标识设计理念一："爱营"取其发音首字母即 A、Y；A 和 Y 可以通过美工构建成一个帐篷、一片绿地的图形；绿地代表着最自然的营地环境；帐篷既能体现活动本身又表达了我们为孩子构建撑起一片充满爱的荫庇。

其二，标识设计理念二：火是人类的起源、最本质的象征，正如 6～12 岁最本真的孩童一样；火代表着温暖，暗示了"爱营"带给孩子们关爱和温暖；篝火生生不息，正如"爱营"的关怀与关爱经久不衰伴随孩子成长。

四、品牌吉祥物

"爱营"是目标顾客为 6～12 周岁孩子的夏令营公司。在孩子们眼中，记住一个商业性的组织远没有记住一个更具代表性的吉祥物容易。我们在品牌推广设计中特地加上吉祥物这一元素，更加有利于提升品牌辨识度和品牌形象推广。我们最终选择猴子作为公司的吉祥物（如图 4-17 所示）。首先，小猴子这一形象易于被记住，而且不曾被其他夏令营使用，可以提高品牌辨识度；其次，孩子们的天性就是调皮和贪玩，和小猴子一模一样，用猴子代表我们的夏令营组织很贴切；而猴爸猴妈经常外出觅食不能照看小猴子，这也与公司面向的高收入家庭的 6～12 岁孩子的群体特征相符合。

图 4-17 "爱营"吉祥物

五、品牌形象代言人

品牌代言人的引入将会显著提升"爱营"的品牌知名度和美誉度。我们计划邀请一线影星黄渤为形象代言人（见图 4-18），原因如下：

黄渤有着良好的公众形象、对孩子们很有亲和力、在 6～12 岁孩子的家长群体中也有很高的认可度，因此具有很高的传播价值和良好的传播效应。

"爱营"面向的是爸爸、妈妈没有时间陪伴的高收入家庭孩子。在热映电影《亲爱的》发布会上演员黄渤透露，"因为常年在外拍戏，我担心和女儿见面少，回去被叫叔叔，我想要是能有多一点时间陪她，多好"。这虽然看似是一个玩笑，却是很多忙于工作的高收入家长们最伤脑筋的事。这句玩笑话也引起了广泛的公众热议。选黄渤做代言人，公众熟知的他的亲身经历会更有说服力。

图 4-18　品牌形象代言人

六、品牌主题曲

我们选择《阳光男孩阳光女孩》作为我们的品牌主题曲。这首歌不仅节奏欢快，歌词也十分贴切我们的主题。同时，这首歌作为中国家喻户晓的电视剧《家有儿女》的主题歌，为大众熟知。更多地，剧中三个小主人公的快乐成长是"爱营"致力于为更多孩子们打造的：一种家人式的营会体验、一种持之以恒的家人式成长陪伴关怀！

第五节　品牌推广方案

一、产品（Product）

鉴于"爱营"公司的产品夏令营营会设计在专业度上没有问题，甚至在师资等方面比国内大多数的夏令营营会设计更加专业，我们在品牌策划中决定转换一个视角，不再通过营会设计来将"爱营"与其他的夏令营进行区分。由于国内的夏令营市场现在还处于未饱和状态，所以大多数的夏令营企业都面临着供不应求的状况，因此，这些企业都没有很好的生存危机意识，在服务方面都没有主动改进的动力，因为即使在这样服务不是很专业的情况下也完全没有经营上的问题。但是这样的情况毕竟是暂时的，面对着这个市场的巨大利益，无数的潜在竞争者会不断涌现，我们有理由相信在不久的未来，真正决定消费者选择的将不再是营会设计本身，而是附加在营会之上的服务体验。因此，我们的品牌策划决定通过打造高水平的服务打造"爱营"的高端品牌形象。我们的具体措施如下：

1. 建立完善的"爱营"儿童成长档案

在儿童成长档案（见图4-19）中我们将从身体状况、心理状况等方面全方位记录孩子们的成长状况，与国内的夏令营儿童成长档案进行区分，我们的"爱营"儿童成长档案将不流于形式，我们会花费大量的人力对孩子的成长状况进行收集、

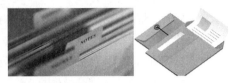

图4-19　儿童成长档案

记录与分析。"爱营"的儿童成长档案将不再是一页纸，而是一份有厚度的儿童测评记录文件。每一个第一次参加"爱营"营会的儿童都将被完整地进行信息登录，在之后参加"爱营"营会活动时这份档案将会被不断地更新、丰富。

同时，在儿童从夏令营回家之后我们也会每3个月进行一次电话回访，再一次对孩子的成长状况进行询问与记录，从而建立长期持续的儿童营会关爱体系。我们会将每一份儿童成长记录档案进行妥善保管，如果儿童在参加"爱营"营会活动5年之后还是没有再次参与并确定不会再参加"爱营"的营会活动时，我们会将所有成长档案资料邮寄给孩子家长，对资料不再保管。通过这种成长档案的形式，我们可以将儿童的成长状况进行系统地掌握，从而更好地了解每个儿童个体的情况，在营会活动中辅导员也能够更好地针对每个个体儿童的情况进行帮助，从而扩大营会活动对孩子成长的帮助。也是通过成长档案的改进，"爱营"的专业形象将不再是虚无的看不见的一个概念，而是可视化的物质体现。

2. 建立更加完整的安全保障体系

我们将"爱营"营会的安全保障体系分为以下几个模块：

（1）夏令营设施方面：对夏令营设施定期进行安全检测与维护，在每次夏令营之前还要有专门的设施检测人员进行检测，确保设施的安全。

（2）夏令营场地、食品方面：与几个安全性较高的夏令营营会场地建立长期的合作关系，保证夏令营场地的安全。同时，在固定的夏令营场地的附近与专业的有机蔬菜、肉食等食品生产场地建立长期的合作关系，确保食品的安全绿色（见图4-20）。

图4-20　有机蔬菜、肉食等食品生产场地

（3）夏令营师资方面：按照国外先进的夏令营师资要求"爱营"的夏令营师资，设置专门的"爱营"夏令营辅导员、营长等的资格

考试（见图4-21），只有经过专门的培训并通过了资格考试才能从事"爱营"的夏令营营长、辅导员等工作。同时，我们的夏令营师资证书会有有效期限，需要每年重新考资格证，通过这样的方式来确保我们的师资质量。

图4-21 夏令营师资

（4）夏令营医疗方面：招收高水平的儿童医疗专家（见图4-22），或者与相关的医院建立产业联盟，为参加"爱营"夏令营的儿童提供专业的医疗服务。对辅导员等的培训过程中培训最基本的儿童常见问题应急解决方法，提升整个夏令营服务团队的儿童紧急问题预防与应对水平。

图4-22 儿童医疗专家

3. 打造孩子的人生第一本故事书

我们在夏令营的过程中鼓励孩子们在每天的活动之后写一篇今天的感想日记，这一篇日记不一定是用文字的形式，孩子们可以选择通过绘画来记录这一天最快乐的回忆，同时每一次的活动我们的辅导员会进行照片记录，在夏令营结束后我们会将所有的日记与照片的电子版印制在一个精美的本子上，在本子的第一页上是本次夏令营活动场地的3D版本的图片，在中间是孩子们的日记与活动照片的电子扫描版，最后是营会辅导员与其他小朋友对这个孩子的寄予。加上一个精心设计的高端封面，这个本子将夏令营中的"你""我""他"和夏令营场地完美地结合起来，构成一份完美的夏令营活动回忆（见图4-23）。对于孩子们来说，这样的一次体验有了今后回忆的载体；对于父母而言，真切地看到了孩子们在夏令营中的经历

图4-23 孩子的人生第一本故事书

与收获；而对于"爱营"而言，我们为顾客下一次的参加做好了产品宣传与顾客维护。我们也希望通过这样的产品服务建立良好的顾客忠诚。

国内主要的夏令营企业的夏令营设计已经达到了很高的水平，我们想要在营会设计上再次取得突破非常不容易。因此，我们将品牌建立的依托放在产品之上的服务，将我们的服务做到专业化与可视化，将我们的专业度做到竞争对手们无法企及

的高度，从而建立我们的专业、高端的品牌形象，通过我们的服务将我们与同样水平的竞争对手区别开。而我们的"爱营"儿童成长档案、孩子的第一本故事书等产品举措，都很有利于与顾客建立长期的关系，鼓励顾客长期参加我们的营会活动。

二、价格（Price）

秉承着整合营销的理念，我们的产品与服务设计决定了我们营会的服务人群定位为中高端家庭，这一点决定了我们的价格定位为高水平价格。所以，我们的价格比起市面上的普通夏令营会更高。同时，也会把我们价格控制在与其他高端夏令营差不多的价格。我们的价格定位而是很符合中国消费者的一种消费心理，那就是通常来说消费者相信价格越高的产品质量越好、越放心。尤其是面对着关乎孩子的消费，家长们更是宁愿多花钱来降低风险。

三、地方（Place）

首先，本着高端定位的准则，我们将我们的公司地点与夏令营线下报名地点定位于北京市朝阳区望京广顺南大街 16 号嘉美中心，位于北京市最为繁华的地区之一。嘉美中心的交通便利，周围的高端用户多，符合我们为"爱营"设计的高端定位。在线上方面，我们秉承着可以容易接触到的准则建立了官网与微信两个平台。第一次参加"爱营"的用户会倾向于上官网进行全方位的了解然后进行选择、报名；而已经参加过了的老顾客会更加倾向于更为方便的方式，由于现如今移动手机的普及，微信报名的便捷性会非常高，因此我们在开设官网的同时设置了微信报名的方式，方便报名。对于已经参加过我们营会的孩子们将会成为我们的会员，享受我们开发的 APP 上的专有会员的福利，在这个 APP 上面家长们可以时时记录孩子们的成长状况，有什么问题也可以进入我们的 24×7 小时答疑空间寻求专业的解答。当然，我们最新的营会消息会优先在我们的 APP 上面发布，为大家提供更加专享的服务。

四、促销（Promotion）

1. 24×7 小时在线答疑平台

首先，考虑"爱营"的知名度很低，我们决定通过建立微信 24×7 在线答疑平台，在这个平台上家长们遇到孩子们心情波动、成长烦恼等问题都可以在线问答，我们的微信平台上会有专业的儿童青少年专家进行在线解答，这样的活动是对于家长们在非营会期间与我们保持联系的很好的方式；同时由于免费，也会吸引很多没有接触过"爱营"的家长们关注"爱营"的存在，通过微信答疑平台我们拥有了与家长们建立途径的方式。

2. 开展公益课堂

同样处于初期知名度建立难度的考虑，我们保持与CCA中国夏令营协会共同开展的公益课堂（见图4-24），相当于一个简单版的营会，这样的设置能够将我们的成本进行有效的控制，同时免费的宣传方式很符合中国消费者

图4-24　公益课堂

的需要，相信能够很好地为我们打开初步的市场。

公益课堂为家长们之间的沟通交流提供了很好的平台，家长们听到了别人家的孩子都去参加了营会活动，出于不想要让自己的孩子有任何成长的缺失的角度，很多家长们会因为其他家长们的影响而考虑"爱营"。尤其是作为夏令营行业为孩子们提供服务，口碑效应会产生很大的影响，而我们的公益课堂其实是为我们的口碑宣传提供了一个很好的宣传地（见图4-25）。

图4-25　公益课堂及从业人员
培养计划海报

3. 拍摄企业宣传片

企业宣传片是传递商品信息、促进商品流通的重要手段，我们拟为"爱营"制作属于"爱营"的宣传片，该宣传片拍摄后将在爱奇艺、土豆网、优酷等视频客户端进行播放，也用于"爱营"在其他场合自我宣传的需要。

宣传片设计脚本如下：

第一幕：侧重于将我们的"爱营"儿童成长档案，通过孩子成长的变化很快，需要连续性地观察说明我们的成长档案的重要性。

第二幕：说明中国现在夏令营市场上儿童成长档案的敷衍与形式化状况。

第三幕：介绍"爱营"的完善的儿童成长档案体系及其对孩子的帮助。

第四幕：指出这样的专业的夏令营品牌就是"爱营"。

第五幕：过渡连接："爱营"的专业不仅仅是这一点。

第六幕：介绍"爱营"精彩的营会活动。

第七幕：介绍"爱营"的安全保障体系。

第八幕：介绍"爱营"的24×7小时微信在线答疑平台。

第九幕：介绍"爱营"完善的营会关爱体系。

第十幕：鼓励选择"爱营"。

4. 网红传播

如今的互联网时代人人都是麦克风，这已经是一个自媒体传播的时代，网络

图4-26 Papi酱评节目

达人的传播效应在某些方面甚至超过了电视广告等的效果。因此，我们希望借助于当下流行的网红团体为我们进行快速传播。

以Papi酱为例（见图4-26），我们设计了如下的视频脚本：

——"Hi，大家好，今天想要跟大家聊一聊夏令营这个话题。"

——"大家知道夏令营是什么样儿的吗？"

——"你知道？"

——"哎呀，不就是把室内的各种才能培训搬到了小树林里、搬到了景区就换了个名字叫'夏令营'么？"

——"姐姐，把夏令营理解成这样就不要发言了，好吗？"

——"不过也真的是不能怪大家这样理解夏令营，你们说的其实也没错，只不过你们说的是中国式夏令营。"

——"夏令营还分中国式夏令营和外国式夏令营呢！"

——"难道不是世界上每种东西都分的吗？"

——"好了，现在我们说说真正的夏令营是什么样儿的。"

——"嗯，这个还真是有点难以形容。"

——"这么说吧，只是你能够在家里头在学校里头学到的东西都不应该是夏令营教给你的。"

——"没听懂？自己去'爱营'看呗！"

——"什么，没听说过'爱营'，那你也敢说你知道夏令营！"

——"跟我一起来'爱营'体验真正专业的夏令营吧！"

——"别再说你没时间了，就是因为你没时间才推荐给你这么专业让人放心的夏令营机构的！"

——"孩子的成长是耽误得起的吗！"

5. 网络"手工萌娃"大赛

开展网上"手工萌娃"大赛（见图4-27），鼓励6~12周岁的儿童上传自己手工制作的视频，通过网民投票的方式进行评选，挑选出"手工萌娃"，以"爱营"的一次免费营会活动作为获奖鼓励。在这个过程中我们会收获大量有

效的关注，在我们的潜在用户群中建立良好的知名度与联系。首先，我们进行大赛宣传，通过设置丰厚的大奖如一次免费的夏令营机会，鼓励家长们上传自家萌娃进行手工制作的视频。其次，我们留下足够的时间让家长们发动身边的亲朋好友帮助自己微信

图4-27 "手工萌娃"大赛

朋友圈投票，然后根据大家的投票结果评选出最终的"手工萌娃"并提供最终优惠大奖。

6. "爱心1+1"捐赠活动

感触于源于西方的咖啡馆中很多人愿意在购买咖啡时，为买不起的其他陌生人多支付一杯咖啡的钱。我们将组织"爱心1+1"活动，鼓励顾客在为自家宝贝购买夏令营服务的同时，也为买不起的孤儿们买一份同样的夏令营服务。利用这些爱心善款，我们将会集中为孤儿们提供夏令营服务。

首先，家长们在报名"爱营"的夏令营活动时，我们会鼓励家长们能够为负担不起夏令营服务的孤儿们购买一份同样的夏令营产品，贡献一份爱心。在积聚了足够的善款之后，我们会集中开展一次主要针对孤儿群体的营会活动。在营会活动结束之后，我们会鼓励这些孤儿们给那些为他们捐献爱心的叔叔、阿姨、哥哥、姐姐、弟弟、妹妹们写一封感谢信，信的形式不限于文字，可以是孩子们觉得能够代表他们的心声的图画，或者手工制品等。通过这样的活动，可以在符合我们高端定位的同时，为我们树立更加具有社会责任感与公益爱心的形象。

第六节　品牌资产保护

品牌资产保护主要由品牌的法律保护、品牌的经营保护、品牌的自我保护三部分构成。

一、品牌的法律保护

1. 事先维权

（1）商标权。根据《中华人民共和国商标法》规定的注册条件、原则和程

序，"爱营"将向商标局提出注册申请，经过商标局审核后注册企业标识；在商标注册过程中"爱营"要坚持"提前注册，及时续展"原则，"爱营"将纵向注册与横向注册，国内注册与国际注册，传统注册和网上注册相结合，同时注重产品的防御型注册；在商标注册的过程中"爱营"将会同时注册"爱营""营爱"等几个名称，避免市场中品牌混淆或品牌侵权等不良现象。

（2）网络知识产权。在新媒体时代下，"爱营"将更加注重品牌网络知识产权的保护，拥有品牌域名、通用网址、无线网址的绝对使用权，将品牌保护防线拉伸到移动互联网等领域。企业对网上"爱营"公众平台名称、网上"爱营"文章版权，以及网上"爱营"宣传标语等都要进行实时保护，以防他人的恶意窃取或模仿。

（3）其他品牌元素。对于"爱营"的品牌定位的主题句、主题曲、包装物、品牌形象代言人乃至品牌的标准色都应进行有效保护，如发表声明、签署合同、采取高端防伪技术等措施，使"爱营"在品牌的成长过程中可以有一个良好的法律保障。

2. 事后维权

事后维权是指当商标专用权受到侵害时，"爱营"将采用行政方式或民事诉讼方式依法维权。《中华人民共和国商标法》规范中最新规定：未经注册商标人同意，更换其注册商标并将该更换商标的商品又投入市场的，属于侵犯注册商标专用权的行为。这一立法杜绝了有商业不良企图的人获得非正当利益的一条捷径，对推动我国的品牌建设起到了至关重要的作用。同时，当品牌元素等受到恶意抄袭和窃取时，"爱营"也将及时采取法律手段来自我维权，同时做好公关工作，把消费者对品牌的认知错位降低到最小。

二、品牌的经营保护

1. 以市场为中心，全面满足消费者要求

"爱营"将建立完善的市场监察系统，通过问卷调查、二手资料收集、访谈研究等，随时了解市场上消费者的需求变化状况，及时地调整自己的品牌。"爱营"将始终秉承自己的企业信念、专注于自己的目标群体，全方位为青少年儿童打造一个完善的营会关爱体系。

2. 严格管理，塑造高质量的品牌形象

由于"爱营"的目标群体是中高端收入的青少年家庭，因此，在运营中始终维持品牌的高质量品质是需要时刻关注和保证的。对于塑造品牌的高质量形象我们将从以下几个方面着手："爱营"要掌握消费者对质量要求的变化趋势，对产品要不断创新，对品牌要进行再定位，保证产品的高品质化和品牌的差异化，

避免恶性竞争;"爱营"将不断开发设计新型的营会项目,打造国际认证的营地资源、营地师资以及营会项目,提高竞争者效仿壁垒,在服务方面始终坚持塑造对营员持续性的关爱体系,让消费者产生对"爱营"品牌的认同感、归属感,提高消费者忠诚度。从品牌广告、营销、公关、策划等多种角度保持品牌推广的连续性;在互联网时代下,线上"爱营"将借助微信、微博、粉丝专页、明星代言、粉丝专属 APP 等推广方式全面打开品牌的知名度,让公众认识到"爱营",看到"爱营"的独特营会理念,感受到"爱营"的高度专业化;线下"爱营"将通过高品质宣传册、吉祥物路演等渠道进行推广,逐步形成自己的粉丝群体进行口碑宣传。

3. 坚持全面质量管理和成本管理原则

"爱营"在营地合作和供应商筛选过程中将严格把关,保证营会高品质质量的同时要保持最低成本优势;在员工管理方面坚持"零缺陷"原则,要求每位员工具有主人翁意识,时刻清楚企业在每阶段的发展目标和方向并为此共同付诸努力。

三、品牌的自我保护

1. 让消费者识别品牌

"爱营"必须加强对知名品牌商标的管理,制定专门的商标管理制度,把商标管理纳入全面质量管理之中。为了加强企业内部的商标管理,企业应设立科学的、完善的商标档案,配备熟悉商标知识和商标法规的管理人员,使他们成为品牌的捍卫者;同时"爱营"要向消费者普及品牌的商品知识,以便让消费者了解正宗品牌的产品。

2. 保护商业机密

"爱营"对于企业内部一些重要的信息和文件要有保护意识,对于营地的项目设计核心理念和方法要有保护意识,对于自身营地资源和师资要有保护意识,对于固定客户群体的信息的数据要有保护意识,使品牌能够更具保障的健康成长。

3. 避免品牌间攻击

"爱营"应通过时刻秉承自身发展理念来不断发展自己,提高自己的占有率而不会和同行业竞争机构进行降价竞赛或相互诋毁等,价格绝不是万能工具,它极易破坏消费者的品牌忠诚,也使品牌经营者受到了巨大损失。"爱营"要时刻将保持企业美誉度和知名度放在第一要位,将眼光放在更长远的发展中。

第七节　品牌风险管理

一、品牌风险的认识

品牌风险分为如下：一级风险、二级风险和三级风险三类。

1. 一级风险

首先企业价值观与市场不符，一些企业急功近利，将财务目标放在首位，而忽视企业的社会责任；其次一些企业对于品牌建设体系认识不清，盲目进行大规模的广告宣传，使企业财务支出配比出现严重问题；最后企业对于自身定位产生错误。

2. 二级风险

产品运作、产品增值等过程中出现问题，一方面是产品可能对消费者造成了伤害，为企业带来了品牌危机；另一方面是行业受到了外力影响，产生了行业危机从而影响到企业。

3. 三级风险

提前没有任何预兆的外因爆发，对品牌造成了巨大的威胁；其中主要包括形象突发性品牌风险、质量突发性品牌风险、技术突发性品牌风险、服务突发性品牌风险以及与利益关系者处理不当造成的品牌风险。

二、品牌风险管理措施

其一，"爱营"将时刻明确自身定位，实时关注消费者群体对本行业诉求的变化趋势，从而对品牌进行再定位，以保证品牌成长过程中定位的准确性。

其二，"爱营"在品牌宣传推广的过程中将按前中后期品牌目标，结合企业自身经济规模制订合适可行的推广方案，同时结合各时期品牌成长的不同状态对推广方案进行及时调整，最后对各个推广方案的预期收益均要进行估计。

其三，"爱营"在社会责任中一方面将与中国夏令营协会进行合作，举办周末公益课堂、业内培训（见图4-28）等活动，以推动整个夏令营行业的完善和发展，同时使社会

图4-28　业内培训资料

上更多的青少年儿童可以平等地享受社会资源和美好的营会时光；另一方面"爱营"自身也将进行1+1创意式募捐成立企业基金，为社会上的特殊群体儿童提供接受营地教育的机会。

其四，加强对品牌增值环节中存在问题的管理，将增强品牌核心竞争力作为首要原则，品牌增值链条中涉及企业内部人力资源、技术、组织、服务、渠道、股东等多方面，务必要实时监控市场上每一个细小的风险信号，分析预测可能产生的危机，同时开展员工危机管理教育和培训，增强职工危机管理意识和技能，使其具有较强的心理承受能力。

其五，"爱营"将对食品供应源、车辆供应方、营地设施建设等进行定期严格的检查以避免孩子在参加营会活动时受到不必要的伤害；同时"爱营"的师资力量也将经过严格的筛选，保证其拥有国家资格认证，是懂得关爱和引导的营地教育专家，将为营员们营造最好的营会氛围；若发生营员意外患病、受伤等情况，"爱营"配备了最优秀的医疗团队，每个营地到医院的距离都少于30分钟，这对及时解决突发事件提供了保障。

其六，当遇到媒体或其他公司的恶意抄袭、诽谤和炒作时，"爱营"将会及时运用法律手段来保护自己，同时第一时间进行危机公关，使品牌美誉度和知名度的损失降到最低。

其七，对于不可控风险如非人为因素的天灾人祸，企业应提前设置危机预案，具备危机预警意识，在危机发生后必须快速反应，本着对消费者和社会负责的态度第一时间快速处理事件，将企业品牌风险降到最低。

第八节 财务现状及预算

一、财务现状

目前，"爱营"已举办大型营会、假日营会、周末营共计一百余场，企业整体呈向上发展的良好态势；但由于目前处于创业初期，"爱营"的营会开发成本较高，其中包括营地资源的开发，营会项目的设计以及国际优秀师资的聘请；此外"爱营"的前期宣传费用也占用了企业的一部分支出比例；因此目前"爱营"的财务状况基本处于收支平衡的状态。

二、财务预算

"爱营"各期宣传费用预算如表4-12所示。

表4-12 各期宣传费用预算

前期（元）		中期（元）	
线上萌娃手工大赛	2000	企业宣传片拍摄	20000
打造营员第一本故事书	200/份	APP的答疑平台的开发	30000
宣传册、海报印制	500	后期（元）	
代言人推广	100000	网红传播宣传	50000
微信、微博公众平台的搭建与推广	3000	爱心1+1捐赠活动的发起	2000
开展CCA公益课堂	500/期	—	—

━━ 专 家 评 语 ━━

一、项目定位评价

"爱营"是中国夏令营协会（China Camp Association, CCA）的一员，分享着CCA优质的人才资源、技术支持，也致力于协助中国夏令营协会促进、规范夏令营行业的健康发展；更多地，怀着"普世教育"的情怀，"爱营"与中国夏令营协会合作开展免费公益课堂，使更多中低档收入家庭的孩子可以享受到营会资源。该项目从夏令营收费不合理、营会活动混乱等问题入手，提供相关的规范性服务，有较好的切入点，具备准确的细分市场定位，同时出版有关书籍及专业课程，具有积极的意义以及一定的商业价值。

二、项目可行性评价

1. 市场分析

该项目对夏令营市场进行分析时，在家长对孩子的夏令营认知和孩子认为夏令营是否必要、愿意接受什么样的夏令营训练等方面进行了调查，一定程度上论证了该项目的可行性，具有一定的说服力。但是对市场需求容量的量化分析不够深入，量化分析可以帮助创业者更加清晰地研究目标市场的容量、设定目标以及采取有力的举措达成目标。

2. 运营模式

"爱营" 实操了 "北京798色彩夏令营" "厦门大胆鸭营会" "厦门国际海洋周成长夏令营" "泰美热带雨林成长探索营" 等大型营会活动，为孩子们提供了一场又一场别具特色的成长之旅。孩子们在亲自搭建篝火、烹饪晚间烧烤、自制小木筏这些过程中培养坚韧坚毅的品格、提高自律性、获得信心与勇气。与大型营会相结合，"爱营" 积极引入 "微营会" 这一理念，在周末组织开展了 "蔬菜采摘和蘑菇种植" "飞跃共舞和马术体验" "家有喜柿，好柿传千里" 等形式多样的微营会，细微点滴中，在孩子自己去体验经历、动手创造的过程中锻炼磨砺孩子，树立他们的品格。

3. 品牌认知

在成立不到两年的时间里，"爱营" 为夏令营行业注入了新鲜的血液，而它在已经接触过它的家长的心目中拥有良好的品牌形象。但是毕竟刚刚成立不到两年，在职员工仅有6人，在大众心目中的认知度较低，"爱营" 目前在品牌推广力度与广度上都有很多需要完善改进的地方。

4. 财务报告

（1）资金规模的确定。需要更加详细地分析公司的投入—产出来进行确认，因此，建议放置在策划案最后，并根据需要分期分批到位。

（2）风险资金引进。只有风险资金认为公司未来具备投资价值，才可能投入风险资本。因此项目第一年引进风险资金难度很大，可行性较差。风险资本应该公司运营到一定程度，积累了一定的价值，经过评估再引进。

5. 公司治理结构

策划案中可以对公司治理结构，重要决策程序进行适当的阐述。

6. 创业团队介绍

创业团队的专业运营能力是创业成败的最关键的因素，今后的竞争主要是人才的竞争，建议策划案中增加或引进高素质的创业团队，并加以介绍。

7. 风险分析及解决措施

策划案中缺乏对创业过程中风险的分析评估以及提出解决措施。创业过程中，会有资金不足风险、原预计的收入和现金流目标不能达成风险、应收账款风险等。

三、总结评价

本创业项目切入点准确，细分市场定位较为清晰，但对市场的竞争对手、网页流量、盈利模式分析缺乏深入的分析，风险投资资金在公司创立第一年就引进可行性不足，总体来看，该项目有待进一步深入研究。

点评人：许东升

英国索尔福德大学北京代表处首席代表

第五章
"有料"零食酸奶策划案

本策划项目获得 2017 年（新加坡）国际品牌策划大赛总决赛亚军、金质奖，2017 年（新加坡）国际品牌策划大赛中国大陆地区选拔赛一等奖，2017 年第三届中国"互联网+"大学生创新创业大赛（北京赛区）三等奖，2017 年第三届中国"互联网+"大学生创新创业大赛（校内选拔赛）二等奖。

方案策划撰写者：王佳娴、赵世琦、王钦、申文瑞、马嘉远、谢森
方案指导教师：王成慧、郭斌

第一节　摘要概述

老北京瓷罐酸奶因为高品质的奶源和醇厚的口味深受北京人的喜爱。存于北京人记忆中的瓷罐酸奶，一提到就有了亲切感，仿佛让人回到孩提时代。如今老北京瓷罐酸奶因存储时间短、运输不便、瓷瓶回收等问题在市场中越来越少见。卓屹商贸有限公司将欧洲技艺与老北京瓷罐酸奶的传统工艺相结合，为承载了 20 世纪 60~90 年代老北京记忆的瓷罐酸奶推出一款适应当前生活节奏和时尚潮流的新产品。北京卓屹商贸有限公司致力于打造的零食酸奶——"有料"（原名：奶君）目前在中国市场上属于新型产品。酸奶公认具有调理肠胃、促进消化、美容养颜的功效；小小的爆米花球外包裹着黑、白巧克力，香脆的玉米片和香浓巧克力的完美融合，还有颗颗饱满多汁的大果粒果酱。不同于大果粒酸奶，"有料"通过新型包装盒实现酸奶与零食的分别盛放，消费者可以根据个人喜好添加配料。分开盛放保持了巧克力的干爽、爆米花和玉米片的酥脆，更适应了消费者的不同口味选择。酸奶与小食的多种配搭使其成为一种新式的健康零食。产品原名"奶君"，为迎合产品分开盛放、包装盒可翻折的特点及时尚的吃法、外观，"有料"品牌策划工作室将产品名称改为"有料"：体现酸奶与零食结合——产品有料；包装盒能自行添加零食——吃法有料；酸奶润肠、零食低脂——身材有料；

过程有趣、健康美味——感受有料。使消费者在享用的同时，从忙碌平淡的现实生活中跳脱出来，给生活加点儿料。基于产品特色及市场需求，公司将产品核心价值定为趣味、健康、创新。

如图5-1所示，"有料"品牌策划工作室将重新为产品设计名称、品牌标识、广告语以及品牌形象等，以增强辨识度、体现出产品特色。在业务推广方面，"有料"将以公园及休闲、娱乐场所的青少年为入手点，开展"生活调味料"系列主题活动。此类场所的顾客、游客人数众多，空闲时间充裕并且具有一定消费能力。同时，"有料"品牌策划工作室将通过移动公交张贴平面广告、公益活动、微博热门话题、微信公众号分享、直播等方式进行辅助推广。在产品销售方面，公司将在永辉等大型超市上架；并在各高校招募校园代理以校园商超为出发点向外扩散，为学生提供工作机会、增加大学生工作经验、为学生进入社会搭建桥梁、促进学生沟通行销能力。公司还将通过供应各

图5-1 "有料"策划书封面

企业茶水间、食堂、分享会；与餐厅餐食搭配售卖等渠道进行销售。公司发展到一定规模后，将在各大综合商场、休闲场所等设置自助售卖机，让消费者体验到"有料"真的有"料"。同时，"有料"品牌策划工作室将仔细分析市场趋势、研究产品品牌创意设计，借此品牌策划扩大此种零食的知名度，并以此作为产品在北京地区以至于全国推广的助力。

第二节 企业现状分析

一、公司简介

北京卓屹商贸有限公司是一家专门从事食品研发、销售的现代化休闲食品企业（见表5-1）。公司产品依托中国农业大学乳制品研究实验室进行研发，挂靠

老北京瓷罐酸奶生产厂家——圣祥乳制品厂资质进行生产。企业以引领中国休闲食品行业健康发展为使命,打造中国健康零食酸奶第一品牌。北京卓屹商贸有限公司由大学在校生创办,拥有一流的研发团队。但企业处于刚起步阶段,知名度弱。目前,品牌名称(奶君)、标识、广告语、包装以及宣传推广方案未能展示产品特色。

表 5-1 北京卓屹商贸有限公司的基本信息

名称	北京卓屹商贸有限公司
类型	有限责任公司(自然人独资)
地址	北京市经济技术开发区文化园西路 6 号院 30 号楼 8 层 801
创始人	胡明
注册资本	100 万元
成立日期	2017 年 1 月 16 日
营业期限	2017 年 1 月 16 日至 2047 年 1 月 15 日
经营范围	饮料;乳制品;休闲食品;方便食品;日用品等销售批发
网址	http://www.youliaolssn.com

产品经过包括材料递交、现场审查等流程,通过食品生产通用卫生规范、食品生产许可审查通则、产品类别审查细则、产品标准等条文。并且,经过强制性的检验合格、通过了国家批准获得 QS(食品质量安全市场准入标志)认证(见图 5-2)。

图 5-2 QS 安全认证

二、生产线简介

如表 5-2 所示,北京圣祥乳制品厂办公室地址位于交通便利的北京市丰台区辛庄南坡 366 号(邮编:100070;行政区号:110106),在工厂发展壮大的 17 年里,始终为客户提供最好的产品、健全的售后服务。工厂主要经营生产销售酸奶,有最好的产品和专业的销售和技术团队,为客户提供优质的产品和满意的服务。圣祥乳制品厂是北京丰台液体乳及乳制品厂黄页行业内知名企业,工厂始终奉行"诚信求实、致力服务、唯求满意"的企业宗旨,全力跟随客户需求,不断进行产品创新和服务改进。工厂与多家北京丰台液体乳及乳制品厂黄页零售商和代理商建立了长期稳定的合作关系。

表 5-2　圣祥乳制品厂资料

主要经营产品	生产销售酸奶
成立时间	2000-07-11
联系电话	+86-13401109788
职员人数	10 人
注册资本	3 万元
网址	http://771709.pe168.com
食品生产许可证号	QS150105010025
产品标准号	GB19302

圣祥乳制品厂一直生产市面上最流行的老北京瓷罐酸奶，质量有保障。"有料"为搅拌型酸奶，搅拌型酸奶是指将果酱等辅料与发酵结束后得到的酸奶凝胶体进行搅拌混合均匀，然后装入杯或其他容器内，再经冷却后熟而得到的酸奶制品。搅拌型酸奶与普通酸奶相比具有口味多样化、营养更为丰富的特点。产品选用优质纯牛奶加入白糖均质，经过高温灭菌后接入乳酸菌发酵后制作而成的一种发酵型乳制品。如图 5-3 所示，通过鲜奶、脱脂乳粉（溶解静置）、甜味料、复合稳定剂（充分溶解）→混合→预热→均质→杀菌（125℃、5 秒钟）→冷却→发酵→持续冷却并搅拌（果料、香精）→灌装→冷藏后熟的过程得到成品酸奶。

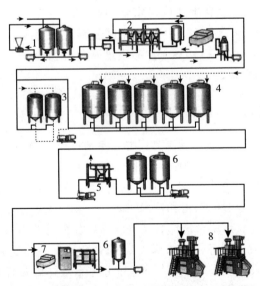

1. 混合罐　2. 巴氏灭菌　3. 种子罐　4. 发酵罐
5. 板式冷却器具　6. 缓冲罐　7. UHT设备　8. 包装

图 5-3　酸奶生产线

三、产品简介

1. 特点

酸奶、小食分开盛放；塑料盒可翻折（见图5-4）。"有料"零食酸奶在中国食品市场中属于新型产品。

图5-4 "有料"酸奶产品

2. 工艺

"有料"酸奶为搅拌型酸奶。选取最优质的鲜牛奶奶源及配料；引进欧洲酸奶制作技艺对老北京瓷罐酸奶传统工艺进行改良，酸奶保留了瓷罐酸奶的醇厚味道和浓稠度并进行了进一步杀菌处理（见图5-5），延长了酸奶的保质期限，安全可靠质量有保证。

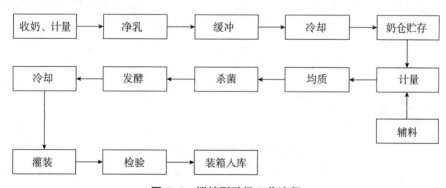

图5-5 搅拌型酸奶工艺流程

3. 口味

搅拌型酸奶平滑、浓郁味道醇厚，甜度适中。考虑小食自身的甜度、为达到酸奶与小食完美融合（见图5-6），研发人员依托中国农业大学乳制品研究实验室，经过一年多的时间对酸奶进行调试。

如图 5-7 所示，小小的爆米花球外包裹着黑、白巧克力、香脆的玉米片和香浓巧克力的完美融合还有颗颗饱满多汁的超大果粒果酱。与酸奶的分开盛放保持了巧克力的干爽、爆米花和玉米片的酥脆口感，更适应了消费者的不同口味选择。

图 5-6 "有料"展示图

图 5-7 "有料"零食酸奶玉米片口味

四、功能

酸奶与小食的多种配搭使其成为一种新式的健康零食。零食酸奶既包含了酸奶润肠助消化、美容养颜的功效，又囊括了干果、鲜果的营养和维生素，更是在口味的混合上体现了惊喜。"有料"酸奶添加剂、增稠剂、糖分含量少，搅拌型酸奶，与普通酸奶相比营养更为丰富。小食中的巧克力可可含量高，少糖、少奶；果酱选用新鲜水果腌制而成。因此，避免了高热量、低营养的膨化类食品，糖果类以及高糖点心等休闲食品带来的健康问题。同时，对于忙碌的上班族来说，"有料"也可以作为一顿简餐。

> 早起挤地铁忘记吃早餐？
> 加班熬夜赶稿心情极差？
> 工作没有精神还效率低？
> 追剧追欧巴怕胖还想吃？
> 作业难到开始怀疑人生？
> "有料"零食酸奶就是最佳选择。

五、包装

如图 5-8 所示，不同于大果粒酸奶。"有料"通过新型包装盒实现酸奶与搭配的零食分别盛放在两个角中，消费者可以沿两角中间分隔线（对角线）将小食角向上翻折，并根据个人喜好向酸奶中直接倒入配料。

图 5-8 "有料"零食酸奶巧克力豆口味

第三节　经营环境分析

一、宏观市场状况（PEST 分析）

1. 政策因素（Politics）

中国政府出台了一系列鼓励中国企业发展的政策，乳制品行业也不例外。乳制品是中国食品工业"十五"规划的发展重点产业。长期以来，我国乳业之所以发展迅速，政府起到很重要的作用：高税率，挡开了大部分的外国竞争；鼓励政策，增加了乳品消费量，激起我国企业的生产热情。改革开放以来，政府对经济的干预度随着市场经济的发展逐步降低。随着乳制品对国民健康起到的重要作用越来越显著，国家也加强了对这个行业的重视和监管力度。2007年 9 月 27 日国务院出台《关于促进奶业持续健康发展的意见》，2008 年 3 月和 6 月，国家发改委又先后发布《乳制品加工行业准入条件》、我国第一部《乳制品工业产业政策》。《乳制品工业产业政策》从治乱入手，对行业准入做了明确规范，进一步提升了乳制品行业的市场准入门槛，将会在中国乳制品行业的发展过程中产生非常重要的意义。从 1978 年中共中央十一届三中全会确定实行改革开放以来，特别是在 1994 年十四大确立了改革的目标是建立社会主义市场经济后，中国的商品经济得到不断发展完善，其市场经济地位得到了多个国家和地区的承认。

三聚氰胺事件促进了整个行业的发展，国家还出台政策，要求奶制品行业加大对奶源的投入。在三聚氰胺事件曝光之后，国家工商行政管理总局 12 日发出紧急通知，要求各地采取以下三项措施，进一步加强奶粉市场监管执法，严厉打击销售假冒伪劣奶粉的违法行为，净化奶粉市场环境，切实保护消费者合法权益。国务院新闻办定于 2008 年 9 月举行新闻发布会，请卫生部、质检总局和河北省负责人通报三鹿婴幼儿奶粉安全事故有关处置情况，并答记者问。为严肃处理三鹿牌婴幼儿奶粉事件，国务院决定启动国家重大食品安全事故Ⅰ级响应，成立应急处置领导小组。9月16日，河北省加派四个工作组进驻三鹿集团；三鹿问题奶粉事件又有2人被逮捕、7人被刑事拘留；集团党委兼董事长田文华被解职。9月19日电，国务院办公厅19日发出通知，要求各地区、各部门认真贯彻落实党中央，国务院的决策部署，以对人民群众高度负责的精神，进一步做好婴幼儿奶粉事件处置工作。10月6日，国务院召开常务会议，讨论并通过了《乳制品质量安全监督管理条例》，并要求各部门各地区从公布之日起施行。由此可见，政府对于奶制品的要求以及重视程度相当高。如图5-9所示，相比于其他欧美发达国家，我国酸奶市场一直处于不断的增长趋势。

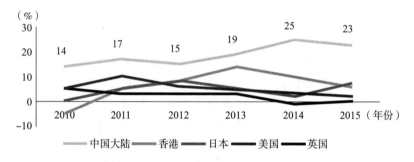

图5-9　2010~2015年各国酸奶市场增长率

随着中国经济的发展，法律也不断完善（见表5-3）。法律对市场作用也越来越规范完善。三鹿奶粉事件后有关乳业的法律法规加大了立法的全面性和执法的力度。政府出台了对乳制品加强监管的相关措施，整顿乳制品行业，严格控制乳业的安全生产和市场准入。

表5-3　相关法律法规清单

法律			
序号	标准名称	标准号	备注
1	中华人民共和国食品卫生法	—	2009.2.28
2	中华人民共和国产品质量法	—	2000.7.8
3	中华人民共和国计量法	—	—
4	中华人民共和国标准化法	—	1989.4.1

续表

	食品卫生通则		
5	《HACCP 体系及其应用准则》	—	—
	卫生管理办法		
6	乳与乳制品卫生管理办法	—	—
	卫生规范		
7	饮料企业良好生产规范	GB 12695	2003
8	乳制品良好生产规范	GB 12693	2010
9	食品企业通用卫生规范	GB 14881	1994

2. 经济因素（Economy）

近年来，全球乳制品人均消费基本处于不断上涨的趋势。虽然 2008 年全球金融危机和 2010 年欧盟债务危机影响了发达国家乳制品消费的恢复和增长，但处于发展中国家（特别是中国等新兴市场）乳制品消费的强进增长带动了全球乳制品消费的不断增长。

如图 5-10 和图 5-11 所示，2015 年主要发达国家人均乳制品消费平均高于250 千克/年，亚洲人均乳制品消费只有 75 千克/年；可见，中国等发展中国家乳制品消费仍有较大增长空间。日前新报发布的一份中国消费者乳品消费偏好调查显示，中国年人均乳品消费量仅 32 升左右，远低于发达国家乃至世界平均水平。这份由恒天然集团和中国消费者协会共同开展的调查预计，到 2020 年，中国乳品消费量将翻一番，全国每年的牛奶消费总量将超过 700 亿升。另外，针对亚洲消费者的乳品消费进行的调查显示，72%的被调查者承认乳品是均衡膳食的重要组成部分，但实际只有不到 50%的被调查者每天食用乳制品。

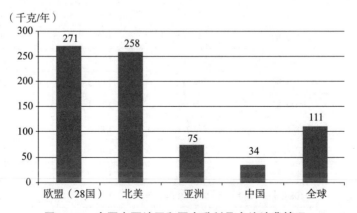

图 5-10 全国主要地区和国家乳制品人均消费情况

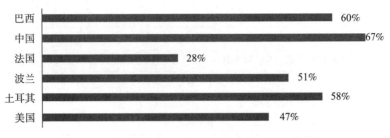

图 5-11　2013~2016 年全球主要国家酸奶消费增长

　　我国加入世界贸易组织（WTO）后乳制品进口关税下降，本土乳业受到外国乳业冲击。雀巢、帕玛拉特、达能等跨国公司的国际知名品牌也在调整战略和策略，以扩大其在中国的影响力，期望占领更加广大的市场份额。这就使乳制品市场的竞争日趋激烈。2014 年，我国休闲食品行业企业数量增加，产能提高，行业的销售利润和利润总额均较 2013 年有所增长，休闲食品行业整体发展形势较好。国家统计局发布的数据显示，2014 年休闲食品行业规模以上企业数量有5227 家；实现销售收入 9661.64 亿元，同比增长 18.29%；实现产品销售利润1142.32 亿元，同比增长 9.53%；实现利润总额为 781.82 亿元，同比增长 15.51%。

　　作为我国的首都，北京是政治经济文化交流的中心。经济发达，消费水平较高。从表 5-4 中我们可以看出，北京的人均 GDP 显著攀升，居民具有消费潜力，而居民由于现在网络的开放程度对于生活有着更高更好更快的生活追求，所以在北京具有极大的消费市场空间。

表 5-4　1999~2016 年北京市经济状况

年份	GDP	居民最终消费	零售价格指数	居民消费价格指数
1999	284.86	125.16	106.7	106.8
2000	326.82	147.87	108.7	108.6
2001	410.22	178.49	121.9	120.4
2002	255.96	197.67	118.5	117.2
2003	500.82	230.96	104.1	105.4
2004	598.90	225.47	108.5	111.9
2005	709.10	262.97	108.3	109.9
2006	863.54	310.28	116.9	119.0
2007	1084.03	396.29	117.9	124.9
2008	1394.89	506.58	112.6	117.3

年份	GDP	居民最终消费	零售价格指数	居民消费价格指数
2009	1615.73	617.85	107.3	111.6
2010	1810.09	703.40	103.8	105.3
2011	2011.30	809.80	98.3	102.4
2012	2174.50	954.10	98.8	100.6
2013	2478.76	1221.30	98.9	103.5
2014	3710.52	1467.70	98.8	103.1
2015	4330.40	1699.80	98.4	98.2
2016	5023.77	1967.87	98.2	100.2

3. 社会（Society）

（1）消费需求。随着生活水平的不断提高，消费休闲化已成为市场的主导方向。目前诸如薯片、巧克力、蛋黄派等低营养高热量食品占据了重要位置。休闲食品的消费者需要越来越贴近人们的饮食习惯、适口、便于咀嚼、利于下咽和消化；满足求新、求变的心态。人的味蕾要不断地用新的滋味或口感来刺激才可以保持持续的满意。健康超越收入，成为消费者关注的首要问题。中国声称身体处于亚健康的人数比例从2014年的75%上升到2016年的87%。健康在消费者购买决策的诸多影响中成为首要问题。对于这些消费群体来说，酸奶的保健功能迎合了他们对绿色健康饮品的需求。尼尔森在2014年总结了健康消费的八大卖点。酸奶轻松迎合其中五个卖点，甚至更多。

学术界对酸奶的健康功效提供理论支持（见表5-5）。越来越多的专家学者也力挺酸奶的健康功效。中国农业大学食品科学与工程学院副教授范志红的首选零食就是酸奶。她认为，酸奶不但能预防饥饿、补充营养，还可以预防下一餐食欲过盛。与含有同样热量的食物相比，酸奶的饱腹感更强，营养最全面，并且携带方便。作为零食，搭配其他水果、坚果一起吃更好。

表5-5 健康消费八大卖点

卖点一	"营养+趣味"让"80后"父母为儿童健康产品买单
卖点二	社会老龄化催生潜力巨大的中老年营养品市场
卖点三	全天然、无添加产品成为快消市场的"香饽饽"
卖点四	打造用得放心的产品
卖点五	低脂、低糖、低盐，健康食品五花八门

续表

卖点六	高蛋白产品或将"赶英超美"
卖点七	健康概念的零食成为消费者的宠儿
卖点八	能量补充产品对抗生活压力

随着教育水平的发展，人们生活方式发生转变。特别是北京、上海等重要城市（见图5-12），在教育水平相对发达的条件下，人们的生活方式和态度发生了重要的变化，更加注重生活品质和质量，休闲食品成为了生活必需品。是由于牛乳具有丰富的营养价值及保健功能的生物活化物质等功能，相当一部分消费者愿意将乳制品作为生活的必需品，并且将好的乳制品推荐给家人朋友。

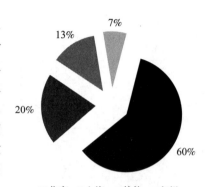

图 5-12　中国酸奶消费
主要省市比重

（2）消费习惯。伴随着消费者购物习惯的变化，休闲食品电商行业近年来呈现出方兴未艾的发展态势。休闲食品电商庞大的市场规模及乐观的前景，吸引了众多电商企业纷纷涉足，综合型电商平台、垂直类休闲食品电商蜂拥而至，越来越多的传统休闲食品商家将销售重点放到了网络市场。休闲食品网购市场形成包括综合性电商网站、介入休闲食品业务的电商网站和垂直休闲食品电商网站三大类，呈现多企业参与、多种模式并存的状态，并凭借各自的优势在市场上展开角逐。

如图5-13所示，据中国产业调研网发布的《2015年中国休闲食品市场调查研究与发展趋势预测报告》显示，近5年来，我国进口食品市场总额年平均增长

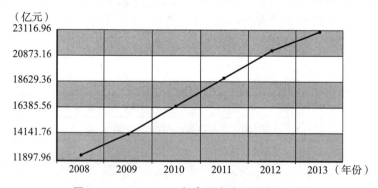

图 5-13　2008~2013 年食品类成交额变化趋势

率仍高达 15%。据美国食品工业协会预测，到 2018 年中国将成为全球最大的进口食品消费国，届时中国大陆进口食品市场规模高达 4800 亿元。随着我国食品行业的发展以及休闲食品市场需求的持续扩大，未来我国休闲食品行业的市场竞争将更加激烈，并有越来越多的企业注重品牌的塑造；同时，休闲食品的生产将更加趋于专业化和标准化，而中高端市场将成为行业争夺焦点，而休闲食品连锁经营和电子商务化将成为新的市场增长点。

（3）消费心理。

1）收入因素。如图 5-14 所示，收入不再决定年青一代消费水平。根据埃森哲研究，现代中国消费者大致有八种分群刻画。与老一辈不同的是，年青一代的消费观念已经不再与收入水平直接挂钩。稍有一定经济能力的"豁达工薪"人群就拥有前卫的消费观念，注重便捷和享受。收入更高的"互联平民""潮流新

图 5-14　城市消费者的八种分群刻画

贵"和"乐享一族"就更不在话下。添加型酸奶符合当下潮流，食用方便、口味清新独特，也有助于控制体重，作为新一代的零食和甜点最合适不过。而相对低收入的中年人群也非常注意子女的健康和营养。

2）质量担忧。中国乳业在三鹿三聚氰胺这场深重的危机中损失最大的是消费者的信心产生了强烈的动摇，产生了"恐奶心理"，对像"胖头娃娃"、毒奶事件之类的事情十分敏感，甚至斤斤计较。对安全、新鲜、营养的乳制品呼声较大，在购买乳制品上更加关注产品质量。

3）地域归属的心理作用。受地域归属感的影响，和我国乳业分布较散的现状，各地区的消费者存在"地方保护主义"的消费心理观念。"有料"借助北京老北京瓷罐酸奶厂，可在北京地区吸引一批粉丝。

4. 科技（Technology）

如图 5-15 所示为老牌酸奶厂，质量保证；依托北京农业大学实验研发。酸奶为欧洲进口制作工艺为广大人民所关注，人们对这种健康的牛奶生产方式认同感较高，购买欲望有了较大的提高。冷藏保鲜技术不断进步，运输方式安全多样。消费者的需求始终是在变化的，只有不断提高产品技术含量和研究开发才可以抓住并满足消费者的心理。

图 5-15　圣祥奶制品厂

（1）分销体系。良好的物流运输和销售体系，从根本上保证了产品推出的畅通。

（2）广告宣传投入力度。好的产品要靠好的广告宣传来打响名号得到足够关注，从而进入市场。

二、产品因素分析

"要想抓住你的顾客，首先要了解你的顾客，尊重你的顾客"。

——营销大师　汤姆·霍普金斯

1. 消费动机

结合我国目前的消费环境和消费趋势，消费者对酸奶的消费热情源于显性动机和隐性动机两类。

（1）显性动机。消费者对奶君酸奶青睐比较明显的动机有健康动机、猎奇动机、安全动机。首先，健康动机，随着人们收入水平的提高，消费者对食品的健康和营养的需求取代了果腹的生理需求，在很多消费者心目中，质量有保证，添加剂相对较少，做工也更精致的产品才是消费者需要的产品，而"有料"酸奶恰好满足了消费者的这些需求。其次，猎奇动机，消费者追求新奇、体验时尚的动机，在中国市场上面，很难见到"有料"酸奶的同类产品，因为"有料"酸奶是一个由大学生创业团队自主研发的产品，符合当下年轻人的口味，款式更加新颖。

（2）隐性动机。除了显性动机，进口零食消费行为背后还存在着一些不易被发现的隐性动机。主要有自我意识比拟动机和面子消费动机。自我意识比拟动机，西方心理学家莱维认为，消费者购买商品，不仅是为了满足特定的物质和精神需要，同时还出于维护和强化自我概念的意愿，也就是说一个人会倾向于那些可以维护或提升自我形象的行为。"有料"酸奶引进欧洲工艺，在各个方面有所创新，其个性、时尚的食品内涵是吸引城市消费者的重要原因。"有料"酸奶带来的不仅是口味上的满足，更是一种生活方式和自我概念的展示。面子消费动机，与西方相比，中国消费者受群体的影响巨大，因此存在恒久和普遍的面子消费行为。据了解，白领群体普遍认为购买西方食品是一种高档次生活方式的象征。他们更多消费的是产品的符号特性而未尽着意商品本身，所以"有料"酸奶其带有的欧洲元素可以满足消费者的面子消费需求。

2. 产品优势

（1）产品品质。高品质是品牌的生命力，没有可靠的产品品质，即使包装再精美，宣传力度再大，也无法建立起一个长久的品牌。近年来，我国乳品行业在产品质量上一直问题严重，甚至发生了多起危及消费者安全的事故。"有料"酸奶挂靠圣祥乳制品厂进行生产；其奶源为北京奶源市场的佼佼者，奶源运输采用顺丰冷链快速配送，保证牛奶新鲜、卫生。"有料"酸奶有着可靠的产品品质，可以赢得消费者的信赖，并且品牌形象也在消费者心里牢牢地扎根。

（2）口味独特。如图 5-16 所示，"有料"酸奶与市场上的普通酸奶和果粒酸奶不同，其酸奶盒被分成两部分，盒子的一半装酸奶，另一半则是年轻群体喜欢的零食，我们选用了四种口味的零食，同时也是我们酸奶的四种口味：小小的

图 5-16 "有料"酸奶小食（黄桃果酱、草莓果酱、香草巧克力豆）

爆米花球外包裹着黑、白巧克力、香脆的玉米片和香浓巧克力的完美融合还有颗颗饱满多汁的大果粒果酱，酸奶与小食的多种配搭使其成为一种味蕾新体验，满足了不同年轻消费者的需求，且目前国内市场上并没有此类产品，因此会吸引广大消费者。

（3）包装新颖。我们的产品采用了独特的吃酸奶的方式，在享用酸奶时，只

要将酸奶杯沿对角线翻折，便可将"零食角"中的小食倒入"酸奶角"。再用盒子所附带的勺子将酸奶与杯中零食搅匀，就能让顾客享受到杯中零食的同时，又能感受到酸奶的丝滑，不一样的酸奶享用方式，给顾客带来不一样的美味感觉。

（4）选材质优。比起现有市场上同等价位的大果粒酸奶，我们制造酸奶的工艺源于欧洲，所生产的酸奶更加纯正，品质远远高于市场上同等价位的大果粒酸奶，让每一位消费者都享受到最优质的产品。

（5）绿色健康。目前很多消费者都开始关注饮食健康，我们的产品也很好地满足了消费者的需求。我们所选用的巧克力并不含大量糖、牛奶等高热量成分，以可可含量高的黑巧克力为主，热量低，相比市面上的膨化零食，消除了众多年轻消费者既想吃又担心长胖的顾虑，可以很好地享用我们的酸奶。我们的果酱果粒也都是从新鲜水果中获取，不再进行二次添加，因此，消费者不必因食品添加剂过多而不愿购买。酸奶的润肠助消的功能同时也可以很好地降低零食的热量，酸奶与零食的同时享用，可以让消费者在享用零食的同时，也不用担心发胖。

3. 品牌建设

建立独特的品牌文化，打造真正意义上的品牌企业、品牌产品，顺应消费者需求以推介品牌。优化奶源，切实保障品牌的质量，保证每一道工序的健康安全。提高服务质量，把服务当作产品来做，在最大限度上增加产品的附加值。

4. 产品适合人群

由表 5-6 可见，根据酸奶本身特性，受众人群较广泛，所以酸奶品牌的市场广泛，市场局限小。

表 5-6　奶制品适合人群

人群＼奶制品	普通液态奶	酸奶	普通奶粉	脱脂奶（或脱脂奶粉）	牛奶饮料和酸奶饮料	婴儿配方奶粉	幼儿配方奶粉	奶酪	甜炼乳	淡炼乳
普通成人	+	+	+	+	±	−	−	+	±	+
乳糖不耐受	/	++	/	/	−	−	−	++	−	−
青少年	+	++	+	−	±	−	−	++	−	+
肥胖者	+	+	+	++	−	−	−	−	−	+
高血脂	±	+	±	++	−	−	−	−	−	+
糖尿病	+	++	+	±	±	−	−	++	−	±
消化不良	/	++	/	+	±	+	+	+	/	/
婴儿（0~1）	−	−	−	−	−	++	−	−	−	−
幼儿（1~3）	−	±	−	−	−	−	++	±	−	−
学龄前（3~6）	+	++	+	−	±	−	−	++	−	+
孕妇和乳母	+	++	+	±	±	−	−	++	±	±

三、价格因素分析

根据图5-17可以看出，全国居民人均消费支出处于持续上涨阶段，对于各种消费品的承受能力提升。

图5-17　2011~2016年全国居民人均消费支出

而根据图5-18可以看出，食品烟酒支出占居民人均消费支出的30.1%，位于支出排行首位。在目前，中国城乡居民的平均营养水平已有较大的提高，但仍然低于发达国家的水平（热量3398千卡，动物性来源占30.2%；蛋白质102g；脂肪80g）和世界平均水平（热量2822kCal；蛋白质73g；脂肪70.1g）。中国优质农产品供应比重偏低，奶类、大豆等高蛋白的优质食品消费虽持续增长，但与发达国家居民人均消费水平相比仍不足，而近年来国家政策大力倡导人们消费奶制品，对国内奶制品的消费起到了一定的推动作用，从而促进了我国奶制品工业的发展，同时也促进了消费者的消费。

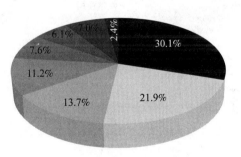

图5-18　2016年全国居民消费价格
比2015年涨跌幅度

根据农业部最近的一份报告显示，中国大中城市奶类消费正在从保健食品转向生活必需品，消费结构和方式出现了积极的变化（见图5-19和图5-20）。这一变化表明，今后一个时期，中国奶业将会有一个较大的增长空间。如图5-21、图5-22所示，大中城市是商品奶和奶制品的主要消费市场，奶类消费在动物食

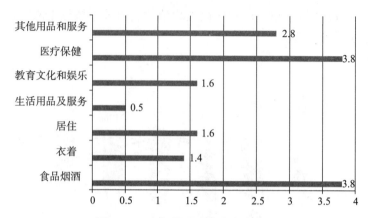

图5-19 全国居民消费价格涨跌幅

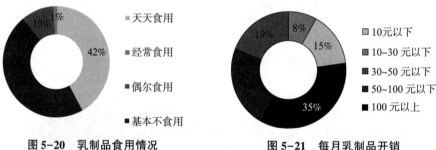

图5-20 乳制品食用情况　　　　　　**图5-21 每月乳制品开销**

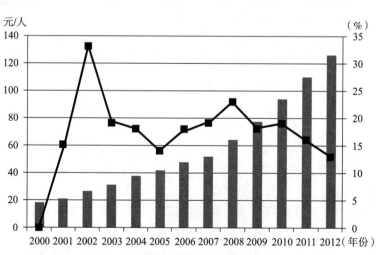

图5-22 我国城镇居民人均乳制品支出

物构成中的比重有所提高；奶类消费在居民消费支出中所占比重稳步上升。其中，婴儿对奶类的消费只占整个消费面的19%，60岁以上老人占28%，其他年龄段占53%。休闲食品在日常生活中十分普及且消费者对其价格非常熟悉，所以我们按照消费者已经形成的价格习惯来为商品定价。

产品定价主要有两种策略：一是市场榨取法，就是通过较高的市场零售价格来获取高的利润回报，但往往造成销量低、市场占有率低；二是采取市场渗透的定价策略，追求高销量和高利润。

"有料"酸奶根据市场需要、竞争者的产品以及消费者的承受能力定价，在定价上采取了市场渗透的定价策略，给100%高品质的酸奶零食制定中等偏低的价格，从而促进与刺激消费者的冲动性购买，最终实现靠快速扩大产品销量、依靠规模销售赚取利润的目的。"有料"酸奶考虑竞争对手的定价，赢得市场价格竞争力。企业必须采取适当方式，了解竞争者所提供的产品质量和价格。企业获得这方面的信息后，就可以与竞争产品比质比价，更准确地制定本企业产品价格。"有料"酸奶作为向广大工薪阶层出售的牛奶产品，在定价时充分考虑了目标消费群体所能够承受的价格，依据薄利多销的原则进行定价，这样的定价不仅是一般的工薪阶层消费者能够承受的，更给他们以物超所值的感觉。"有料"酸奶根据不同消费者的购买力，采取了不同的定价策略。由图5-23可见，中国消费者在家庭食品上的支出在所有消费种类之中排名第二。

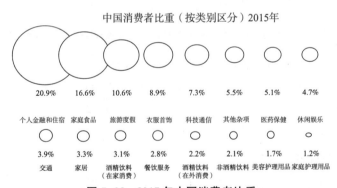

图5-23 2015年中国消费者比重

四、促销因素分析

通过发布媒体广告是奶制品的最好促销方式。广告作为一种传递信息的活动，它是企业在促销中普遍重视的应用最广的促销方式，以促进销售为目的，通过特定媒体传播商品或劳务等有关经济信息的大众传播活动。"有料"酸奶给人以一种欢乐的感觉，轻松时尚健康贴近消费者。在推广过程中，辅之较强视觉冲击力的广告画面，可以取得消费者的信赖，并逐渐建立起清新健康的品牌形象，这为"有料"酸奶打开市场销售提供了强有力的感性支持。

"有料"酸奶会不定期采用有奖销售、赠送礼品等营业推广的方式，对其产品进行有针对性的促销，从而达到扩大产品销售的目的。据调查，价格已成为消费者购买奶制品时考虑的第三位因素，消费者容易受买赠的诱惑而尝试购买新产品；"有料"酸奶相信自己的产品在口味上有一定优势，消费者品尝后会产生偏好，因为口味偏好已成为消费者选择牛奶品牌时考虑的第一因素，所以大力促销之后使消费者获得物质与情感方面的利益满足，从而获得消费者的青睐，获得更多的市场份额。

五、渠道因素分析

我们将采用线上与线下结合的方式推广销售我们的产品（见表5-7）。中国的乳业市场竞争日趋激烈，价格战也在持续进行中，我们的品牌跟竞争对手的价格都相差无几，采取的主要价格战略是细分市场和价格分档战略。同时也会采取主动的促销折扣战略，扩大销售量的同时，建立顾客忠实度。

表5-7　"有料"酸奶销售渠道

北京各大型超市	建立互联网库存监控系统，进行库存量实时跟踪，依据超市现有量，决定供应时间以及供应量
高校超市、社区商店等小型商店	进行调查统计，平均出每日的销货量，依据每日销货量，每天固定时间进行配送
公司、企业等合作	建立长期合作关系，同时给他们较多的优惠
网路销售	以天猫、京东等为主要销售渠道，配合官方微博、直播以及微商等方式
未来市场	未来将从针对北京的区域化营销拓展到全国市场

六、竞争对手分析

竞争对手为大果粒酸奶（见表5-8）。

表5-8　大果粒酸奶基本情况

编号	品名	标语	口味	规格（g）	价格（元）
1	三元大果粒	魔力滋味，与众不同	木瓜+黄桃	260	6.4
2	伊利大果粒	滋养生命活力	芒果+黄桃	260	6.9
3	蒙牛大果粒	只为点滴幸福	芦荟+黄桃	260	6.0

续表

编号	品名	标语	口味	规格（g）	价格（元）
4	君乐宝多果丽	优享生活，凝聚真味	西柚+白桃+荔枝+石榴+芒果	150	3.3
5	光明大颗果粒	令身体保持畅通	黄桃	260	6.5
6	和润风味酸乳	本来生活	芒果+黄桃	340	7.5

目前中国市场上没有同类产品，所以公司将竞争对手定位于相似产品——大果粒酸奶（见图5-24）。如表5-9所示，大果粒酸奶在市场商品种类较多，但形式单一，仅有果粒果酱口味；且添加剂较多，糖分、脂肪、热量较高。

图 5-24 大果粒酸奶

表 5-9 竞争对手比较

	相同	不同
"有料"零食酸奶	同为酸奶制品 同为搅拌型酸奶 含有固体食品 食用时需使用勺子 同样可作为零食食用	添加香草巧克力豆、玉米片、多种口味果酱，种类多 果酱果粒颗粒超大 自行添加配料 配料充足 可通过翻折包装盒添加配料 添加剂、明胶含量少，更健康
大果粒酸奶		添加果酱为主，少数配有谷物，种类少 果酱中果粒细碎 口味预先调配 配料较少 添加剂、明胶含量多

"有料"酸奶本身具有的特色是有各种口味并且还有香草巧克力豆、玉米片，在多元化的当今市场下，消费者需要的是有新意的、健康的、好玩的产品，而"有料"酸奶是市场上的新型产物，极具吸引力，从而有了更多的市场竞争力。在添加配料方面，"有料"酸奶给了消费者极大的自主性，同时可以体现出"有料"酸奶的另一大特质——有惊喜，每次添加的量不同，会有不同的味蕾上的享受，会得到不同的收获。

七、SWOT 分析

如图5-25所示，以下为"有料"酸奶的 SWOT 分析。

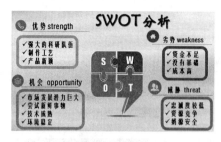

图 5-25 大果粒酸奶

1. 优势（Strength）

（1）精确管理，卓越品质。"有料"零食酸奶始终将食品安全视为企业生命线，在安全生产上将采用 ISO 22000 食品安全管理体系认证、绿色食品认证、ISO 14001 环境管理体系认证。在质量管理方面强调"质量零缺陷"，并将实施 HACCP 认证，从生产技术，质量控制，物流服务等方面严格管理，全面升级，提高品质核心竞争力。

（2）产品差异化。"有料"零食酸奶坚持产品差异化的经营策略，通过对产品的创新设计，有效避免与伊利、蒙牛乳业等大型企业的相似产品的正面竞争，构成其独特的产品竞争优势。"有料"酸奶极具趣味性以及新鲜感。

（3）价格实惠。"有料"零食酸奶定价 7.8 元，价格亲民，质量可靠。

2. 劣势（Weakness）

（1）品牌力不如对手。我国城镇居民乳品消费在高速增长后，增幅将相对放缓。在这种背景下，蒙牛、伊利等行业巨头加大了营销力度，而"有料"零食酸奶作为新型企业入驻乳制品行业，在营销宣传和产品推广方面增加了难度，同时也对"有料"零食酸奶推广的创新性提出很大的挑战。

（2）市场占有率较低。与全国性品牌的基地型乳品企业如伊利股份、蒙牛乳业和全国性品牌的城市型乳品企业相比，"有料"零食酸奶所挂牌的老北京瓷罐酸奶在市场上占有率极低，现状堪忧。"有料"作为新品牌、新产品在酸奶市场中明显占据劣势，"有料"零食酸奶需要一段时间被市场和消费者认可、接受。

（3）企业信息化程度有待提高。现代企业管理利用互联网络不仅降低了生产成本而且极大地提高了工作效率。目前，较为流行的信息管理系统有决策支持系统（DSS）、企业资源规划（ERP）、战略信息系统（SIS）等。"有料"零食酸奶所处行业环境竞争激烈，需要适时采用先进信息技术，加强企业信息管理，提高企业核心竞争力。

3. 机会（Opportunity）

（1）消费者倾向。经济发展和居民收入水平的提高刺激乳品需求增长。近些年来，中国的经济突飞猛进，居民的收入水平日益提高，消费者不再只是关注吃饱问题，更关注吃得安全健康。与此同时，消费者对乳品的要求也逐渐提高，消费者逐渐倾向于口碑好，质量有保障的名牌企业，这样就对乳品的消费起了巨大的推动作用，刺激了乳品需求量的增长。

（2）国家政策。政府出台一系列扶持政策为酸奶的发展创造了稳定的政治环境，国内经济快速发展，经济环境稳定，整体行业工艺更加成熟。

4. 威胁（Threat）

（1）市场风险。乳品行业健康持续发展进程中仍存在诸多不确定性因素，给企业的发展带来了巨大的风险。

（2）消费者的忠诚度较低。各大品牌企业营销资源竞争激烈，消费者在各类促销手段中选择性加大，难以忠诚于一个品牌。

"有料"酸奶 SWOT 分析矩阵如表 5-10 所示。

表 5-10　SWOT 分析矩阵

外部因素 ＼ 内部因素	优势（Strength） 1. 强大的科研队伍，充分利用高校的科技优势，依托北京农业大学强大的师资力量，有独特的背景优势 2. 挂靠老北京瓷罐酸奶厂（圣祥）资质，质量有保证，在北京地区认可度高 3. 源于欧洲的制作工艺，受消费者青睐 4. 产品吃法、口味、包装新颖	劣势（Weakness） 1. 本身的资金不足，不能像蒙牛、伊利、风行等公司进行大规模的广告宣传 2. 目前信誉不高，只是在北京市内一定程度上被认可，在其他地方的知名度并不高。难以在较大范围内与其他大品牌进行竞争 3. 距离奶源地远，运输、保鲜成本高 4. 新产品，无号召力，口味略少，市场占有率低，竞争大 5. 无餐具，不便于随时随地享受美食
机会（Opportunity） 1. 食品市场发展潜力巨大，其中休闲食品市场受众面广，规模已达万亿级别，并且发展势头强劲，未来整体市场将会进一步扩大 2. 生活水平提高，人们更愿意尝试新鲜事物 3. 生产酸奶行业技术、工艺较为成熟 4. 政府出台一系列扶持政策为酸奶的发展创造了稳定的政治环境，国内经济快速发展，经济环境稳定	SO 战略 1. 依托强大的技术优势，抢先推出产品，积极占领国内市场 2. 以产品的创新性和高质量作为卖点，通过一系列的推销手段，吸引年轻人品尝并购买 3. 可以以北京市场作为突破口，再逐步辐射全国	WO 战略 1. 大学生和白领更倾向于尝试新鲜事物，也是网络的主力军，可以采取微博、微信营销等性价比比较高的营销手段 2. 改进产品包装，添加餐具，让消费者感受到产品的人性化设计 3. 通过积极的线上营销让消费者认可健康的零食酸奶这一产品理念，进而产生购买的欲望，由此打开市场
威胁（Threat） 1. 消费者的忠诚度较低。各大品牌企业营销资源竞争激烈，消费者在各类促销手段中选择性加大，难以忠诚于一个品牌 2. 奶源安全问题	ST 战略 1. 与饼干、果干等零食企业建立战略联盟，进行联合促销 2. 依靠技术力量，可以继续研发新的口味，以应对后进入行业的跟风者 3. 强调"有料"的创新性和浓郁的口感，以区别其他同质产品	WT 战略 1. 价格不宜过高，应通过增加销量的方法来累积利润，否则难以与同质产品竞争 2. 与上游的供应商建立联盟，以减少原料成本，弥补运输成本

第四节　品牌定位与企业经营战略

一、STP 分析

市场细分（Segmenting）：如图 5-26 所示，按消费者年龄细分市场后，可以看出青年群体是酸奶的主要消费群。

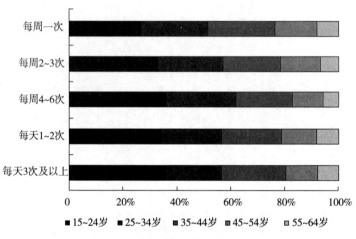

图 5-26　青年是酸奶的主要消费群

二、目标市场选择（Targeting）

如表 5-11 所示，我们将目标定位于青少年，"有料"酸奶主要面向青年群体，他们乐于接受新鲜事物，充满好奇心；懂得犒赏自己，有时尚健康的饮食观念；对零食的需求旺盛。青年类休闲食品应重视品牌概念的打造。调查表明，25～34 岁的消费者对休闲食品的消费比例最高，这是一个被"品牌概念"熏陶长大的消费群体，而且也是目前社会中最忙碌的一类人。他们没有过多的时间精挑细选，他们更讲究品牌，更在意包装精致，对价格不是太敏感，但一定要方便购买和携带。门店在做产品分类时可以根据人们的需求摆放。

表 5-11　酸奶消费程度分布

消费者 ＼ 指标	重度消费者（每周 3 瓶/盒/袋）	中度消费者（每周 1~2 瓶/盒/袋）	轻度消费者（每周 1 瓶/盒/袋）
总体	30.9%	35.2%	28.3%
男性	27.7%	34.8%	31.3%
女性	33.2%	35.6%	26.1%
15~24 岁	34.4%	34.8%	25.7%
25~29 岁	30.5%	36.2%	27.1%
30~39 岁	28.9%	34.7%	30.7%
40~64 岁	27.2%	34.8%	32.0%

目前来说，我国休闲食品的消费人群主要是青少年，其次为儿童、老年人，这其中，又以少年儿童、青年女性为主要消费人群。少年儿童对于休闲食品的消费，主要是依赖于父母的经济支持，由父母完成采购活动，但是在购买的意愿上父母也会听从子女的选择。这一类人群乐于尝试新鲜事物，对于新产品，尤其是一些在外形上充满童真童趣、名称上朗朗上口、赠品具有观赏性及娱乐性的产品，深得少年儿童青睐。青年女性群体在购买休闲食品时更关注于品牌，往往对某一类产品具有很强的品牌忠诚度，不盲目尝试新产品。同时对于产品的包装要求比较高，倾向于选购包装精美的产品，对于产品的价格不那么敏感。同时，这一类人群开始关注"健康"，不像少年儿童对于巧克力、薯片等产品来者不拒，她们对于休闲食品的选择不单单满足休闲的需求，同时也要尽可能满足一些功能性需求，如补充各种维生素等。老年人对于休闲食品的消费更传统，口味更单一，中式的糕点、酥饼是他们的消费重点。

三、产品定位（Positioning）

如图 5-27 所示，在市场细分和市场目标选择的基础上，"有料"酸奶的定位是趣味、健康、创新的健康零食，并将主要目标定位在 40 岁以下 15 岁以上的青年及女性为主的消费群体。在目前市场上"有料"酸奶的主要竞争对手一方面是三元、伊利、蒙牛的大果粒酸奶产品，与大果粒酸奶相比，"有料"酸奶的外观有很大的创新性，而且目前国内市场上并没有此类产品，单凭这一点就可以吸引消费者的目光。此外，在酸奶口感方面，"有料"酸奶将老北京酸奶工艺与欧洲酸奶工艺相结合，同时加入了草莓果酱、黄桃果酱、巧克力豆以及巧克力玉米粒四种年轻消费者喜爱的零食，制造出不一样的酸奶口味，同时也带给消费者不一样的享受。

另一方面如图 5-28 所示，"有料"酸奶与市场上的乳制品酸奶不太相同，作为零食酸奶，"有料"酸奶的另一个竞争对手就是休闲零食，如膨化食品、油炸食品、巧克力糖果等，与这些休闲零食相比，"有料"酸奶更加健康。首先，我们所选用的巧克力并不含大量糖、牛奶等高热量成分，以可可含量高的黑巧克力为主，热量低，相比市面上的膨化零食，消除了众多年轻消费者既想吃又担心

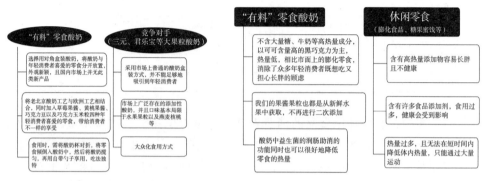

图 5-27　"有料"酸奶与竞争对手比较　　图 5-28　"有料"酸奶与竞争对手比较

长胖的顾虑，可以很好地享用我们的酸奶。其次，果酱果粒也都是从新鲜水果中获取，不再进行二次添加，因此，消费者不必因食品添加剂过多而不愿购买。酸奶中益生菌的润肠助消的功能同时也可以很好地降低零食的热量，酸奶与零食的同时享用，可以让消费者在享用零食的同时，也不用担心发胖。而这些是目前市场上休闲零食所无法达到的。

四、企业经营战略

1. 对应人群

大学生和白领更倾向于尝试新鲜事物，也是网络的主力军，可以采取微博、微信营销等性价比比较高的营销手段，引发流行从而带动热潮。

2. 包装改进

首先，可以随盒配备一次性餐勺，方便消费者食用。其次，改进产品包装，多加宣传，倡导更加绿色的饮食方式，倡导自备勺子。

3. 推广活动

通过积极的线上营销让消费者了解本品牌，而通过线下线上相结合的宣传方式使得消费者认可健康的零食酸奶这一产品理念，进而产生购买的欲望，由此打开市场，并且在大量的线上的营销战略下，获取大量市场份额。

4. 产品研发

由于现在工艺日臻成熟，为了长期战略目标考虑，需要依旧在产品研发上面

多下功夫，例如，研发更加适合当代人体质的配方、开发多种口味或两重口味相结合、研发更加便捷携带的包装等。

5. 组合装

如图 5-29 所示，根据自身口味仅有四种这一特点，推出两两结合或三三结合的分享套装，由于本产品零食与酸奶分开放这一特点，消费者可以自行搭配味道，弥补产品口味较少这一劣势。

图 5-29 "有料"展示

第五节 品牌核心价值

如图 5-30 所示，卓屹商贸有限公司的品牌核心价值是：综合考虑消费者对于休闲食品特性的偏向喜好以及"有料"的特点，公司品牌核心价值定位于趣味、健康和创新。

如图 5-31 所示，老北京瓷罐酸奶因为高品质的奶源和醇厚的口味深受北京人的喜爱。存于北京人记忆中的瓷罐酸奶，一提到就有了亲切感，仿佛让人回到孩提时代。如今老北京瓷罐酸奶因存储时间短、运输不便、瓷瓶回收等问题在市场中越来越少见。

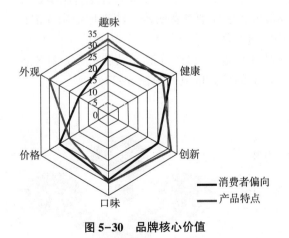

图 5-30 品牌核心价值

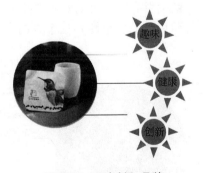

图 5-31 "有料"品牌
核心价值

卓屹商贸有限公司团队将欧洲技艺与老北京瓷罐酸奶的传统工艺相结合，为承载了 20 世纪 60~90 年代的老北京记忆的瓷罐酸奶推出一款体现趣味性和时尚，并且适应当前生活节奏和潮流的新产品。如表 5-12 所示，"有料"将零食与酸奶完美结合，大胆创新，在产品本身、吃法和包装上均体现趣味、健康和创新。希望消费者在快节奏的生活中能保持年轻的体态、积极的心态。

表 5-12　"有料"酸奶核心价值体现

酸奶、香草巧克力豆、玉米片和大果粒果酱	本身为休闲食品，消费主体为儿童、少年、青年，是此年龄段的代表——仿佛置身游乐园的海洋球池中；酸奶润肠道、美容养颜，巧克力低奶低糖，玉米片助消化，新鲜水果腌制维生素丰富
创造自行添加的吃法	动手体验的乐趣——长大也可以"过家家"；适应不同消费者的不同口味
可以翻折的包装盒	大胆创新创意，好玩有趣——想起折的纸飞机；干净、美观；保持干果的酥脆
产品创意	一群有激情、有梦想、有创意的"95 后"大学生的创业之路，对冻酸奶、蘸酱饼干、老酸奶进行扬弃、结合，迸发出灵感

北京卓屹商贸有限公司致力于打造的"零食酸奶"——"有料"目前在中国市场上属于新型产品。零食酸奶既包含了酸奶润肠助消化、美容养颜的功效，又囊括了干果、鲜果的营养和维生素。小食中的巧克力可可含量高，少糖、少奶。果酱选用新鲜水果腌制而成，更是在口味的混合上体现了惊喜，避免了高热量、低营养的膨化类食品，糖果类以及高糖点心等休闲食品带来的健康问题。同时，对于忙碌的上班族来说，"有料"也可以作为一顿简餐。如图 5-32 所示，卓屹商贸有限公司致力于打造健康休闲食品，一定程度上替代膨化食品以及垃圾食品作为零食的地位。从北京市场逐步推广至全国市场，让国人都吃健康零食。

品牌核心价值是品牌资产的主体部分，它让消费者明确、清晰地识别并记住品牌的利益点与个性，是驱动消费者认同、喜欢乃至爱上一个品牌的主要力量。卓屹商贸有限公司主要从理性价值（品牌利益）、感性价值（品牌关系）和象征性价值（品牌个性）三个方面介绍其产品的核心价值（见图 5-33）。

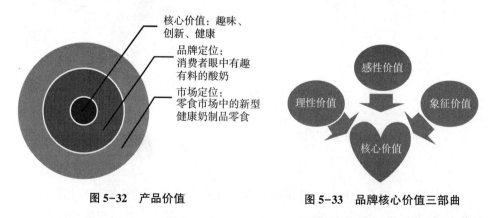

图 5-32　产品价值　　　　　图 5-33　品牌核心价值三部曲

一、理性价值（品牌利益）

理性的品牌核心价值着眼于功能性利益或者相关的产品属性，如功效、性能、质量、便利等，在快速消费品行业相当常见，是绝大多数品牌在品牌塑造初期的立身之本和安身之所。对于"有料"来说，作为休闲食品，其理性价值主要体现在口味、功效、包装。

1. 口味

小小的爆米花球外包裹着黑、白巧克力、香脆的玉米片和香浓巧克力的完美融合还有颗颗饱满多汁的超大果粒果酱。与酸奶的分开盛放保持了巧克力的干爽、爆米花和玉米片的酥脆的口感，更适应了不同年龄段消费者的不同口味选择。

2. 功效

酸奶与小食的多种配搭使其成为一种新式的健康零食。零食酸奶既包含了酸奶润肠助消化、美容养颜的功效，又囊括了干果、鲜果的营养和维生素，更是在口味的混合上体现了惊喜。"有料"酸奶添加剂、增稠剂、糖分含量少，搅拌型酸奶，与普通酸奶相比营养更为丰富。小食中的巧克力可可含量高，少糖、少奶；果酱选用新鲜水果腌制而成。避免了高热量、低营养的膨化类食品，糖果类以及高糖点心等休闲食品带来的健康问题。同时，对于忙碌的上班族来说，"有料"也可以作为一顿简餐。

3. 包装

"有料"通过新型包装盒实现酸奶与配搭零食分别盛放在两个角中，消费者可以沿两角中间分隔线（对角线）将小食角向上翻折，并根据个人喜好向酸奶中直接倒入配料，干净、便捷。

图 5-34 "有料"酸奶
蓝莓口味

二、感性价值（品牌关系）

感性的品牌核心价值着眼于顾客在购买和使用的过程中产生某种感觉，这种感觉为消费者拥有和使用品牌赋予了更深的意味和营造了密切的关系，很多强势品牌的识别在理性价值之外往往包含情感性价值。对于"有料"来说，给消费者强烈的感受是游乐场般的有趣、创意。如图 5-35 所示，公司制定的"生活调味料"主题系列活动将会收集消费者在活动中的照片和趣事，在参与中分享、在分享中体会。

三、象征性价值（品牌个性）

象征性的品牌核心价值是品牌成为顾客表达个人主张或宣泄的方式，有个性的品牌就像人一样有血有肉，令人难忘。近年来品牌个性在品牌核心识别中的地位越来越重要，以致不少人认为品牌个性就是品牌的核心价值，品牌个性已经成为一种悬乎其悬的神奇力量。不仅仅是产品，基于公司定位、宣传语、标识所形成的企业品牌形象也是不可忽略的。如图5-36所示，"有料"品牌工作室将卓屹商贸有限公司原有广告语"多一点健康，多一点享受"更改为"给生活加点儿料"；对于产品本身，"有料"为添加型酸奶，消费者可自助添加小食；作为健康的新型休闲食品（零食），"有料"可以为消费者的休闲生活添加健康、美味；在动手、品尝、享用的同时感受到趣味性，从而给快节奏的生活加点儿料。

图5-35　"有料"零食酸奶蓝莓口味

图5-36　"有料"展示图

第六节　品牌形象与元素设计

一、企业品牌形象

如图5-37所示，北京卓屹商贸有限公司是中国食品饮料行业下的细分休闲食品行业的企业。

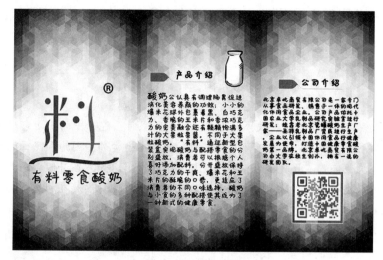

图 5-37 "有料"三折页

二、企业品牌介绍

北京卓屹商贸有限公司致力于将公司打造成为有影响力的中国健康零食销售企业。公司产品依托中国农业大学乳制品研究实验室进行研发；挂靠老北京瓷罐酸奶生产厂家——圣祥乳制品厂资质进行生产。

"有料"酸奶本身具有的特色是除了市场上大果粒酸奶的水果口味之外，新增加了香草巧克力豆和玉米片，在多元化的当今市场下，消费者需要的是有新意的、健康的、好玩的产品，而"有料"酸奶是市场上的新型产物，极具吸引力，从而有了更多的市场竞争力。在添加配料方面，"有料"酸奶给了消费者极大的自主性，每次添加的量不同，会有不同的味蕾上的享受。

然而，卓屹商贸有限公司成立不久，正处于起步阶段，品牌与产品知名度低；又是零食酸奶产品在中国市场的率先尝试者，所以难免缺乏可以借鉴的相关经验、缺乏知名度。为了能使"有料"迅速打开市场、提升知名度，"有料"酸奶品牌策划工作室经过市场分析与调研、企业现状分析为"有料"进行准确的品牌定位、清晰的品牌元素设计、讨论出一套切实可行的推广方案。

目前，公司产品仅有"有料"酸奶。市场稳定后，公司将会把重心放在新型产品研发上。坚持趣味、健康与创新的品牌核心价值，生产一系列新型、趣味性强的健康零食。卓屹商贸有限公司希望消费者以公司销售的健康休闲食品一定程度上替代膨化食品以及垃圾食品作为零食的地位。从北京市场扩展至全国市场，让国人都吃健康零食，改善膨化食品、蛋黄派等高热量低营养食品带来的健康问题。并且，借助欧洲进口工艺对老北京瓷罐酸奶加以改进，使其适应当下社会节奏。更从消费者角度出发，让消费者在享受产品的同时感受到趣味、愉悦。

三、品牌故事

> 有趣有内涵，料多料不到。
>
> 酸爽酸更甜，奶香奶浓稠。

"许多年前，当我还住在鼓楼大街旁边的胡同里时，院子中的小卖部里最受欢迎的就是瓷罐酸奶，一年四季都有。小学的时候经常去小卖部，因为和里面的大叔大婶都很熟，每次他们都不收我押金，放心地让我拿回家喝。如果在暑假，每天早上起床都会拿着零钱去小卖部，然后捧着两个瓷罐酸奶回家，把它们放在冰箱中，等下午和一个院儿的小朋友踢羊拐、玩儿弹球玩儿得一脑门儿汗的时候，就从冰箱中取出酸奶，插上一根粗粗的管儿，优哉游哉地喝着。寒假的时候，我也会去喝瓷罐酸奶，并且一定要叫上玩伴，两人一起去买。冬天很冷酸奶很冰，喝一口要运上半天气儿，但还是喜欢。"

现在街头的小卖部规模逐渐扩大成了小型超市，并且因为瓷罐酸奶的保质期极短、瓷罐回收，现在的瓷罐酸奶少之又少。因此，我们想对瓷罐酸奶进行改进，使其适应当下的生活节奏和消费需求。为了体现瓷罐儿酸奶带给我们的愉悦、享受，我们决定将它定位成孩子、学生、青年人最为喜爱的休闲食品（零食）。考虑市场上现有的零食类产品均为干货，而乳制品零食多为奶片、奶酪等，过于甜腻又失去了液态的瓷罐酸奶原有的味道，怎么在保持酸奶的味道和健康营养功效的同时，使其成为一种零食呢？如图 5-38 所示。

图 5-38　品牌创业故事

四、品牌含义

当今社会，竞争激烈、生活节奏快。欧洲工艺与老北京瓷罐酸奶的完美融合、酸奶搭配外形童趣的小食、极富创造力的包装和吃法，在视觉、味觉和自助添加小食的过程中感受童年趣味、时尚创意。使消费者在享用"有料"的短短几分钟里，可以跳脱出忙碌的现实生活，为快节奏的生活增添一丝趣味——给生活加点儿料。作为零食，针对当下人们生活节奏快、饮食不规律造成的肥胖、胃病等健康问题越来越严重，"有料"配料营养丰富、润肠道等特点可以为学生党和上班族带来不一样的体验。也在 Snacks Time 带来健康的零食享受：规避了膨化零食带来的负面影响——给身材加点儿料。

五、品牌形象

如图 5-40 所示，从品牌形象上讲，一只彩色的蜂鸟作为代表形象和包装的主图案：蜂鸟代表自由、快乐、活泼，其象征意义与产品趣味、健康、创新的核心价值观相吻合。蜂鸟作为自然界中传递花粉的使者，帮助花朵之间传递花粉；与产品标语"给生活加点儿料"相呼应——给忙碌乏味、快节奏的生活传递快乐、自由的"料"。

基于以上的行业背景及公司发展目标，卓屹商贸品牌元素设计，将会从以下几点进行详细介绍。

图 5-39 "有料"酸奶品牌标识

图 5-40 品牌形象（蜂鸟）

六、品牌元素设计

1. 名称——"有料"

如图 5-41、图 5-42 所示，产品原名"奶君"，为了迎合产品分开盛放、包装盒可翻折的特色，时尚的吃法、外观，以及产品核心价值，"有料"品牌策划工作室将产品更名为"有料"。

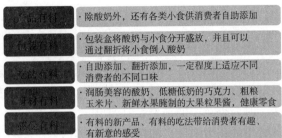

图 5-41　品牌元素设计　　　　　　**图 5-42　"有料"解读**

2. 微信公众号——真·有料

如图 5-43 所示，卓屹商贸有限公司设有专人进行维护，进行公司业务介绍、近期活动、话题讨论等内容的推送，有助于消费者对公司品牌形象、产品进行更深层次的理解。提升公司和产品的知名度。

3. 官方微博——真·有料

如图 5-44 所示，因微博终端渠道具有多样化的特征，使信息传播与交流变得更加便捷和实时化。与传统媒体相比较，每一个在场的见证者都是"记者"，都可以用自己的微博来记录现场的动态变化并推出自己的见解和意见。微博的传播特征类似于核反应或病毒的裂变式扩增，你的消息被你的粉丝转载后，那么你粉丝的粉丝同样也会转载，进而便发展到一种类似于金字塔一般的传播链条，信息被大量繁殖并且传播出去。特别是对于突发事件，其传播力度更大，短短的时间内可以被转载上千次。北京卓屹商贸有限公司官方微博主要用于发布最新活动、相关照片（如"有料"撩到你、"有料"运动会）、热点话题等内容。

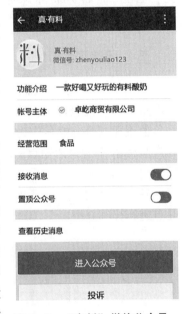

图 5-43　"有料"微信公众号

4. 标识

如图 5-45 所示，为适应产品趣味、健康、创新的核心价值和整体形象，"有料"品牌工作室将品牌原名——"奶君"更改

图 5-44　"有料"官方微博

为"有料",并将原始标识（奶君）进行更改。目前，产品标识以产品新名称"有料"的"料"字作为主体，突出了产品有料、料多的特点。并且，"有料"品牌策划工作室将料字进行了美化。料字中多用圆点和波浪线替换原本生硬的笔画，圆点代表了产品中的巧克力球、玉米片、果粒等"料"；波浪线体现了酸奶口感柔和也体现出了产品作为新型健康零食让身材更有料。标识采用活泼的橙色；橙色属于注目和引起食欲的颜色，以橙色作为产品标识主色可以使产品在货架上更加显眼从而吸引消费者眼球、促进食欲。并且，橙色使人联想到丰收的秋天，体现出产品配料丰富、有料的特点。橙色代表了快乐、活力、创造力以及娱乐，与产品趣味、健康、创新的核心价值相吻合也符合产品休闲食品的定位。创始人作为喜欢橙色人群的典型，活动力强、精力充沛并且竞争心强、从不认输，一旦决定要做的事情就一定会坚持到底。体现到他对公司的经营方面就是企业永不满足的理念——月满则溢，公司将不满足于眼下的成就，始终坚持产品、消费者双方缺一不可的理念；除了产品方面，公司也将充分考虑消费者的需求，始终保持产品质量安全与特色。争取在市场上成为领军企业。

图5-45 品牌原始标识（奶君）转换成现有的"有料"酸奶品牌标识

5. 标语（广告语）——"给生活加点儿料"

广告语对消费者的意义在于其所传递的公司的产品理念，它所强调的是一家公司和它的产品最为突出的特点。北京卓屹商贸有限公司致力于打造有趣味、有特色的新型健康休闲食品，好吃好玩儿。因此，"有料"品牌策划工作室将原始广告语——"多一点健康，多一点享受"更改为"给生活加点儿料"，更与产品名称"有料"相呼应。对于产品本身来说，公司研发团队大胆创新，在酸奶中加点儿料——香草巧克力豆、玉米片、超大果粒果酱，味道甜美、色彩跳跃、外形有趣。对于产品核心价值理念来说，卓屹商贸有限公司希望消费者在享用公司产品的同时能通过产品创新的包装、吃法、味道等全方位感受到产品的趣味性。使消费者在享用"有料"的短短几分钟里，跳脱出忙碌的现实生活，为快节奏的生活加一点儿料。对于产品定位来说，当下人们生活节奏快饮食不规律造成肥胖、胃病等健康问题越来越严重，"有料"酸奶既包含了酸奶润肠助消化、美容养颜的功效，又囊括了干果、鲜果的营养和维生素，规避了膨化零食带来的负面影响，给关注健康并且喜爱零食的消费者的零食时间加一点儿料——带来健康的零食享受。

6. 品牌包装设计

包装主体的白色象征着酸奶的纯、醇，配料表、热量表将在包装盒上以贴纸的形式展现，而包装封面上仅有标识、主图案以及口味，极简约的包装风格在货架上纷杂的酸奶包装色彩中给人清新、健康、特别的感觉，口味的说明使消费者更容易进行口味选择。

7. 产品包装盒

如图 5-46 所示，方形盒子分为酸奶角、零食角两个部分，盒子可沿对角线翻折，从而将零食角中的零食直接倒入酸奶角中，干净方便、美观、独特。

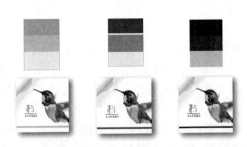

8. 新增配勺

基于奶盒设计（酸奶角与零食角中间有多余空间）："有料"品牌策划工作室设计在此处粘贴折叠勺，以改善产品不能随时随地享用的问题。

图 5-46　"有料"酸奶塑料盒

（1）考虑卫生问题：折叠勺外套有外包装。

（2）考虑美观问题：折叠勺包装需适应酸奶整体包装，"有料"品牌策划工作室选用硬质小纸包（信封形）；纸包外部。

9. 产品封面图案

如图 5-47 所示，根据产品核心价值、定位及整体形象，"有料"品牌策划

工作室对包装封面进行了改进。左上方的折角与蜂鸟的喙相结合，好像酸奶封皮被蜂鸟撕开了一角。在自然界中取食花蜜、花粉的蜂鸟撕开、取食"有料"酸奶，代表了"有料"如花蜜般健康自然、清甜可口。如图 5-48 所示，封皮下方的横条颜色以红、黄、

图 5-47　"有料"包装封面

香草巧克力豆以及巧克力色为主，分别表示草莓、黄桃、香草巧克力豆、巧克力玉米片四种不同的口味——使消费者可以更直观、更方便地识别产品口味。纯白的底色与色彩绚丽的蜂鸟相结合体现出趣味性与时尚感。相比原来保守、传统的包装（奶君），新包装（"有料"）更加生动、更符合现代年轻人

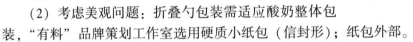

图 5-48　黄桃口味、巧克力口味、草莓口味包装色调示意图

的审美。

（1）黄色与红色（黄桃草莓口味）。颜色鲜明、显眼，使消费者在货架中可以一目了然地注意到产品。暖色增强食欲。

该颜色意义：体现了产品愉悦、分享、轻松的内涵，直观展示出口味。

（2）巧克力色（香草巧克力豆、巧克力玉米片）。表现出巧克力的醇厚，增强食欲。直观展示出巧克力口味。

10. 盒身贴纸

如图5-49所示，为了在明确产品口味、能量、营养以及配料等元素的同时，又不影响产品封皮的整体设计风格，本工作室制作了简单的包装盒身贴纸。食品生产许可编号以及保质期等关乎食品安全的重要元素将展现在贴纸上，让消费者安心、放心。

产品类型：风味酸牛乳（巧克力玉米片）
产品标准号：GB 19302
配料表：生牛乳，白砂糖，水，奶粉，可可脂，嗜热链球菌，保加利亚杆菌，果胶等

北京圣祥乳品厂
地址：北京市丰台区
食品生产许可证编号：
QS 150105010025
冷藏条件：2~6℃ 保质期：25天
生产日期及编号：见封口处

营养成分表

项目	每100克	营养素参考价值
能量	238千焦	3%
蛋白质	2.4克	4%
脂肪	2.7克	5%
碳水化合物	5.7克	2%
钠	75毫克	4%
钙	80毫克	10%

净含量：135g

图5-49 包装盒身贴纸示例

11. 广告语

如图5-50、图5-51所示，吃到"有料"酸奶就像上课被老师点名、拆开告白信时一样，是生活中的小插曲，让人心跳加速。"有料"给生活加点儿料，让生活更有料。

图5-50 包装盒身贴纸示例

"我前半生最强烈的三次心跳分别在上课被老师点名、拆开告白信，和吃到'有料'酸奶的那一刻。"

图5-51 包装盒身贴纸示例

12. 海报

如图5-52所示，展示产品口味、味道令人有惊喜感觉的同时，表现出产品本身、产品包装、产品吃法上富有趣味、天马行空、无限创想的特色与核心价值，并与广告词相匹配。

图5-52 "有料"海报

第七节 品牌推广与传播

在生活水平不断提高的背景下，人们赋予产品的功能也日益增多，但是在激烈的市场竞争中，同类产品的价格、质量、功能等都趋于雷同，在这种情况下，人们在选购产品时更注重精神层次的追求。所以，想让一个品牌成为行业的领导品牌，必须先成为行业思想的领导者。因此，我们将精力集中在产品设计的情感上，更加重视产品自身的情感及消费者的心理反应及情感，并将消费者心理、市场需求、产品理念等融合，为品牌做出一套系统化的策划方案。

此次推广活动以"生活调味料"为主题开展一系列循序渐进、条理清晰的宣传活动，逐步提升"有料"酸奶的品牌知名度，伴随张贴平面广告、网络推广作为宣传手段来展开。"生活调味料"主题系列活动包括"有料撩到你""料·动（'有料'运动会）"。表达了"有料"趣味、健康、创新的品牌核心价值，卓屹商贸有限公司致力于借助系列推广宣传活动以及酸奶有料的内容、有料的吃法、有料的包装带给消费者好吃好玩、趣味、健康、天马行空的消费体验。卓屹商贸有限公司希望为国民饮食健康、身体健康贡献出自己的微薄之力，并通过"生活调味料"主题活动帮助消费者从现实忙碌、紧张的日常生活中抽离出来，或为原本的生活填添一分色彩。主题系列推广活动将按照循序渐进打开市场的方式，面向主要消费群体，以达到逐步扩展"有料"零食酸奶知名度及消费人群、树立良好品牌形象的目标。

循序渐进的主题推广活动可以让各个活动间有紧密的联系，从而形成一系列有条理、有顺序的活动，保证其紧紧围绕"生活调味料"的主题而展开。如图5-53所示，"有料"零食酸奶需要让消费者了解到"有料"不同于目前国内市场上的任何

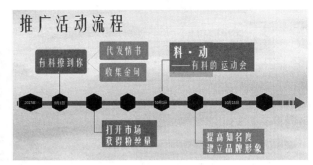

图5-53 "有料"海报

酸奶，了解产品特色及产品给消费者带来的体验。

此后，慢慢打开市场，拥有一定知名度之后让更多消费者了解"有料"酸奶的"健康零食"定位，进一步扩展消费群体范围。循序渐进的优点在于各项活动可持续发展。不同程度的推广能反映出市场对"有料"的接受程度，从而及时发现问题、调整策略，如图5-54所示，使"有料"的品牌形象能在消费者心中越来越清晰、深刻，从而提高北京卓屹商贸有限公司及"有料"的品牌认知度。

1. "有料·撩到你"

（1）活动简介。"有料·撩到你"活动为情感生活加料——"有料"官方替参与者给暗恋的人发匿名信，使这段感情充满无限种可能，体现出生活的趣味；匿名表白让参与者敞开心扉，在某种程度上让心情更舒畅，使心理健康阳光；活动形式创新，与产品核心价值中的趣味、健康、创新相吻合。匿名表白信也给收信人的生活"加料"——收信人收到信时的惊喜、幸福感响应了产品的广告语（给生活加点儿料）；更是与广告语（我前半生最强烈的三次心跳分别发生在上课被老师点名、拆开告白信，和吃到"有料"酸奶的那一刻）相呼应，展现了"拆开告白信"时的强烈的心跳，让消费者感受到"有料"酸奶真的可以带来强烈的心跳。

（2）系列活动的主题。生活调味料包含了酸、甜、苦、辣、咸。对于"有料·撩到你"活动来说，无论"有料"是否帮参与者撩到手，参与活动的过程和结果都会给平常的生活加点儿料，让消费者体会到"有料"的趣味和创造力。卓屹商贸有限公司将雇用网络公关公司进行活动推广。在经过大量的微博参与、回馈、转发及评论后，"有料"酸奶拥有了更多粉丝，为后续活动推广助力。

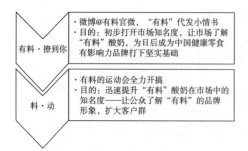

图 5-54 活动流程及预期效果　　　　　　　图 5-55 "有料"海报

（3）活动时间。2017 年 9 月 1 日起。

（4）活动背景。在高速发展的网络时代，快速、便捷的交流手段致使很多人变得更加孤独，也更加寂寞，甚至于有些人有着严重的交流障碍。在这样一个不想自己开口的时代，我们特别推出了"有料·撩到你"系列活动。如果你有喜欢的人却始终不能开口，如果你有喜欢的人如今却不知怎么告知他/她你的心意，不妨通过新浪微博参与活动。每个参与进来的网友都可以通过发微博的形式参与活动。即发微博@有料官微并同时发布话题#有料·撩到你#。每日话题点赞前十的微博，"有料"将派出专人与作者联系，获得被告白者的具体信息，手写一封告白信通过邮递的方式发给被告白者。

图 5-56 "有料·撩到你"活动流程

如图 5-56 所示，参与者可以选择匿名方式，信件由"有料"全权代理，避免了直接写信的尴尬。同样，如果参与者希望由自己来手写情书，可以由"有料"代发信件。

（5）活动意义。如图 5-57 所示，社交软件的发达拉近了人与社会之间的距离，却又扩大了每一个人之间的距离。有很多时候，我们爱着却不能开口。"有料"零食酸奶的口号是"为生活加点儿料"，在平淡无奇的生活中，在忙忙碌碌之中，人终是需要静下心来想一想自己真正的需要。人生有八大苦生、老、病、死、爱别离、怨憎会、求不得、五阴炽盛，社交软件有"撤回"的功能，说过的话也可以假装什么都没发生过，但真

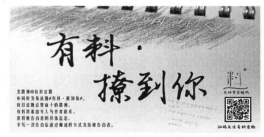

图 5-57 活动参与方式示例

实的情谊没有办法消失，"有料"愿为每一个真心的人，为真心的生活加点料。所以，"有料"决定替爱发声开口，手写一封情书，为被告白者带去最原始的感动，帮参与者"撩"到喜欢的人，深深爱着的人，帮他们了却一桩心愿。

（6）后期推广。在收集情书过程之中，"有料"将收集情书之中的自创金句，建立自己的数据库，在后期，将金句运用到品牌包装设计之中。前期仅仅开展告白信活动，在活动开展 2～3 个月，将陆续开放道歉信、祝贺信、感谢信等板块，参与方式与告白信相同（见图5-58）。

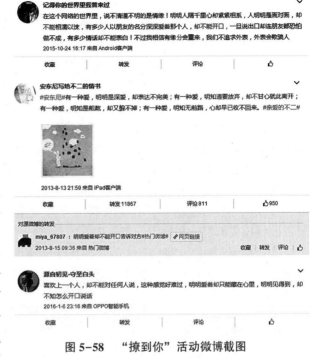

图5-58 "撩到你"活动微博截图

2. "料·动"

（1）活动简介。"料·动"给休闲生活加点儿料。趣味运动会以"运动、健康、快乐"为主题，变"竞技"为"娱乐"，改"精英展现"为"全员参与"，让参与者在比赛中感受运动的竞技性，更体会运动的趣味性。"料·动"作为形式新颖的趣味运动会，体现了产品的核心价值：趣味、健康、创新。开展趣味运动会，让人们在紧张的工作生活之余体会到快乐、健康，更是为休闲生活增添了一种趣味、健康的娱乐方式；就像"有料"为消费者的休闲生活提供了更富有趣味、健康、创新的休闲食品选择一样。并且，运动会给生活增添乐趣与产品"给生活加点儿料"的广告语相呼应。

低头族、亚健康——当代社会一种不可避免的通病。随着经济的发展，人们生活节奏越来越快，"有料"酸奶希望通过举办户外定向越野活动，增加运动的趣味性，为被电子产品、生活压力、工作学习压力束缚的生活加点"健康料"。社会进步了，物质丰富了，用不完的热量成为我们挥之不去的负担，运动可以让生活越来越精彩、越来越健康。与好友走出房间，感受自然世界，享受现实生活中的乐趣，让身体的每一个细胞都动起来。可以带来更大的满足感，那是智能手机无法比拟的，毕竟网络是一个虚拟的世界。只有真正感受到现实生活的乐趣，我们才会体会生命的意义和价值所在。"有料"希望用运动拉近人与人之间的距离，使低下的头抬起来看看窗外的风景，使寂寞的心感受阳光的温暖，让每个人都能在运动中获得快乐，也可以让所有的参与者获得更健康的身体，为身体加点"健康料"。

活动开始前半个月，公司将在"有料"官方微博、微信公众号借助网络公关进行推广预热。卓屹商贸有限公司将事先联系公园管理部门、相关政府部门，在人流量较大、场地面积足够、入场费低廉的新型公园开展活动。朝阳公园曾经为奥运会比赛场地，符合活动运动健康的主题、产品核心价值，游客多元化。并且，朝阳公园与奥林匹克森林公园长期有定向越野等趣味体育活动，经验丰富、可合作嫁接。公司将准备带有"有料"产品元素的周边产品作为奖品；场地布置方面将投入海报、易拉宝、背景墙等宣传品，并设专人作为裁判、协助。

（2）活动时间。如表5-13所示，在活动地点现场报名，每天活动开始时间8：30，每隔30分钟进入一批参与者，最晚进入时间14：00。

表5-13　"料·动"活动时间

第一期	2017年9月1~10日
第二期	2017年9月15~20日
第三期	2017年10月1~5日
第四期	2017年10月10~15日

（3）活动地点。北京市朝阳公园（见图5-59）。

（4）活动规则。按照抽签顺序完成路线以及路线上的活动，未能完成活动者可以通过复活机会复活。本活动最终解释权归"有料"官方所有。

（5）活动流程。每日8：30开始第一批参与者进入，每隔30分钟下一批参与者进入。每一批进入的参与者通过抽签决定自己的下一个到达位置，每到达一个位置，需要完成此位置的任务才能继续抽取下一个活动位置。在每个任务完成之后均会有一次抽奖活动，奖品分设有白色T恤、杯子、勺子以及"有料"酸奶、复活机会等。活动之中如果不能按照要求完成任务，即任务失败，可通过线上方式以及抽奖环节获得复活机会。

图5-59　北京朝阳公园局部景观

☞ **活动细化**

活动流程，如图 5-60 所示。

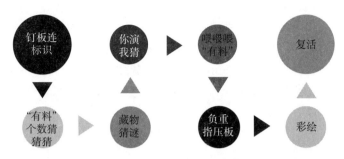

图 5-60 "料·动"活动流程

1. **"钉板连标识"**

展现参与者脑力与创造力，与标识联系密切（见图 5-61）。

（1）员工人数：1 人/组，共三组。

（2）预计时间：10 分钟。

（3）活动内容：工作人员给每组参与人员发放绳子，每组参与者用绳子将钉板上的钉子连成"有料"酸奶的标识（不必一笔连成，不强调最后连成次数）。连完标识并全组组员与其合影，发微博并@有料官微，到工作人员处抽取下一活动地点，进行下一项活动。

图 5-61 "钉板连标识"活动现场

2. "'有料'个数猜猜猜"

立体视觉游戏，充分发挥了产品包装盒不规则的形状的趣味性（见图5-62）。

（1）员工人数：1人/组，共三组。

（2）预计时间：10分钟。

（3）活动内容：参与者根据已放置好的方块（方块包有"有料"酸奶的标识），通过观察外表得出方块的真正个数，每组每次仅有三次机会回答，答对的参与者获得工作人员认证后获得下一活动地点提示，进行下一项活动。如若未能在三次之内答对，则游戏失败。

3. "藏物猜谜"

寻宝活动趣味十足；动起来寻找"有料"周边产品，让身材更有料、让身体更健康（见图5-63）。

（1）员工个数：员工1人/组，共三组。

（2）预计时间：10分钟。

（3）活动内容：在限定范围内搜索需要寻找的物品（物品上印有"有料"酸奶商标），同时解答找到物品上的谜语，每组限时10分钟找到并且答对的组获得下一任务地点位置。如若未能按时找到指定物品或未能成功猜出谜语，则游戏失败。

图 5-62 "'有料'个数猜猜猜"活动现场　　图 5-63 "藏物猜谜"活动现场

4. "你演我猜"

体力脑力碰撞出火花，趣味、健康、创意（见图5-64）。

（1）员工人数：1人/组，共三组。

（2）预计时间：15分钟。

（3）活动内容：参与者两人一组，并抽取一组猜题卡。在1分钟内，一人无声表演，一人猜答，猜测个数达8个以上的获得工作人员认证，并且获得下一任务地点，猜答正确的个数不足8个的组游戏失败。

5. "喂喂喂'有料'"

比拼默契，拉近人与人之间距离，与产品本身相结合，"有料"给生活加点儿料（见图5-65）。

（1）员工人数：1人/组，共三组同时进行。

（2）预计时间：10分钟/组。

（3）活动内容：参与者两人一组，双方蒙眼，一人持塑料小勺，将一份"有料"酸奶用勺子全部喂给自己的搭档，另一人在蒙眼的情况下吃完搭档手中的酸奶并获得工作人员认证即算完成活动，完成活动后得到下一活动地点提示，进行下一项活动。

图5-64 "你演我猜"活动现场　　　图5-65 "喂喂喂'有料'"活动现场

6."负重指压板"

趣味运动，有趣、健康（见图5-66）。

（1）员工人数：1人/组，共两组同时进行，裁判台2人。

图5-66 "负重指压板"活动现场

（2）预计时间：15分钟/组。

（3）活动内容：参与者两人一组，一方身背自己的搭档，在指压板上完成30米的行进，之后背着自己的搭档拾起地上印有"有料"商标的正方体，拾起后送到裁判台，获得工作人员认证即算完成活动，正方体掉落在地即游戏失败。完成活动后获得下一活动地点提示，进行下一项活动。

7. "彩绘"

给白色的T恤加点颜色艳丽的颜料＝给忙碌平淡的生活加点儿料（见图5-67）。

（1）员工人数：裁判台2人。

（2）预计时间：7分钟/组。

（3）活动内容：参与者两人一组，工作人员发放印有"有料"标识的白色T恤，搭档两人在对方的T恤或脸上进行涂鸦，颜料为可擦净的安全无毒原料，彩绘图案自定，该活动旨在宣传品牌及给予人们放松的体验，所以无硬性规定图案样式及涂鸦水平，满意后可以找工作人员进行认证完成活动，完成活动后获得下一活动地点提示，进行下一项活动。

图5-67 "彩绘"活动现场

8. 复活

（1）复活机会。每日"有料"官微将在00：00发布当日谜题，每天前100位转发该谜题且答对的用户可获得复活机会×1；在游戏过程中，为自己与团队录小视频，说"真有料"，发在微博上面并@官微，可获得复活机会×1；邀请路人与小组一起进行10人11足走（如果组内有6名成员，需要邀请4名路人；如果组内有7名成员，需要邀请3名路人，以此类推），成功走出10米即可获得复活机会×1。

（2）活动应急预案：救护车在活动中全程待命；如遇重大自然灾害如地震等或极端恶劣天气，活动取消，并提前通知；如遇其他特殊情况，提前两天通过网络渠道通知参与者。

3. 主题活动预期效果

如图5-68所示，此次循序渐进的推广活动将有目的性、条理性地为"有料"打开市场，从而提高知名度，除了提高知名度的目的外，还可以帮助"有料"在中国市场打造一个稳定的地位，从而可实现卓屹商贸有限公司的可持续发展。活动展现了"有料"之"趣味、健康、创新"的品牌核心价值，使"有料"的品牌形象在消费者心中形成，逐步实现休闲食品健康化、多样化、趣味化的目标。

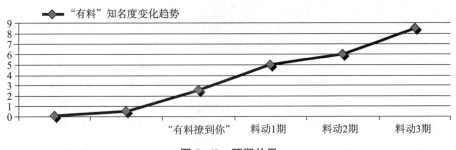

图 5-68　预期效果

4. 宣传手段

如图5-69所示，为配合上述活动积极展开，我们将采取平面广告张贴以及网络推广作为辅助手段，使活动推广范围更加广阔，涵盖消费群体更加全面。线上曝光与线下推广活动交替展开、紧密配合，形成互动，利于产品和

图 5-69　YY 直播平台知名主播

品牌的全面推广。完善公司在线宣传渠道，包括微信公众平台建立、官方微博账号运营与运作，实时发布公司新增活动与产品介绍的同时，将上述活动以纪录片、图文推送、花絮视频等形式在微信公众平台与微博平台同步发布。"直播"无疑是当今互联网行业中出现频次最高的一个关键词。借助热门直播平台可以有效拓展"有料"品牌知名度。根据2016年中国直播平台热度排行榜，我们选择了目前市场上最受欢迎的映客、YY直播平台知名主播：露娜、诗诗。她们形象阳光健康、直播内容积极向上、语言生动有趣。作为年轻的"90后"，符合"有料"的核心价值。公司将样品寄给主播进行品尝由主播进行线上直播推荐。直播间人多时，我们在"麦序"（直播间全员可见、文字形式的

相互交流平台）发布产品的广告、淘宝店铺、微信号的文字信息，从而实现销售。由主播进行直播形式的硬广告或软广告推荐，并告知购买渠道信息，从而扩张知名度。

5. 推广活动展望

公司发展稳定并获得一定盈利后将会开展进一步的推广活动，届时将会与知名手游合作、接受订制、开设物流系统以及研发自助售卖机。

6. 吃有料·玩手游

如图 5-70 所示，企业发展到一定规模时，可与时兴的热门手游进行合作。游戏玩家多为青少年，与"有料"的消费群体相吻合。并且，游戏的趣味性也与"有料"核心价值相呼应。手游作为现下时兴的休闲娱乐活动搭配定位为休闲食品的"有料"零食酸奶，两者的结合更让消费者的休闲时间更充

图 5-70　阴阳师手游界面

实；打游戏时吃一杯"有料"零食酸奶缓解疲劳，让休闲时光更健康。例如，当下最受欢迎的手游——阴阳师。阴阳师游戏受众多为年轻女性，与"有料"零食酸奶的市场定位有相重合之处。游戏中，玩家需要收集"碎片"来抽取游戏角色。因此，"有料"酸奶可以在包装上印刷游戏碎片二维码或涂层密码等，吸引消费者购买。

7. 私人订制·让"有料"更有料

北京卓屹商贸有限公司将建立官方网站，为消费者提供更全面和人性化的服务。如图 5-71 所示，"有料"官方网站将提供意见反馈界面，吸收消费者的意见与建议，及时对产品做出改进。并且有料官网将提供私人订制口味、私人订制包装封皮、私人订制礼盒套装等活动，尽量满足不同消费者的需求——与产品公司"留个缺口给消费者"的经营理念相吻合。为消费者打造属于自己的"有料"：每一盒都充满与众不同的趣味、创意。私人订制活动将充分切合产品健康的核心价值，在活动当中，消费者可有选择性地参与进行"健康订制"活动。"有料"官方网站平台将收取消费者的身高、体重、性别以及年龄，并根据这些基本信息计算出消费者的基础代谢率（每日消耗最低热量）。在此之后，我们将为每位消费者提供私人订制配料食谱。食谱中将包含多种干果、谷物、零食、果酱供消费者选择，以适应消费者的不同口味。

图 5-71 私人订制流程

第八节 线上线下销售渠道展望

在大卖场上架,大卖场商品品种齐、价格低、吸引力强,顾客不仅去大卖场的次数多,而且每次都是大量采购。促销策略是增加卖场的生动化展示,包括扩大货架陈列面,做整箱堆头陈列;派驻促销兼理货员;举办免费品尝活动;在周日及节日期间举办赠促销活动;整箱购买优惠;在适当时间做大卖场的上刊特价商品等。

连锁超市具有非常大的优势,那就是门店众多,信誉度较高,促销策略是理货为主,要让顾客看得见,买得到。严格陈列标准,例如,产品必须进冷风柜,必须摆放冷风柜 1~3 层,全品上架,不断货;选择居民居住集中的门店举办免费品尝活动;举办捆绑促销。

例如,在永辉超市上架,与零食等相关产品靠近放置;大幅的海报品宣传;买五赠一等赠送打折方式;通过单独摆放来加深消费者的认知。

一、"快递到家"

这种渠道的特点是服务性强,因而可以通过服务来锁定顾客,培养顾客忠诚度,并可以增加现金流,在购买较多的小区附近安排实体售货。这也是乳业的特殊性,乳业的部分渠道具有独有性、封闭性,如配送到户、学校单位配餐等,这种渠道可以给企业带来稳定的现金流和利润收入,并作为抵御外来企业的有效区隔。

二、自助贩卖机

根据体验行销（基于个别顾客经由观察或参与时间后，感受某些刺激而诱发动机产生思维认同或消费行为，进而增加产品价值）和S-P-C模式，品牌在综合商场内（如大悦城、新中关、蓝色港湾、金源等）设置自助售卖机（见图5-72）。通过现场摆放的多种配食视觉刺激，激发消费者对自主搭配、品尝的欲望；经过实际的搭配、生产等过程产生成就感和浓厚的兴趣；最终促使其购买产品。

图5-72 "有料"自助贩卖机

第九节 品牌资产保护

所谓品牌资产，是由品牌形象所驱动的资产，它形成的关键在于消费者看待品牌的态度而产生出来的消费行为。如图5-73所示，品牌资产有别于有形的实物资产，它是一个系统概念，由一系列因素构成：品牌名称和品牌标识物是品牌资产的物质载体，品牌知名度、品牌美誉度、品质认知、品牌联想、品牌忠诚度和附着在品牌上的其他资产是品牌资产的有机构成，为消费者和企业提供附加利益是品牌资产的实质内容。对品牌资产进行经营层面的保护，必须从技术、生产、营销策略三个层面形成"立体保护"，方有利于品牌资产的提升。例如，在技术层面上，要保持技术领先，严守技术秘密，统一技术标准；在生产层面上，要按有效需求组织产销，坚持持之以恒的严格质量管理；在营销策略上，则要审慎开展品牌延伸经营、始终树立以消费者满意为中心的经营理念、保持与消费者沟通的连续性、维持标准定价、保持价格控制权、避免恶性竞争。

大卫·艾克所提炼出的品牌资产"五星"概念模型，即认为品牌资产是由"品牌知名度、品牌认知度、品牌联想度、品牌忠诚度和其他品牌专有资产"5部分组成。从品牌知名度营销观点看，一个品牌的成就来自于企业的产品、技术、渠道、管理及创新等各个方面，而与品牌知

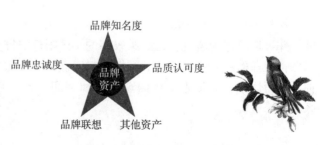

图5-73 品牌资产"五星"模型

名度的打造关系最为直接的便是品牌的传播与形象塑造。"有料"在打造品牌的道路上,尤为重要的一点就是依托于新媒体传播,通过直播、微博、微信平台等资源使"有料"进入公众视野,提高知名度。消费者对品牌的品质的肯定,会给品牌带来相当高的市场占有率和良好的发展机会。"有料"坚持趣味、健康、创新的核心价值,保持品牌特色。因此,换来了今天喜人的业绩,大大提升了"有料"在消费者心中的整体印象,即品牌的认知度。从品牌忠诚营销观点看,销售并不是最终目标,它只是消费者建立持久有益的品牌关系的开始,也是建立品牌忠诚、把品牌购买者转化为品牌忠诚者的机会。"有料"坚持为消费者提供便捷的购买途径、快捷高效的营销网络和售后服务是保障公司产品高居市场领导地位的主要原因,也有助于新产品及时、迅速地登陆市场。虽然公司刚成立,公司不仅向消费者提供优质的产品,更着力社会公益,善尽企业社会责任。例如,为献血车、献血站免费提供"有料"酸奶作为献血前后的营养补充零食。这些都使"有料"在市场更具有竞争力,从而使消费者对"有料"的品牌忠诚度逐步提高,并由无品牌忠诚者渐渐转变成"有料"的品牌忠诚者。

品牌战略是企业获取差别利润与价值、构建核心竞争力的经营战略,同时也是建设可以给拥有者带来溢价、产生增值的一种无形的资产的基础。意识超前的企业纷纷运用品牌战略这一利器,取得了竞争优势并逐渐发展壮大,加强企业品牌管理(见表5-14)、提高品牌风险防控能力就显得尤为重要。

表5-14 品牌资产管理方法

工作模板	工作块面
品牌战略布局	企业资源梳理与竞争环境分析
	基于互联网思维制定品牌战略和 DNA 体系
	企业品牌资产内涵的外化口径及表现形式
	制定新媒体环境下的品牌营销策略
品牌立体保护	立体商标保护策略
	企业标识形象图及广告宣传语版权保护策略
	产品及包装外观设计保护策略
	注册商标实时监控及恶意行为阻止
品牌资产维护	制定品牌形象传播实施策略
	建立大数据信息分析系统
	品牌主题营销活动策划与实施
	品牌运用监控系统
	舆情监控系统

第十节 企业风险管理

如表 5-15 所示，以下为品牌风险预测与管理。

表 5-15 品牌风险预测

财务风险	现金流量不是很稳定，流动资金占有很大比重。在业务往来中，现金流波动有可能使公司受到资金折算损失，直接增加了商品成本
运输风险	卓屹商贸有限公司有自己的供货渠道和物流渠道，所以在运输中容易发生意外，为公司带来损失
行业风险	"有料"为中国市场中零食酸奶的率先尝试者，所以产品可能会被效仿
管理风险	"有料"在中国市场属于新型产品，人员流失可能会导致产品技术和配方的泄露
食品安全风险	"有料"所处行业为食品饮料行业，食品安全尤为重要。原材料的选择至关重要
品牌元素风险	在品牌名称方面，"有料"两个字虽简单明了，但容易被其他品牌借以使用；在品牌形象上，产品包装盒及封面图案都容易被篡改
品牌定位风险	"有料"同时具有奶制品和休闲食品的属性，卓屹商贸有限公司将其定位为"零食酸奶"，不同于大果粒酸奶，在中国市场上属于新型产品，需要进行宣传打开市场

一、法律保护

"有料"作为一种新型食品，在市场投放中面临的威胁之一即是其他企业的抄袭模仿。为了有效预防其发生，我方申请了实用新型专利及外观设计专利。依据《中华人民共和国企业专利权保护法》，"有料"产品包装的形状、图案和色彩都不可被效仿。若在我方权利受到侵害时，我方将采取行政或民事诉讼的方式进行法律维权。

二、自我保护

作为企业，品牌资产的自我保护意识对于品牌的发展推广是十分重要的。我方在企业的内部管理过程中，应多关注员工动向，培养员工对于企业的归属感，令每一位员工建立主人翁意识，积极打假，严守企业内部机密，保护企业品牌安全，积极践行企业社会责任。

1. 内部

（1）定位精准。应当对企业自身的优势及劣势有清晰客观的认识，能够找准企业及产品的定位，这样才能在日常管理及危机处理中做出正确的选择，确保企业能够持续发展。

（2）建立完备的财务制度。企业应根据实际业务状况，建立一套完备且适应企业情况的财务制度，能够准确衡量企业的实际经营状况，帮助经营者做出正确的决策。

（3）固定资产投保。由于企业在经营初期需要购买价值较高的固定资产进行生产，为了防止生产线出现问题导致企业蒙受损失，可以对固定资产进行投保，以减少可能面临的损失。

（4）商业机密保护。企业应做好产品配方等相关商业机密的保护工作。产品配方等是产品能够获得消费者认可的重要原因，作为企业的无形资产应严加保密。

2. 外部

（1）公关意识。人们使用微博、微信等社交媒体的频率越来越高，一个简单的事件都可以被快速传播。企业应树立危机公关意识，建立应对危机的公关团队，以面对可能出现的各种情况。

（2）供应商关系。优质的原料是企业生产好产品的重要条件。企业应注意处理好与供应商的关系，及时获得优质的原料来支持生产。

（3）客户品牌认知。客户对于品牌有认同感才会愿意持续购买。企业应找准品牌定位并进行合适的营销手段，才能改善客户对于品牌的认知。

第十一节　成本定价分析

随着生活水平的提高，消费者在购买酸奶等零食时越来越注重包装、口味等产品元素。我们的产品也应该是以市场为导向的，根据消费者偏好和竞争者的情况来确定产品的价格。基于这样的基本思路，进行了产品价格分析（见表5-16）。

表5-16　"有料"成本定价分析

项目名称	占比（%）	金额（元）
1. 直接材料	—	—
原材料	40	1.68
包装材料	8	0.336

续表

项目名称	占比（%）	金额（元）
2. 直接人工	25	1.05
3. 制造费用	19.5	0.819
4. 期间费用分摊	—	—
销售费用	6	0.252
运输费用	1.5	0.063
总计	100	4.2

第十二节　财务预算

如表 5-17、表 5-18、表 5-19 所示，我们根据产品成本基本数据，同时咨询了食品行业从业者，得到了行业一般水平的数据，据此进行了成本预测。

表 5-17　"有料"销售费用细则

分类	项目	明细	金额（元）
品牌元素设计	产品包装封面设计	有料包装封面改进	10000.00
	宣传品制作	三折页（8000 份）、海报（1000 份）、易拉宝（80 个）的设计及制作	11414.00
	周边产品	推广活动中的奖品 T 恤、杯子、勺子、有料酸奶	19200.00
品牌推广	网络推广（知名主播）	白浩/Lorna 主播 YY 直播（三个月）	9000.00
	平台推广	微博、微信公众号	392400.00
	线下超市进店	北京永辉超市系统	200000.00
	线下校园代理	北京（20 个）高校和社区超市	40000.00
	线下商超运营	永辉超市、高校和社区超市	9840000.00
	线上电商进店	天猫旗舰店	100000.00
	线上电商运营	天猫旗舰店	240000.00
品牌推广	主题活动	场地租赁、摊位搭建、宣传品制作、产品、人工费、直播平台合作	960000.00
品牌管理	市场调查	—	50000.00
	专家咨询	—	100000.00
总计	—	—	11972014.00

表5-18 "有料"销售费用细则

项目	支出明细	金额（元）
线下超市进店	北京（36家）永辉超市系统	200000.00
线下校园代理	北京（20个）高校社区超市	40000.00
线下商超运营	永辉超市、高校社区超市	98402000.00
直播广告成本	白浩/Lorna主播YY直播（三个月）	9000.00
微信公众号维护	推送文案、美工设计、日常维护	360000.00
线上电商进店	天猫旗舰店	100000.00
线上电商运营	天猫旗舰店	240000.00
配方创意大赛	宣传推广（设计和印海报）、奖金	50000.00
总计		10839000.00

表5-19 "有料"预算表（年）

项目	单位	单价（元）	数量	总额（元）
一、产品销售收入	杯	6.63	10497737.56	69600000.00
减：产品销售成本	杯	4.2	10497737.56	44090497.74
产品销售费用				11972014.00
二、主营业务利润				13537488.26
减：管理费用	—	—	—	2400000.00
财务费用				
三、营业利润				11137488.26
加：投资收益	—	—	—	
营业外收入				
减：营业外支出				
四、利润总额				11137488.26
减：所得税	—	—	—	2784372.07
五、净利润				8353116.197

在具体制定产品价格时，我们进行了市场调研，发现竞争产品多定价于7~8.5元。为了使我们的价格具有竞争力，也应位于这一范围。这款酸奶的定位人群主要是大学生和上班族。

我们认为，产品的价格不应过高，它应该是生活中的平价零食，通过人们的反复回购来增加销售额，以达到薄利多销的目的，并且，考虑市场定价的实际情况，最终选定了7.8元的销售价格。

根据行业通常的做法，供应商销售至商超的价格应为7.8×0.85=6.63元。由此可知，每销售一件产品，公司获利应为6.63-5=1.63元。

专家评语

近年来，我国休闲食品市场规模呈几何级增长，高出食品市场平均增长率20个百分点，休闲食品行业市场需求增加速度更是快于同期经济增长水平。

一、休闲食品市场现状

2011年我国主要休闲食品行业销售产值为228亿元，2016年销售值就已经达到960亿元，每年以18%以上的幅度增长，这就说明休闲食品的发展在中国食品市场的地位日益重要。我国休闲食品大致可以分为八大类，即谷物膨化类、油炸果仁类、油炸薯片类、油炸谷物类、非油炸果仁类、糖果类、肉禽鱼类、干制蔬果类。其中，糖果、蜜饯、膨化、谷物类是休闲食品行业起步最早，也是发展最为成熟的品类。此外，牛肉干、豆腐干、锅巴等传统的风味小吃经过企业的不断创新，成为新兴的一批休闲零食品类。然而，中国几大休闲食品生产厂家都集中开发谷物膨化食品，使产品品种单一，竞争较为激烈。由于企业实力不足，在产品开发上难以进行较大投入，因此一般中小型休闲食品企业在开始进入市场的时候品种单一，可供目标消费者选择的余地较小。与对手在竞争过程中，产品抗风险能力弱，适应市场变化的能力不足。也有少部分企业在进入市场时选择了相对成熟的产品品种，但产品缺少自身特色，相关性不够。由于技术力量相对薄弱，导致目前休闲食品风味还不能与国际上同类产品风味相媲美；国内除极大合资企业外，许多国营中小型厂家制造的休闲食品包装色彩及品质较为粗糙；许多零食产品的开发尚处于空白阶段。另一大弊端表现为产品不能与时俱进。在近几年的休闲食品发展过程中，天然化、健康化、时尚化、功能化已经是休闲食品新趋势。我国绿色休闲食品市场迅速发展，2012年增长至123.5亿元，2016年更是达到363.7亿元，在中国食品市场的地位日益重要。一些休闲食品生产厂商正在宣传休闲食品可以成为健康平衡膳食的一部分——低热量、低脂肪、低糖的休闲食品是今后新品开发的主流。但一些企业在领头企业早已采用罐装、听装、透明装、单颗粒包装等迎合天然、时尚、健康发展要求的包装时，很多企业仍旧用封闭、粗糙、粘粘等看不见、不美观、取食不卫生的陈旧包装。在价位没有太大差别的前提下，销售竞争力就会明显处于劣势。

二、酸奶市场现状

对于酸奶市场来说，酸奶大致可以分为三个品类：第一类是满足营养需求的基础酸奶；第二类是满足美味休闲的大果粒、谷物酸奶；第三类是健康功能酸奶，如通畅、免疫、美丽、儿童成长等。其中，基础酸奶的市场规模占60%以上，而果粒（谷物）酸奶和功能性酸奶的市场规模相对低一些。然而，从增长态势上看，恰恰后两者的增长率非常惊人，尤其果粒酸奶的增长率高达40%。但大果粒酸奶多为果酱（少数添加燕麦）预先调配而成，形式单调，且不能适应消费者的不同口味。如何使休闲食品顺应时尚健康潮流？又怎样才能使产品在纷杂的酸奶制品中占领市场呢？

三、产品定位优势

由于有优先开发市场的优势，较能掌握零食酸奶的市场动向、创造新产品的商机，"有料"正是看到了这些存在于食品行业中的问题，决定借助酸奶的保健功能、果粒酸奶的热度打造一款健康零食，为国人饮食健康尽微薄之力。产品的生命周期处于稳定期时，将着重于开发新产品；将来品牌发展到一定规模，可投入公益活动，回馈社会，达到企业社会责任。

零食酸奶在我国食品市场是一个空白地带，"有料"通过新型包装盒设计实现酸奶与配搭零食的分开盛放，消费者可以根据个人喜好添加配料。零食酸奶既包含了酸奶润肠助消化、美容养颜的功效，又囊括了干果、鲜果的营养和维生素，更是在口味的混合上体现了惊喜。避免了高热量、低营养的膨化类食品，糖果类以及高糖点心等休闲食品带来的健康问题。同时，对于忙碌的上班族来说，"有料"也可以作为一顿简餐。卓屹商贸有限公司致力于打造健康休闲食品，一定程度上替代膨化食品以及垃圾食品作为零食的地位。从北京市场逐步推广至全国市场，让国人都吃健康零食。公司起步阶段，配搭零食主要分为四种口味；未来将会推出更多围绕坚果、干果、新鲜水果等食品的搭配形式。通过"生活调味料"主题活动，借助微博、微信、直播进行宣传，帮助消费者从现下忙碌的快节奏生活中抽离，给生活加点料。

目前，公司成立不久，原始名称、品牌形象及策划未能体现产品特点，品牌与产品知名度低；又是零食酸奶产品在中国市场的率先尝试者，所以难免缺乏可以借鉴的相关经验、缺乏知名度。

四、建议

正如硅谷的连续创业者、斯坦福大学创业导师史蒂夫·布兰克所说，创业公司不仅仅是产品，商业模式才是框架。移动互联网只是我们的创业途径及手段，既不能完全作为产品和服务，又不能替代商业模式。创业者需要离开办公室，多和用户交流，旨在寻找可重复扩展的商业模式。一般而言，成功寻找商业模式的方法总结为三个步骤：

第一步，需要提出假设，了解产品及服务如何创造顾客价值，目标用户群到底是哪些人，这一步大多是在办公室里完成的。

第二步，要做实验，证明上一步提出的假设，非常关键。没有商业计划会在第一次和用户接触后，还能保持不变地存活，创业者要走出办公室，与大量用户面对面沟通，采用各种经营方法验证自己的产品和服务是否符合市场需求，初步形成商业模式。

第三步，提炼数据，要从与用户的交流中获取有效信息，分辨噪声，用数据不断验证最初的猜想和假设，对商业模式进行调整。

也就是说，把开发移动互联网、与用户交流、设计商业模式三者结合起来，才是创业者们寻找商业模式最有效的方法之一。

本章附录

附录1 "有料"酸奶包装盒使用方法图解

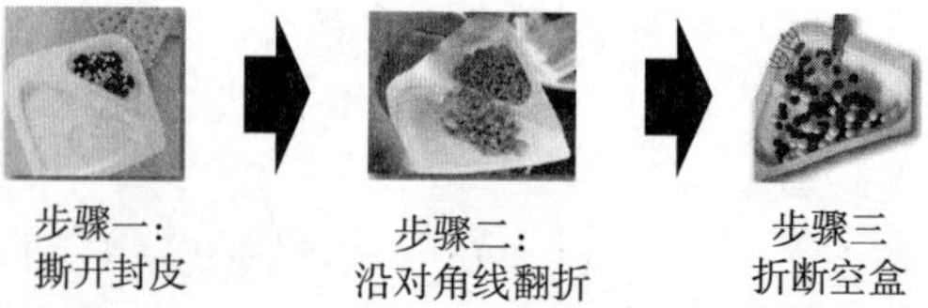

步骤一：　　　　步骤二：　　　　步骤三
撕开封皮　　　沿对角线翻折　　折断空盒

图1 "有料"酸奶图解

附录2 "有料"酸奶微信公众号二维码

图2 "有料"微信公众号二维码

附录3 "有料"零食酸奶塑料包装盒盒身贴纸

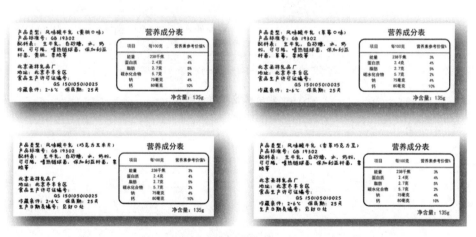

图3 包装盒身贴纸

附录4 "有料"酸奶公司营业执照

图4 北京卓屹商贸有限公司

后 记

　　创新创业教育是一个系统工程，涉及整个教学方案改革、课程设置、教材选编、教学计划安排、师资队伍培养、实习基地和创新创业实验区建设、业界导师队伍组建、创业资金支持等一系列问题。这些工作绝不是一支教学团队能够完成的，离不开学院和学校两个层面的支持，特别是学校各职能部门尤其是教务处的鼎力协助。我们要感谢学校党委和教务处领导等给予我们的鼓励和帮助，每年几万元专项资金的实实在在的支持，使我们在探索实施创新创业教育活动中不至于捉襟见肘；我们要感谢商学院尹美群院长、倪宏志书记、潘镜明老师、刘晨阳老师给予我们组织学生进行创新活动的理解与协助，还有张娟老师为各种活动展开提供了周到服务，以及李诗婷、薛萌和俞雅玲对资料认真的梳理与修改；我们更要感谢学生们的创新创业激情、敢于"下海"的勇气与坚韧不拔的毅力，冬季凛冽的寒风中他们在校园里摆摊叫卖创意产品令人感动的情景一直铭记在我的脑海中，而在工人体育场外面兜售产品时被城管追着沿街跑、为了进女生宿舍楼推销圣诞节礼品对楼管大妈软磨硬泡、声东击西、调虎离山的"战术"至今想起来让我忍俊不禁。

　　新形势下的创新创业教育任重道远，我们还只是一种探索，毕竟学生在求学期间能够实施实际创业活动的只是少数。能够引导学生实际做生意，进行商务活动，让他们真正了解经营，真正体验经营企业的艰辛与成功盈利的快乐，实现从纸上谈兵到实际操作，这将是一个大的跨越。我们期待学生能够获得更大成功——学业上与经营上的"双赢"。这也是我们从事营销教学近 20 年始终不渝的一个观点，营销专业人才培养的基本目标是合格的职业经理人，而终极目标是优秀的企业家。

郭　斌　王成慧

2018 年 11 月 30 日于
北京第二外国语学院